피해자를 위하여 울어라

피해자를 위하여 울어라

초판발행 2011년 7월11일

지은이 박 민 식
발행인 김 윤 태
발행처 도서출판 선
편 집 오 경 애

등록번호 제15-201호
등록일자 1995. 3. 27.

주소 서울시 종로구 낙원동 58-1 종로오피스텔 1409호
전화 02-762-3335
팩스 02-762-3371
이메일 sunytk@hanmail.net

ISBN 978-89-6312-049-2 03810

값 15,000원

피해자를 위하여 울어라

박민식 지음

■ 책을 펴내며

피해자를 위하여 울 수 있고,
그 눈물을 닦아 주는 정치인의 길을 가겠다.

책을 낸다는 것은 미루고, 미루던 숙제였다.
시간이 없다, 바쁘다는 말은 핑계고 실상은 아직 자기표현에 익숙하지 않음이리라. 하지만 좀 더 나은 '다음'을 위해서는 이런 어색함과 두려움, 그리고 낯 뜨거움도 견뎌야 한다고 스스로를 달래고 협박해서 간신히 펜을 들었다. 이는 또한 지루한 책을 읽어야 할 독자들에 대한 미안함을 대신한 변명이기도 하다.
국회의원이 된 후, 지금까지 가장 많이 듣는 질문 중 하나가 '왜 되었느냐'는 것이다. 익숙하지만 제일 까다롭고 뜨끔한 질문이다. 아마도 모범답안은 '나라를 위해 이 한 몸 바치기 위해서'일 것인데, 그렇다면 까다로울 이유도 뜨끔할 까닭도 없다.
필자의 솔직한 답은 "어떻게 살다보니 인연이 이렇게 되어서"이다. 너무 솔직해서 선배, 동료 의원의 공분(公憤)을 살까 조금은 두렵다. 필자가 내놓은 답이 자기자랑이 아니란 것쯤은 모두가 아실 거다.
막상 달리기를 시작하면 열심히 뛰지만, 출발 자체의 결정이 치열하지 못했다는 점을 솔직히 고백하면 필자 스스로도 과정과 결과는 인연 탓으로 돌릴 수밖에 없다. 하지만 사르트르가 말하지 않았나? 인간은 스스로 만들어가는 것 이외의 아무것도 아니라고.

옛날에 어떤 사람이 활쏘기 대회에 응시했다가 긴장하는 통에 활을 못 쏘고 있다가 시험관의 호통에 깜짝 놀라 쏜 화살이 솔개에 맞는 바람에 명궁소리를 들으며 합격했다. 그 후 그 사람은 자신의 실력이 탄로 나지 않기 위해 밤마다 활쏘기를 익힌 끝에 진짜 천하의 명궁이 되었다고 한다. 이 이야기가 아마도 지금 필자의 입장을 대변해 줄 수 있을 것 같다.

필자는 주어진 순간에 최선을 다했고, 나름의 방식대로 치열하게 살아왔다고 자부하는 바다. 남들보다 준비가 덜 되었기 때문에, 더 많이 고민하고, 더 많은 발품을 팔아 직접 보고, 행동함으로써 스스로를 만들어갈 수밖에 없었기 때문이다.

지금의 상황도 마찬가지다. 정치라는 바다에 자진하여 몸을 던졌든, 누군가에 의해 던져졌든 간에 이제 이곳에서 살아갈 수밖에 없기 때문에 스스로가 길을 만들어내고 많은 사람들에게 공감을 얻어내는 것이 내 숙명이다.

거의 20년이 다 되어간다. 사법시험에 합격한 뒤 검사가 되겠다고 결심할 때 도움을 줬던 책이 있었는데, '검사는 피해자를 위하여 울어라'는 그 책 속 한 글귀가 너무나 가슴에 꼭 와 닿아 검사생활 때 나름의 금과옥조로 삼았었다.

국회의원이 되어서 정치라는 게 무엇일까, 내가 가져야 할 철학은 무엇인가 고민했다. 그럴싸한 생각들도 많이 떠 올려봤지만, 결국 정치는 '억울한 피해자가 없도록, 있다면 이들을 위해 함께 울고 눈물을 닦아 결국 희망을 되돌려 주는 것' 이 기본이라는 믿음을 재차 확인하게 되었다.

이 책은 그런 믿음을 갖고, 지난 3년간 법제사법위원으로서, 아동성범죄대책특별위원회 간사로서, 그리고 사법제도개혁특별위원으로 활동했던 필자의 노력에 대한 평가를 구하기 위해 적었다. 본 책은 사법개혁과 국민 실생활을 위한 채권의 공정한 추심에 관한 법률의 제정, 아동 성폭력 근절을 위한 일명 '화학적 거세법' 제정, 그리고 마지막으로 이 책을 쓰게 된 결정적인 계기가 된 범죄피해자보호기금법의 제정과정 등으로 구성되어 있다. 어려운 법률 용어 등을 쉽게 풀어 쓰지 못해 자칫 까다로울 수 있어 독자 여러분께 각별한 관심으로 읽어 주시길 부탁드린다.

글 솜씨가 없어 있는 그대로의 날 것을 적다보니 내용은 빈약하고 표현은 서툴러 중간에 주저할 때도 많았지만, 많은 분들의 헌신적인 도움으로 책을 완성할 수 있어 다행일 따름이다.

특히 책 쓰는 것조차 낯간지러워 하며 고집만 내세우던 부산 사나이인 필자를 어르고 달래 끝을 보게 한 선 출판사의 김윤태 사장님, 쉽지 않은 사법부 개혁의 길을 가는 필자를 한결같이 격려해 주시는 서울대학교 법과대학 정종섭 학장님, 그리고 김희덕 보좌관의 고생에 대하여는 머리 숙여 고마움을 표하지 않을 수 없다.

  마지막으로 이 책을 쓰지 않으면 안 되게끔 필자에게 무거운 사명감과 책임감을 안겨주신 대한민국의 수많은 선량한 범죄 피해자 여러분과 그 가족 여러분께 지면으로나마 다시 한 번 심심한 위로의 말씀을 전한다.

  앞으로 국가가 지켜주지 못한 선량한 범죄피해자들을 위해 우리 사회가 함께 울고, 나아가 그 눈물을 닦아주는 데 더 많은 관심과 지원을 쏟을 수 있기를 바라며 필자 또한 이를 위해 더욱 더 노력하겠다.

  그리고 천하의 명궁이 되기 위해 주야로 활시위와 씨름하는 필자의 결의와 끈기가 꺾이지 않도록 아낌없는 성원 또한 감히 덧붙여 부탁드리는 바다.

2011년 6월
국회의원 박 민 식

■ **추천의 글**

이 땅의 진정한 국민대표의 모습을 본다.

정종섭(서울대학교 법과대학 학장)

대한민국 헌법에서 정하고 있는 국회의원, 우리가 진정으로 원하는 국민의 대표자로서의 국회의원은 어떤 모습이어야 할까? 1948년 대한민국 건국 이후 남녀평등의 선거권과 피선거권이 부여되어 많은 선거가 치러졌지만, 아직도 한국에서 대의정치란 어떤 것인지, 대의민주주의는 어떻게 작동하는 것인지, 국회의원이 무슨 역할을 하는지에 대해서는 확실한 정의를 내리기 힘들다. 헌법학자의 입장에서 보면 예나 지금이나 대한민국 국회나 국회의원은 헌법이 정하고 있는 기능을 충실히 이행하지 못하고 있다. 이런 마당에 대의민주주의와 대의정치를 논하는 것은 너무 많은 것을 기대하는 것인지도 모른다.

한 나라의 장관을 불러 호통이나 치고, 핏발 선 눈을 하며 무슨 수사관이나 되는 것처럼 달려들면서도 가슴에 달린 배지 하나면 모든 게 다 용납되는 것처럼 여기는 것이 우리가 보아온 국회의원의 모습이다.

회의 중 질문을 하는 것을 보면, 핵심이 무엇인지 이해도 되어 있지 않고, 질문만 하고 대답을 제대로 듣지도 않고 회의장을 나가 버리는 행위나, 무조건 말하는 사람을 윽박지르는 행위는 국회의 사당에서 어렵지 않게 볼 수 있다. 게다가 민의를 논하라고 만들어 놓은 국회의사당 안에서 정례적으로 길거리 시정잡배보다 못한 몸싸움을 벌이고, 툭하면 길거리로 뛰쳐나가니 이런 모습은 실로 제대로 된 나라에서는 보기 어려운 행동들이다. 국회의원이라면 이렇게 해도 된다고 생각하는 사람들만 국회의원이 되는 것일지 모르겠다.

우리 헌법이 국회의원을 두는 것은 대의민주주의를 실현하기 위함이다. 국회를 만들고 국민의 대표자로 하여금 국가와 국민 모두의 이익을 위하여 일하도록 하기 위해서다. 그런데 마치 대단한 감투를 쓴 것으로 착각하고, 그 권력을 남용하다 법에 걸려드는 모습도 자주 본다. 여기서 우리는 진정 대한민국에 대의민주주의가 꽃피고, 국회의원이 명실상부한 국민의 대표로서 활동한다는 것이 어떤 것인가, 우리의 세금으로 꼬박꼬박 월급을 주는 국회의원이 어떤 사람이어야 하는가 하는 문제를 고민하지 않을 수 없다.

국회의원은 대한민국의 운명이야 어떻게 되든 자기 선거구의 이익만 챙기는 사람이라면 우리는 그를 국민의 대표자라고 부를 수 없다. 차라리 정치브로커라고 부르는 것이 더 정확하다. 국회의원이 정치브로커가 아니라 국민의 대표자인 것은, 대한민국의 미래와 이익을 위해서는 자기 선거구의 이익, 차기 선거에서의 당선 여부, 자기 이익을 포기하고 오로지 나라를 위해 일하는 이유 때문이다.

다행스럽게도 국회의원 박민식의 의정활동과 삶은 최소한 내가 생각하는 진정한 국민대표의 모습에 가깝다. 국회의원으로서 갖춰야 할 품위와 합리성이 무엇인지 아는 듯하다. 다소 어수룩한 듯하면서도 진지하게 맡은 소임에 최선을 다하는 모습은 보기 좋다. 무엇보다 자그마한 배지 하나를 내세워 으스대는 법이 없고, 모르는 것에 대해서는 머리를 숙이고 배울 줄 아는 모습, 이런 활동과 모습이 진짜 헌법이 요구하는 최소한의 국회의원의 모습이라고 생각한다.

겸손하게 진정성을 가지고 나랏일에 임하는 그의 모습에서 나는 그 스스로와 대한민국 정치의 가능성을 봤다.

이 책은 사법(司法), 인권(人權), 국가시스템에 대한 고민의 흔적이다. 우리가 흔히 보듯이, 고함을 지르거나 호통을 치는 것이 아니라 진정 우리 사회의 심각한 문제들을 깊이 들여다보고, 근본 원인을 찾아내어 문제의 해결방법을 모색한 열정과 노력이 곳곳에 묻어 있다. 이러한 의정활동은 과시적인 것이거나 일회적인 것이 아니라, 집요하고 진지하다. 문제의 핵심을 찾아내는 것에는 정확하다. 이는 그의 지식과 실력이 뒷받침해 주기 때문에 가능하다. 그의 식견과 지식의 깊이를 짐작할 수 있게 해 준다.

국회의원은 아무나 하는 자리가 아니다. 유권자를 선동하여 국회의원에 당선되었다고 하여 국회의원인 것은 아니다. 헌법이 정하는 국민대표자로서 제대로 활동하려면 능력과 지식이 뒷받침되어야 하고, 성실함과 진지함이 갖추어져야 하며, 국가의 미래를 생각하고 걱정하는 뜨거운 단심이 있어야 한다. 아무나 국회의원을 하면 그 피해는 결국 대한민국과 우리 국민들에게 돌아온다. 그래서 선동가와 식견이 부족한 사람은 국회의원이 되면 안 된다.

많은 사람들이 우리가 선거를 하기는 하는데, 왜 대의정치가 낮은 수준에서 머물고 있는가 하는 의문을 가지고 있다. 그것은 외형으로 보면 투표권을 가지고 선거(election)를 하고 있지만, 사실은 국회의원으로 활동할 인물을 제대로 뽑는 것(selection)에서 실패하고 있기 때문이다. 그래서 국회도 수준 이하에서 맴돌고 있다. 국회의원을 잘 뽑는 일이 대의정치를 성공시키는 중요한 조건이다.

이런 점에서 박민식 의원의 의정활동에서는 국회의원의 올바른 모습을 본다. 신뢰가 간다. 이 책의 내용은 이런 점을 정직하게 보여주고 있다. 그래서 이 책을 진지하게 읽어 볼 것을 권하며, 박민식 의원을 한 사람의 인간이 아닌 '참된 국민의 대표자'로 다시 보아주기를 권유한다.

차 례 | CONTENTS

책을 펴내며 | 4
추천의 글 | 8

제1부 사법개혁, 정의를 말하다. 국민의 뜻 그대로

국민을 위한 사법개혁이어야 한다 | 17
사법권은 국민의 통제 밖 '치외법권' | 25
판결문은 신성불가침 | 32
누구로부터의 독립인가? | 37
막말 판사와 상처받는 국민들 | 40
법조일원화 더 이상 미룰 수 없다 | 45
대법원장은 '제왕'이다 | 55
성공한(?) 대법원장 | 72
차기 대법원장은? | 77
법원행정처는 '하나회'다 | 84
고무줄 판결, 이대로는 안 된다 | 91
양형기준법안을 대표발의하다 | 97
판사의 양심 그리고 양형기준 | 107

제2부 채무자도 인권이 있다

불법 추심은 이제 그만 | 113
채무자도 알고 대처하자 | 125
불법 추심, 근절되었을까? | 131

제3부 조두순 사건과 화학적 거세법

아동 성폭력, 용서받지 못할 그 잔혹함 | 143
영혼의 살인자, '공소시효'는 없다 | 157
전자발찌, 유용하나 아직도 미흡 | 161
왜 '화학적 거세'인가? | 166
만능키는 아니지만, 또 하나의 유용한 무기 | 187
내 집 주위에 '괴물'이 살고 있다 | 196
아동 성폭력, 남의 일이 아니다 | 204
남아 있는 몇 가지 문제들 | 217

제4부 이제는 피해자 인권이다

범죄자 인권 vs 피해자 인권 | 227
외국의 범죄피해자 지원제도 | 236
피해자 보호, 돈이 아닌 인권의 문제 | 239
103인의 여야 의원들이 뜻을 함께 하다 | 243
왜 예산당국은 반대하는 걸까? | 253
우리 인권사에 새로운 획을 긋다 | 264
아픈 그들……, 희망의 날개를 달다 | 269

부록

미국의 범죄피해자 보호제도에 관한 연구 | 275

1부
사법개혁, 정의를 말하다. 국민의 뜻 그대로

국민을 위한 사법개혁이어야 한다*

지난해 2월 국회는 사법제도개혁특별위원회를 구성했다. 당시 사법부에서 일어난 여러 가지 편향된 판결 때문이었지만, 근대 사법제도가 도입된 지 100여 년이 지난 지금도 무전유죄, 유전무죄 논란에서 자유로울 수 없는 불행한 사법현실을 이제는 고쳐야 한다는 충정에서 시작되었다.

---

*본 편을 보면서 법원에 대해서만 지나칠 정도로 비판하는 것 아닌가 말씀하실 분도 계실지 모르겠다. 솔직히 균형 잡힌 시각에서 문제를 바라볼 수 있을 정도의 경륜과 능력을 필자가 아직 겸비하지 못함을 고백하는 바다. 하지만 사법부가 우리 사회에서 차지하는 역할과 가치가 얼마나 숭고하고 소중한 것인지를 스스로 고민하고 무겁게 받아들인다면 필자의 비판에서 옥석만을 골라낼 수 있으리라 믿는다. 독자 여러분도 다소 절제되지 못한 투박한 쓴 소리지만 사법부의 더 나은 앞날을 걱정하는 진심어린 충정으로 널리 이해해 주기를 바란다.

한편 국회사개특위 구성과 별도로 한나라당은 당 차원의 특별위원회를 구성하고, 다음 달인 3월 대법관 증원과 법조일원화 및 양형기준제도 개선 등을 골자로 하는 사법제도 개선안을 발표했다. 그러자 대법원 법원행정처장은 성명서를 발표하여 "사법부에 대한 최소한의 예의와 존중심마저 잃은 처사"라는 거친 표현을 사용하여 비난했다. 법관들보다 똑똑하지는 못하더라도 어떻든 국민의 대표인 국회의원들이 '초안'의 형태로 제시한 개혁방안에 대하여 논리적 설득이나 대화의 노력도 없이 감정적인 성명서를 발표하는 태도 자체가 사법개혁이 절실하게 필요하다는 점을 웅변으로 입증하는 셈이었다.

권위주의 시대를 거쳐 민주화가 이행되면서 사회 각 분야는 큰 변화를 겪었다. 고무신 선거, 막걸리 선거라고 비아냥대며 '선거판'이라고 비하되기 일쑤였던 정치 분야에서 선심성 기부행위나 몇십만 원이라도 돈을 뿌리면 감옥가는 것을 각오해야 된다는 사실은 이제 상식에 속하는 시대가 되었다. 우리 국민들이 가장 후진적이라고 생각하는 정치 분야에서도 10년 전과 지금은 확연한 차이를 보인다. 높은 문턱만큼이나 드나들기 어렵던 관공서도 이제는 민원인들에게 반말을 하는 공무원이 있다면 오히려 뉴스거리가 되는 때이기 때문이다.

하지만 잊을 만하면 심심치 않게 등장하는 막말 판사, 고무줄

성명서

　최고법원의 적정한 구성과 사법부의 자율적 인사운영은 사법부가 독립성을 지키고 헌법상 책무를 다하기 위한 필요최소한의 전제조건입니다. 사건의 심리방식과 형의 양정은 법관의 본질적 직무영역에 속합니다. 이러한 사항을 다듬고 고쳐나가는 일은 마땅히 사법제도의 운영을 책임지고 있는 사법부가 주체가 되어야 합니다. 국회나 행정부가 사법제도의 개선을 논의할 때도 3권 분립의 대원칙과 헌법이 보장한 사법부의 자율성을 최대한 존중하여야 함은 물론입니다.

　이러한 측면에서 볼 때, 최근의 이른바 '사법제도개선' 논의는, 개별적으로 제시된 주장의 당부를 굳이 따질 것 없이, 사법부를 배제하고 일방적으로 밀어붙이려는 진행방식 자체만으로도 매우 부적절하며 전례를 찾아볼 수 없는 일입니다. 사법부에 대한 최소한의 예의와 존중심마저 잃은 이러한 처사는 일류국가를 지향하는 우리나라의 품격에도 어울리지 않습니다. 이에 대하여 저는 법원행정처장으로서 심각한 우려를 표명하지 않을 수 없습니다.

　지금 거론되고 있는 여러 문제점에 대해서는 이미 사법부 자체에서 공식적으로 활발한 연구와 논의가 진행 중입니다. 조만간 그 결과를 공표할 것이며, 이를 기초로 국민적 합의를 도출하는 것이 사법제도개선의 올바른 방향임을 지적해 두는 바입니다.

2010. 3. 18.
법원행정처장 박일환

판결, 로또 영장, 유전무죄 무전유죄, 솜방망이 처벌 등에 관한 언론보도는 새삼스러울 것도 없다. 바로 사법부 독립이라는 아름다운 커튼 뒤에서 개혁을 회피하며, 선민의식(選民意識)에 빠져 있는 사법부가 바뀌지 않는다면 우리 대한민국의 미래는 암울하다고 생각한다.

  법집행을 하는 검사를 10년 넘게 하고, 지금은 법을 직접 만드는 국회의원이 되었지만, 지금도 사건에 대한 자문을 의뢰받으면 망설이게 된다. 결과를 전혀 예측할 수 없기 때문이다. 결국 "그 판사, 검사 학교는 어디 나왔나?" "연수원 몇 기냐?" "친한 변호사가 누구냐?"라고 되물을 수밖에 없는 것이 우리 사법 현실이고, 그런 사법 서비스를 받고 있는 국민이 대한민국 국민이라는 사실이 답답하기만 하다.

  검사 시절, 미국으로 유학을 가서 미국의 사법체계를 직접 경험할 수 있는 기회가 있었기 때문에 더욱 우리 현실이 안타깝게 느껴졌다. 상세한 절차와 심오한 이론은 알지 못했지만, 미국의 사법제도는 우리 사법제도와 분명한 차이가 있었고 부럽기까지 했다. 언제까지 우리는 판사나 검사와 친한 변호사만 찾아야 할까. 우리의 사법개혁, 즉 사법부 개혁의 절실함은 바로 여기에 한 가지 이유가 있다.

  또 사법권의 독립이란 무엇인가? 국민들의 기본권 보장을 위

"공정한 사회를 향한 사법개혁의 핵심은 유전무죄 무전유죄를 없애는 것이며 이를 없애는
가장 확실한 방법이 양형기준을 제대로 만드는 것입니다. 동의하십니까?"
- 2010. 11. 2. 제294회 정기국회에서 대정부 질문을 하고 있다. -

한 최후의 보루로서 공정하고 중립적인 입장에서 판정을 내리기 위한 필수불가결한 수단이라는 데는 모두가 공감을 할 것이다.

다만, 그 목적은 국민의 기본권을 보장하는 데 필요하다는 전제가 깔려 있는 것이다. 그렇다면 바로 그 국민이 법관의 판결에 자유로이 비판을 하거나 박수를 보내는 것은 어쩌면 지극히 당연한 것이다. 그러나 우리의 사법현실은 어떠한가. 국민의 대표기관인 국회의원들, 그리고 시민 민주주의 사회에서 여론형성의 중요한 기능을 하고 있는 언론이나 시민 단체 등에서조차도 법원의 판결에 뭐라고 한 마디라도 할라치면 곧장 "사법권의 독립을 침해하지 말라"는 준엄한 경고를 듣고 이내 쥐죽은 듯 목소리를 감추고 숨죽이면서 사법부의 다음 행보를 지켜볼 수밖에 없는 상황이 되었다.

주권자인 국민도 제대로 말을 못할 바에야 그러한 판결이 아무리 명판결이라 하더라도 이는 헌법적 관점에서 심각한 문제라고 하지 않을 수 없는 것이다.

또, 우리나라에서는 재판을 받는 국민이 판사보다 나이가 많은 경우가 일반적인 현상인 경우가 많다. 그럼에도 반말을 일삼는 판사를 제지할 수 있는 제도가 전혀 없다는 것은 충격적인 사실이다. 이런 판사를 걸러내기 위하여 서울변협 등에서 변호

2010. 11. 11. 국회에서 전관예우, 고무줄 판결 등으로 요약되는 대국민적 불신으로 점철된 법조계의 뿌리깊은 관행을 타파하고 올바른 법조개혁을 위해 개최된 '사법개혁과 법질서 확립을 위한 심포지엄'에 참석했다.

사들이 판사들을 평가하고 그 결과를 발표한 적도 있지만, 사법부 독립이라는 전가의 보도를 꺼내들고 잘 모르는 사람들의 턱없는 요구로 일축해왔다고 한다면 지나친 말일까.

우리 국민들은 사법부에 매우 관대하다. 그 이유는 여러 가지가 있겠지만, 나는 판사라고 하면 어려웠던 시절, 우리 부모님께서 꿈꾸던 '자식의 출세, 가문의 영광'이라는 상징성 때문이라고 생각한다. 만약 그렇다면 사법부는 국민의 기대에 부응하여 더더욱 그에 걸맞은 행동이 필요하지 않을까.

사법권은 국민의 통제 밖 '치외법권'

 우리 헌법 제1조는 "대한민국은 민주공화국이다. 대한민국의 주권은 국민에게 있고, 모든 권력은 국민으로부터 나온다."고 선언하고 있다. 헌법 제1조라는 상징성이 내포하듯이 우리나라는 국민이 국가의 주인, 주권자이고 국가의 모든 권력은 국민으로부터 나온다.

 국가의 권력은 크게 세 분야로 나뉜다. 이른바 3권분립이다. 이는 견제와 균형을 원칙으로 하고, 법과 예산을 만드는 입법, 법과 예산을 집행하는 행정, 법을 해석하고 판단하는 사법으로 나뉜다. 당연히 이 모든 권력을 최종적으로 견제하고, 통제하는 것은 국민이다.

이러한 사실은 현대 법치주의 국가에서는 너무나도 당연한 일이다. 이는 '뜬구름 잡는' 이론만 있는 헌법책 속의 이야기가 아니라 현실적으로 절차 및 형식, 그리고 실질적으로 모두 그래야 한다. 국민은 자유로이 누구의 간섭도 받지 않고 자신이 가진 권력을 대행할 자를 선택하고 그 대행자는 국민의 의사에 따라 그 권한을 행사하며 그 결과에 대해 국민 앞에서 책임을 지는 것이다. 이러한 과정의 발현이 국회의원을 국민들이 뽑는 것이고, 대통령도 국민들이 뽑는 '선거', '직접선거'라는 것이다.

그러나 안타깝게도 사법권은 그렇지 않다. 국가권력의 요체인 3권 중 하나인 사법권은 국민과는 아무리 해도 직접 연결되지 않기 때문에 대다수의 헌법학자들은 우리 사법부의 문제점으로 민주적 정당성이 대단히 취약하다는 점을 첫 손가락으로 꼽고 있다. 사법부의 경우 이른바 '공부를 열심히, 잘하여' 특정 시험에 의해 선발된 판사들이 사법권을 행사하고, 그 임용과정은 헌법에도 나와 있지 않는 법원행정처*에서 사실상 관장한다. 헌법상의 기관인 판사를 국민과는 유리된 이런 방식으로 임명하고 관리하는 것은 주권재민원칙(主權在民原則)에서 볼 때는 중대한 논란이 될 수 있는 부분이다.

미국의 경우를 비교해 볼 때 우리나라의 판사 임용제도가 매우 기괴하다는 점은 더욱 두드러진다. 미국의 연방판사는 상원의 권고와 동의를 받아서 대통령이 임명한다. 구체적으로는 연방 상·하원 의원들의 추천을 통해 대통령이 지명하고, 상원 법사위의 청문회를 거친 후 상원이 이를 인준하면 최종적으로 대통령이 임명한다.

이처럼 연방판사를 대통령의 지명과 상원의 승인을 통해 임명하는 것은 민주적 정당성을 가진 기관, 즉 국민으로부터 권력을 대의적으로 이양받은 대통령과 의원 등 선출직이 법관의 인사에 참여하는 길을 열어둠으로써 사법권의 민주적 정당성을 확보하고, 권력의 견제와 균형을 실현하기 위한 것이다.

주 판사의 경우는 대부분 주민들의 투표로 선출되거나 또는 주지사의 지명으로 임명된다. 현재 미국 내 39개 주가 선거를 통해 판사를 선출하고 있는데, 전체 주판사의 87%는 선거로 뽑혔다. 선출직 판사 임명제도는 잭슨 민주주의의 영향으로 1777년 버몬트 헌법이 각 카운티 자유인은 하급심 판사, 보안관, 치안판사, 검인판사를 선출할 권리가 있다고 선언한데 이어,

---

* 법원행정처: 법원의 조직, 인사, 예산, 회계, 시설 등의 관리와 같이 사법부를 운영하는 데 필요한 행정작용을 사법행정이라고 한다. 사법행정의 최고기관은 대법원장이다. 대법원장은 대법원의 일반사무를 관장하며, 대법원의 직원과 각급 법원 및 그 소속 기관의 사법행정사무에 관하여 직원을 지휘·감독한다. 법원행정처는 대법원장을 보좌하여 사법행정사무를 관장하는 기관으로서 대법원에 설치되어 있으며 처장과 차장을 둔다. 처장은 대법관 중에서, 차장은 판사 중에서 대법원장이 임명한다.

1802년 오하이오 헌법도 대법관, 민사법원 법원장과 판사들은 상·하 양원 합동선거로 임명한다고 규정하면서 도입되었다.

뒤이어 1812년 조지아와 1816년 인디애나, 1832년 미시시피, 1846년 뉴욕에서 잇달아 선출 판사제를 채택했다. 1846년 이후 연방에 가입한 모든 주는 판사의 일부 또는 전부에 대해 유권자가 직접 선출토록 하고 있고, 그 이후에도 1849년 캘리포니아 헌법에서 판사 전원을 선거를 통해 임명하도록 규정했고, 1850년 미시간, 펜실베이니아, 1853년 테네시 주 대법원이 선거제로 전환했다.

이렇게 미국 대부분의 주에서 판사를 국민이 직접 선출하도록 하는 것은 국민의 인권 최후의 보루인 사법부, 판사를 국민의 통제 범위 안에 두겠다는 국민주권 원칙과 공직에 대한 선거권을 확대해야 한다는 요구에 따른 것이다. 혹자는 판사를 선거로 뽑을 경우 판결이 포퓰리즘에 영합할 것이라고 우려할 수도 있으나, 미국인들은 이러한 제도를 통해 오히려 판사의 자질을 검증하고 이에 따라 개인적인 편견에 의해 법률의 입법 취지와는 상이하게 법률을 해석하는 판사를 제거하고 있다. 최근 미국 내 연구에 따르면 임명직 판사가 선출직 판사에 비해 더 높은 법률 판단 지식을 지녔다고 보기 어렵고, 또한 선출직 판사가 편향적인 것은 아닌 것으로 밝혀지고 있다.

우리나라는 어떠한가. 모든 판사는 대법원장이 임명한다. 사법시험과 연수원시험 성적을 통해 서열화된 연수원 졸업생들이 '성적'이라는 잣대로 '간택'되는 것이다. 이 과정 속에서 국민의 선택이나 의사는 개입될 여지가 없다. 오히려 국민의 의사는 사법부 독립을 저해하는 것 마냥 철저하게 배제된다.

이렇게 선정된 판사들은 부장판사에게 배속되어 사실상 몇 년 간의 도제식 교육을 받게 된다. 법원은 이러한 도제식 교육을 통해 수준 높은 법관을 길러낸다고 주장하나, 일각에서는 "현재 법원의 관습과 척도에만 적합한 법 기술자를 양성하는 것"이며, "붕어빵 판사를 찍어내는 과정"에 불과하다고 혹평하는 사람도 있다.

문제는 아무런 사회경험도 없는 신출내기 예비법조인들을 판사로 뽑아 몇 년 동안 자신들의 언어와 방식으로 언필칭 '도제식 교육'을 마치고 나면, 거의 예외 없이 통제할 방법이 전무한 무소불위의 단독판사로 승진된다는 점이다. 특히 형사재판에서 젊은 판사들의 권한이 얼마나 막강한가. 이는 법조계 주변에서 흔히 들리는 "단독판사는 법정에서 왕(王)이다."라는 한 마디로 집약될 수 있다.

이러한 법관 양성시스템은 필연적으로 판사들에게 선민의식과 대법원장을 정점으로 하는 피라미드식 관료주의에 젖어들게

할 수밖에 없는 것이다. 이러한 시스템 하에서 길러진 권한이 막강한 판사들에 의해 만일 일반인이 납득할 수 없는, 상식에 반하는 판결로 나타난다면 어쩔 것인가.

강기갑 의원 공중부양 사건 판결은 단독판사가 내린 대표적인 '황당한' 판결이다. 이는 보수와 진보를 떠나 많은 국민들로 하여금 걱정과 분노를 자아내게 한 바 있다. 이른바 '튀는 판결' '원님 재판' '로또 재판'이라는 유행어가 생겨났고 국민의 사법부에 대한 불신은 걱정스런 수준까지 치솟았다. 하지만 이러한 판결을 한다고 해서 해당 판사가 어떠한 책임을 지는 일은 없다. 사회적 갈등과 사법 불신이라는 참사를 야기하더라도 아

"국민들이 지금 분노하고 있는데, 대법원장은 '일시적인 여론에 따라 양형이 정해지면 안 된다'……이런 오해 받을만한 발언을 한 데다가 수원법원장은 판사는 아무 잘못이 없다고 했는데, 이것은 국민들의 건전한 법 상식을 완전히 무시한 것이 아닙니까?"
- 2009. 10. 13. '대전고등법원' 국감에서 -

무런 책임을 지지 않고 오히려 법원의 독립이라는 방패 안에 '귀를 닫고' 몸을 숨길 수 있는 곳이 현재의 법원이다.

 법원의 독립이란 판사가 헌법과 양심에 따라 판결하라는 것이지 국민의 법상식으로부터 독립하여 '제 마음대로' 하라는 뜻은 아니다. 이러한 판결이 시정되지 않고 계속되더라도 그 피해는 고스란히 국민이 보는 것이기 때문에 답답함은 한층 더해진다. 결국, 오직 성적으로 보증되는 소위 1%의 엘리트로 판사를 조직하고, 도제학습을 통해 기존의 법원의 문화와 규범에 순응하는 판사를 양산하는 밀교적 순혈주의는 고무줄 판결, 전관예우, 사법 불신, 군림하는 판사 등 많은 고질적인 병폐를 낳고 있다.

판결문은 신성불가침

 세계에서 가장 철저하게 사법부가 독립되어 있다고 하는 미국의 경우에는 판결에 대해 비판이 없을까. 놀랍게도 2010년 1월 미국의 언론, 사회단체, 정치인들은 연방대법원의 선거법(Bipartisan Campaign Reform Act of 2002) 위헌결정에 대해 엄청나게 신랄한 비판을 가했다.

 공화당의 대통령선거 후보이기도 했던 존 매케인(John McCain) 상원의원과 위스콘신 주 민주당 상원의원인 러쉬 페인골드(Russ Feingold)가 공동으로 법률안을 제안하여 속칭 '매케인-페인골드법(McCain-Feingold Act)'이라고 불리는 이 법은 기업과 노조가 방송광고를 통해 공직후보를 지지할 수 없도록 하고 있었다.

이에 대해 연방대법원은 이 법이 수정헌법 1조(The First Amendment)에서 밝히고 있는 표현의 자유(Freedom of Speech)를 침해했기 때문에 위헌이라고 선언했다. 오바마 미국 대통령은 상·하원 합동의회에서 연두교서를 발표하면서 이 판결을 직접 언급했고, 대법원장과 대법원 판사들의 면전에서 이러한 판결의 내용은 극히 '파괴적'인 판결로서 민주주의의 본질을 공격한 것이라고 격렬하게 비판했다.

법안의 공동제안자였던 매케인 상원의원도 이 판결로 인해 선거제도 개혁이 사망하였다고 선언했고, 위헌의견을 낸 대법관들을 직접 지칭하면서 정치판에 대해 아무런 경험도 가지고 있지 못한 사람들이라고 힐난했다. 대부분의 언론에서도 대중심리 전문가를 동원해서 이번 판결이 잘못된 인간심리를 기초로 한 것이라고 맹비난했다.

하지만 미국의 연방대법원장이나 대법원 판사들이 성명서를 발표하여 대통령이나 정치인들 그리고 언론의 이러한 태도에 대해 "사법부 독립 침해"라든지 "사법부의 자율성을 존중하라."고 발끈했다는 말은 듣지 못했다.

사법부의 독립은 현대 민주주의 국가에서 반드시 지켜야 할 중요한 가치이다. 그러나 사법부나 사법작용이 민주적 통제를 전혀 받지 않는 무소불위의 권력이어서는 안 된다. 사법부의 사법작용에 대한 권력(사법권)도 결국은 국민으로부터 나오는 것이기 때문에 사법부의 구성이나 사법작용의 결과물인 판결에 대해서도 건전한 비판이 가능해야 마땅하다.

미국에서는 대통령이 연방대법원판사를 지명하기 전에 후보자들을 백악관에서 직접 인터뷰하는 경우가 많다. 민주적 정당성을 국민으로부터 직접 부여받은 대통령이 국민의 삶에 직접적인 영향을 미칠 수 있는 대법원 판사 후보자를 직접 만나 검증하는 기회를 갖는 것이다. 이것은 사법부의 민주적 정당성을 확보하는 데 도움이 될 수도 있을 것이다.

하지만 우리나라에서도 대법관이나 대법원장 후보자를 대통령이 청와대에서 인터뷰한다고 하면 민주적 정당성 확보를 위해 당연히 필요한 일이라고 박수를 쳐줄까? 아니다. 사법부 독립이 완전히 무너졌다는 보도와 많은 판사들이 연판장을 돌리는 사태가 초래될 것이다.

우리는 정치권력이나 정보기관이 사법부를 유린했던 불행했던 과거사를 분명히 갖고 있다. 그러나 이제는 그런 망령을 걱정할 필요가 없는데도 아직도 극복하지 못한 이러한 잔재는 무엇일까.

과거 권위주의 시대에는 '사법부 독립'이라는 명제가 독특한 역사적 의미를 갖고 있었다는 사실을 부인하기 어렵다. 그 시대에는 행정부와 입법부로부터 사법부를 가급적 분리시킴으로써 '사법부의 독립'이라는 가치를 지켜낼 수 있었다. 민주주의가 성숙하지 못한 상태에서 사법부의 독립을 지켜내야 된다는 시대적 사명 때문에 민주주의 원리가 적용되지 않는 탈정치화가 사법부 독립과 동일시되었다.

그러나 이제 우리나라에도 민주주의 정부가 들어선 지도 상당한 시간이 지났다. 그리고 이에 따라 '사법부 독립'의 의미도 민주주의 국가에서 일반적으로 논해지는 사법부 독립의 의미로 인식되고 평가되어야 할 필요가 있다.

그런데 현재 우리의 실정은 어떠한가. 과도하고 모호한 선거법 규정으로 인해 사실상 법률가들이 선거의 당선을 좌우하는 실정이어서 정치인들은 법원에 밉보이기 꺼려한다. 또한 잦은 손해배상 소송 등으로 인해 언론이나 사회단체도 법원의 눈치를 봐야 하는 것이 현실이다. 판사의 결정을 어겼다는 이유로 모든 재판에서 괴롭힘을 당하고 있는 것 같다는 조전혁 의원의 푸념이 그저 빈말로 들리지 않는 것은 필자뿐일까?

이러한 현실은 법원에 대한 적절한 비판과 견제 자체를 더욱 어렵게 하고 있다. 이러한 상황에서 대법원장이 사회단체, 언론, 정치세력에게 판결에 대해 왈가왈부하지 말라고 경고하는 것은 소통을 거부하는 법원의 폐쇄성에 대한 스스로의 승리선

언으로 보인다.

'사법부 독립'이라는 것은 법관의 특권을 의미하는 것이 아니다. 너무나 당연하게도 사법권은 원래 국민들의 것이다. 시험을 통해 임관이 되고, 등산할 때조차 성적 순서대로 올라간다고 하는 우스갯소리가 있을 정도로 폐쇄적이고 관료화된 우리의 법원에서 판결에 대한 비판도 용납하지 않겠다는 것은 스스로가 하나의 권력집단이 되겠다고 하는 선언처럼 들린다.

미국에서처럼 다양한 법원조직을 지닌 곳에서도 재판에 대한 감시와 판결에 대한 비판이 활발하게 이루어지는데, 스스로 밝히듯 철저한 도제학습을 통해 붕어빵 찍어내듯 일정한 법관을 만들어내고, 법원행정처라는 강력한 사법행정을 통해 관료주의 체제를 확고히 굳히고 있는 우리의 사법부가 이제는 판결에 대한 외부로부터의 비판조차 듣지 않겠다고 하면, 이런 궤변은 사법부 독립을 사법부의 신성불가침과 동일시하여 하나의 우상을 만드는 것일 뿐이다.

누구로부터의 독립인가?

 사법부 독립을 목청 돋워 주창할 때 보통 법원 외부의 세력으로부터의 독립으로 이해한다. 과거 권위주의 시대의 아픈 기억들의 영향이라는 점은 모두가 수긍하는 바이다. 그런데 솔직히 오늘날 우리 사법부 독립, 더 좁혀 말하면 법관의 독립을 위협하는 힘이 있다면 무엇일까. 그 해답은 법관 스스로에게 물어보면 자명하리라고 본다.

 "판결을 내리는 데 혹시 눈치를 보는 곳이 있다면 어디일까?" 문민정부가 들어선 오늘날에도 정치권력으로부터 무언가 압력을 느껴서 소신대로 재판하지 못하는 법관이 있을까? 또는 언론이나 이익단체, 시민단체들로부터 직접적인 위해를 느끼는

정의의 여신상

경우, 그로 말미암아 도저히 양심에 따른 재판을 할 수 없는 경우가 다반사인가?

 대부분의 법관들은 헌법과 양심에 따라 묵묵하게 판결을 해도 특별한 불이익을 받지 않을 정도의 시스템이 이제는 갖추어져 있다. 오히려 최근 '신영철 대법관 사태'에서 보았듯이 법관의 독립을 위협하는 요소로 최근에 근심을 끼치게 하는 것은 '내부로부터의 독립'에 대한 문제라고 보는 의견도 많다.

 관료주의화 된 사법부 내부의 문화 속에서 고등법원 부장판사 승진에 신경을 쓰고, 각종 보고와 통계가 법원행정처에 의하여 수시로 관리되고 있는 현행 시스템에서라면 평범한 대다수의 법관들이 대법원장의 방침에 소홀할 수 없음은 쉽게 예상할 수 있는 것이다.

이용훈 대법원장이 금융거래에 관한 압수수색 영장 발부를 신중히 하라는 취지의 발언을 한 것으로 알려진 이후, 전국 각 법원에서 어떤 일이 벌어졌는지 확인해 보면 법관들이 현실적으로 눈치를 보고 신경쓰는 데가 다름 아닌 '법원 내부의 방침'이라는 데 이의를 달 사람은 많지 않을 것이다.

막말 판사와 상처받는 국민들

    국가인권위가 발행한 『인권상담사례집』에는 판사들의 막말 재판의 실례(實例)가 구체적으로 지적된 여러 사례가 나와 있다.
    70대 할머니에게 "딸이 아픈가본데 구치소 있다 죽어나오는 꼴 보고 싶으십니까?"라든가, "왜 말귀를 못 알아들어요? 귀가 안 좋네." 등의 강압적인 태도로 인신공격을 했다거나, 장애인 아버지 대신 몇 마디 하자 "목격한 거 아니면 입 다물어"라는 폭언도 서슴지 않았다. 66세의 노인에게 법을 모르는 사람이 소장을 작성했다고 하면서 소를 제기할 자격이 없다고 말하고, 이에 그 노인이 고치겠다고 하자 "나가, 나가라니까!"라고 고함을 치기도 했다.*

이런 사례는 우리 주위에서 늘 일어나고 있다. 서울중앙지법의 30대 판사가 69세의 노인에게 "버릇없다"라고 말했다거나, 어느 지방법원 판사가 민사소송 당사자에게 90도로 인사할 것을 수차례 강요했고, 한 고등법원에 출석한 민원인에게 "당신 직업이 뭔데 준비서면만 제출해? 오늘 나한테 혼나야 해."라며 협박에 가까운 말을 들었다는 내용이 주요 일간지에 보도되기도 했다.*

최근에는 성폭력 피해자가 증인으로 법정에 출석해 증언을 하는 과정에서 모욕을 준 판사에게 항의하는 유서를 남기고 자살하는 사건이 벌어져 파문이 일고 있다. 재판부는 재판 과정에서 피해자에게 합의를 유도하고, 변호사는 과거 노래방 도우미로 활동하지 않았냐며 추궁했던 것으로 전해졌는데, 그 재판부는 성폭력 피해 전담 재판부로 알려져 충격을 더하고 있다.*

도대체 어떤 권리로 판사들은 자신들에게 권위와 권한을 부여해 준 국민에게 막말을 퍼부을까. 우리 시대 최고의 지성인이라는 판사가 도대체 왜 이럴까. 언제까지 사법부는 '사법부 독립'만 외치며 국민의 눈높이를 외면할 것인지 궁금하기만 하다.

---

* 국가인권위원회, 「09-10 인권상담사례집」, (2010. 11) 82-83쪽 참조.
* 동아일보 2010. 2. 6. A10면 참조.
* MBC 뉴스데스크 2011. 6. 10. ; 동아일보 2011. 6. 13.

"법대에 판사님이 앉아 계시고, 또 국민들은 재판을 밑에서 받는데 정말 아무 생각 없이 한 말이 사법의 신뢰에 치명상을 가한다는 것은 우리 법원장님도 잘 알고 계시지요?"
- 2009. 10. 13. '대전고등법원, 특허법원, 대전지방법원, 청주지방법원' 국감에서 -

  특히 사회 경험이 일천하고 어린 나이에 법관이 되어 재판을 하는 단독판사의 경우, 그 법정 안에서는 그야말로 '제왕'이나 마찬가지다. 나이가 50이건 60이건, 그 힘세다는 검사조차도 이른바 새파란 단독판사 앞에서 '고양이 앞의 쥐'라고 하면 과장일까?
  예수님이나 부처님 같은 성인을 제외하면, 보통 사람들은 그래도 세상의 아픈 곳, 아쉬운 곳을 두루두루 경험해 봐야 사람의 품성이 어느 정도 다듬어진다고들 한다.
  그런데 해당 법정에서는 누구의 간섭이나 제재도 없이 '소송

지휘권'을 행사할 수 있는 판사는 예외란 말인가. 아니면 법정에 들어가면 예수님, 부처님의 지위로 격상된다는 말인가.

판사라고 해서 하늘에서 뚝 떨어진 성인이 아니기에 자동적으로 그런 따뜻한 인간성을 가질 수는 없는 것이라면, 법정에 오르기 전 판사들은 다시 한 번 거울을 보며 스스로를 되돌아보고 또 가다듬는 자세가 필요한 것이다.

고려대 배종대 교수는 "사법개혁은 좋은 판결을 얻어내기 위한 수단의 정비에 지나지 않는다. 목적은 좋은 판결이고 사법개혁은 수단일 뿐이다. 판결은 법원이 내리는데, 그렇다면 법원은 개혁의 궁극적 종착역인 판결의 개혁을 위해 어떤 생각을 하는지 묻지 않을 수 없다. 도대체 그것이 개혁의 대상이 되어야 한다는 점에 동의나 하는지 묻고 싶다. 판결문은 제도가 아니라 사람이 쓴다. 그리고 그 사람은 자신이 속한 집단의 문화로부터 자유롭지 못하다. 지금과 같은 법원의 폐쇄적 문화에 새바람을 불어넣지 않고 몇 가지 제도만 바꾼다고 해서 좋은 판결이 얻어지는 것은 아니다."라고 지적했다.* 법관들만의 세상과 문화에서 '잘난 법관'이 아니라 세상 한가운데서도 '훌륭한 품성인'이 될 수 있도록 절차탁마(切磋琢磨)해야 된다는 의미이다.

---

* 배종대, "사법개혁과 판례개혁 : 결과적 가중범 공동정범의 경우를 예로 하여"「고려법학」제47호 (2006. 10) 3쪽 참조.

법조일원화 더 이상 미룰 수 없다

　법원행정처는 법관의 선발뿐 아니라 근무지 배정, 보직 관리, 연수 기회 부여 등을 통해 판사들을 관리한다. 시험에 우수한 성적으로 통과했다는 사유만으로 국민이 아닌 법원행정처에서 뽑아 준 것이니 판사들에게 국민에 대한 책임감과 겸손함을 바란다는 것은 근본적으로 무리일 수 있다. 우리의 사법부는 근본적으로 민주적 정당성에 문제점을 가지고 있다. 더욱이 이러한 문제점을 더욱 심화시키는 것이 바로 법원의 '순혈주의' 폐단이다.

　이런 순혈주의 폐단을 개선하기 위하여 많은 국민들과 법학자들은 오랜 기간 동안 법조일원화를 요구해왔다. 법조일원화란 판사-검사-변호사 간의 벽을 허물고 필요한 인력을 선출하는 제도를 말한다. 즉, 풍부한 경력을 가진 변호사들을 판·검사에 임용하여 다양하고 전문화된 사회적 요구가 사법과정에 반영되도록 하자는 것이다. 이렇게 되면 사법기관의 자의적 권력행사에 대한 시민사회의 간접적 통제도 가능하게 되어 법관의 민주적 정당성의 문제도 어느 정도는 해소될 수 있다.

국회 사개특위에서도 법원개혁의 주요 논점의 하나는 법조일원화이다. "사법시험에 합격하면 20대부터 판사를 해서 4,50대가 되면 법복을 벗고 전관예우를 받으며 돈을 벌어들인다."는

"헌법재판이라는 것은 일반 대법원에서 하는 사법재판하고 달리 우리 사회의 다양한 가치를 반영해야 되는데 판사, 검사, 변호사⋯⋯ 국민들이 뭐라고 생각하겠습니까? 진짜 그들만의 리그라고 생각할 수 밖에 없지 않겠습니까?"
— 2009. 10. 5. '헌법재판소' 국감에서 —

불합리한 관행을 타파해보자는 것이 핵심이다. 판사든 검사든 변호사든 관련 직종에 10년 이상 종사한 사람 중에 덕망이 높은 사람을 법관에 앉히자는 점에 대해서는 전반적으로 공감대가 형성되어 있다.

법조일원화는 장기간의 법조 경력을 통해 습득한 균형감각과 다양성을 지닌 변호사 등을 판사로 임용하여 사회적 갈등을 조정하고, 현실성 있는 판단을 제공하기 위한 제도로 미국 등 대부분의 나라에서 채택하고 있다. 또한 참여정부 때 사법개혁의 산물로 로스쿨 제도를 도입한 우리나라로서는 더 이상 법조일원화를 미룰 수도 없는 문제이다.

그러나 각계의 노력에도 불구하고 법조일원화는 차일피일 미뤄지고 있다. 많은 사람들은 법원이 너무나도 당연한 법조일원화에 소극적인 근저에는 뿌리 깊은 선민의식과 법관으로서의 전관예우 관행이라는 기득권을 놓지 못하고 있다는 의심을 저버리지 못하고 있다.

폐쇄적인 동료의식과 도제식 교육은 '그들만의 리그'라는 울타리를 더욱 높이 쌓는 역할을 한다. 어려운 사법시험에 몇 등 안으로 합격을 한 '총명함'을 입증한 사람, 일반인은 말할 것도 없고, 동료 법조인인 검사나 변호사들보다도 몇 단계 위에 있음을 증명하지 않은 자는 '법관 패밀리가 갖는 최고 자부심'을 공유할 자격이 없다는 것이다.

답답한 현실이지만, 법학전문대학원(law school)시대가 본격화되더라도 법원은 또 다른 방식으로 순혈주의를 고집할 것으로 보여 걱정하는 시각도 있다. 현재 법원은 강력하게 로클럭(law clerk) 제도의 도입을 주장하고 있는데 로클럭 제도란 미국 등 영미국가에서 로스쿨을 갓 졸업한 우수한 변호사들을 채용하여 판사의 업무를 보조하도록 하는 것이다. 기간도 1년이란 짧은 기간으로 사실상 인턴 정도의 의미밖에 없는 것이다. 그런데 우리 사법부가 도입하려는 것은 로스쿨 졸업 직후 변호사 자격을 취득하자마자 법원의 재판연구원으로 채용하여 판사들의 업무를 보조토록 하겠다는 것인데, 법원의 순혈주의 고수 수단으로 변질될 것이라는 우려가 높다.

즉, 우수한 성적의 로스쿨 졸업생들을 로클럭이라는 이름으로 법원에 들여놓은 후 1~2년 정도의 짧은 교육 기간을 거친 후 바로 판사로 임용시켜 현재의 법관순혈주의를 연장 또는 유지시켜 보려는 것이 아니냐는 것이다.

이럴 경우 로클럭 채용 실적이 사실상 로스쿨의 순위를 결정하는 지표로 활용되게 되어 로스쿨 교육 자체의 파행으로 이어질 소지가 있다. 로스쿨이 법원 재판연구원 채용을 위한 '고시학원'으로 전락하고, 사회의 다양한 경험을 거친 사람을 법관으로 임용하려는 법조일원화 제도는 또다시 로클럭이라는 그럴듯한 이름으로 포장되어 변질되고 사실상의 '예비판사제'가 부활하는 것이 아닌가 우려하는 목소리도 들린다.

● **외국의 사법개혁 사례**

웨스트 윙(West Wing)이라는 '미국 TV드라마'(미드)가 있다. 웨스트 윙은 미국 대통령 집무실과 비서진이 있는 백악관의 서관(西館)을 지칭하는 용어로서 백악관을 무대로 대통령과 대통령 참모진의 활약상을 에피소드 형식으로 다룬 '미드'이다.

웨스트 윙 시즌 1의 에피소드 중에 새로이 선출되는 연방대법관을 대통령과 비슷한 정치성향을 가진 사람으로 선정하기 위해 대통령 참모진들이 의회 측과 예산, 법안 등을 양보하고, 상원의원 등을 만나 정치적 타협도 하는 과정들이 흥미진진하게 그려진다.

이는 미국의 연방판사 임명 과정에 대한 이해가 어느 정도 있어야 이해가 되는데 미국의 연방법원(연방대법원, 연방항소법원, 연방지방법원)의 모든 판사는 대통령이 상원의 인준을 얻어 지명한다. 대부분 대통령이 연방 상원의원의 추천을 받아 판사를 임명하는 것이 관행이라고 한다. 연방법원 판사의 지명은 매우 정치적으로 이루어지고 있으며, 판사들 대부분이 정당에 가입되어 있고 정치색이 분명하다.

미국 연방법원 판사는 종신제이고 임기가 없으며, 판사는 모두 변호사 자격자 중에서 임명되며 주된 연령은 50대 전후이다. 미국의 주법원 판사의 임명방식은 주마다 다르지만, 대체로 순수 지명 방식(Appointment), 정당선거 방식(Partisan Election, 정당의 공천과 주민투표), 비정당선거 방식(Nonpartisan Election, 정당의 공천 없는 주민투표), Merit 방식(임명은 법관임명위원회의 인준 또는 추천과 주지사의 임명으로, 연임은 주민투표로) 중 하나에 따라 임명된다.*

만약 우리나라에서 법관을 정당의 공천과 주민의 투표로 뽑고 연방판사를 대통령과 의회의 정치적 타협과정을 통해 뽑자고 한다면 법조계에서는 어떤 반응을 보일까. 우리나라 현실에서는 말 그대로 '먼 나라 얘기'이다. 대법원장과 법원행정처가 법관의 인사를 독점하고, 이에 대한 지적에 대해 발끈하며 성명서까지 발표하는 현실에서 "정당 추천에 의한 주민투표로 법관을 선발하자"고 하면 논의할 가치가 없다며 일언지하에 거절하지나 않을까.

하지만 이는 세계 최고의 사법선진국으로 뽑히는 미국에서 실제로 시행되고 있는 법관 인사제도이다. 물론 각 나라만의 문화와 법조계의 역사적 현실이 존재한다. 하지만 제도자체의 장단점만을 따로 떼어서 논의해 본다면 이러한 미국의 제도는 사법부의 민주적 정당성을 확보할 수 있는 가장 확실한 대안이 될 수 있으며 사법 관료화를 미연에 방지하는 주요한 해결 방안이 될 수도 있다.

가까운 일본의 법관 임용방식은 우리나라와 매우 비슷한데, 사법시험에 합격한 후 1년 6개월 간 사법연수원에서 연수를 받고, 대체로 연수원 성적에 따라 상위성적자가 판사보로 임용되는 것으로 알려져 있다. 그 후 10년간의 판사보 기간을 마친 다음 정식으로 판사로 임용된다.

일본에서도 법조일원화 및 사법관료화를 개혁하기 위한 사법개혁 논의가 지속적으로 이어져 오고 있다. 일본의 사법제도개혁심의회에서도 법조일원화가 논의 주제로 올랐으나, 2001년 6월 12일 제출한 의견서에서 법조일원화의 실시는 보류한 채, 다만 모든 법관에 대하여 재판관 이외의 다양한 법률 전문가로서의 경험을 쌓게 하는 제도를 도입할 것,

---

*사법개혁위원회 자료집(VII) 국민과 함께하는 사법개혁-사법개혁위원회 백서- (2005, 사법개혁위원회)

변호사의 임관을 추진하기 위하여 최고재판소와 일본변호사협회는 2001년 12월 7일 '변호사임관 등에 관한 협의 결과'를 발표했다고 한다.

이 발표의 주요 골자는 각 변호사협회에서 변호사 임관 신청자를 심사하여 추천하는 절차를 만들고 변호사협회가 추천한 변호사 임관 신청자를 심사하여 변호사협회가 추천한 변호사에 대하여 최고재판소가 임관을 거부할 경우에는 구체적인 사유를 밝히기로 한 것이다.*

변호사 협회에서 법관 추천을 한다는 것도 사법 관료화를 방지 및 법조일원화를 위한 매우 의미 있는 제도라 생각한다. 그리고 법조삼륜이라고 불리는 변호사 협회의 법관 추천 권한 강화는 '막말 판사' 등을 방지하는 부수적인 효과까지 기대할 수 있다.

영미법계의 종주국이라고 볼 수 있는 미국은 1960년대 말까지 "형벌은 범죄자의 교화를 목적으로 한다"는 교화주의 사상의 영향으로 부정기형이 증가하고, 유사 동종 사건의 양형편차가 심화되는 등 법관의 광범위한 양형 재량을 인정하고 있었다. 실제 판결례를 봐도 동 시기에 은행 강도사건의 경우 최고 징역 18년에서 최저 5년으로 동종 사건에 대하여 형량이 2~3배씩 들쑥날쑥했고, 공갈사건에 대해서도 최고 징역 20년, 최저 징역 3년형으로 최고 형량과 최저 형량이 약 7배까지나 차이가 존재했다.

이러한 현실이 점차 심화되자 1972년 연방판사인 Frankel 판사는 "예측불가능한 양형관행은 자유민주주의 체제의 기본이념인 '인간이 아닌 법에 의한 통치'에 대한 중대한 도전"이고 "형벌과 양형의 기본적

---

*사법개혁위원회 자료집(VII) 국민과 함께하는 사법개혁-사법개혁위원회 백서- (2005, 사법개혁위원회)

목표를 정하는 것은 정책결정 문제로서 비선거직인 사법부가 아닌 국민에 의하여 선출되고 정치적 책임을 지는 입법부가 결정할 사항"이라고 주장하여 양형에 대한 사법개혁을 주장했다.

이에 '사법권 독립'을 외친 법원의 거센 반발에도 불구하고 이러한 Frankel 판사의 영향을 받은 케네디 상원의원을 비롯한 의회 주도로 1984년 미국의 양형개혁법이 제정된다.

또한 대륙법계 국가 중에 우리 법체계에 가장 많은 영향을 미친 일본의 사법개혁도 경제 단체, 일본변호사연합회 등의 개혁 요구를 내각이 수용하여 내각과 의회 주도로 사법개혁을 진행했다. 1999년부터 본격적으로 시작된 일본의 사법개혁은 1999년 6월 정부 주도로 사법제도개혁심의회설치법이 제정 공포되었고, 동년 7월 사법제도개혁심의회가 내각에 설치되었다. 심의위원 13인의 인적 구성은 교수 5인, 변호사 3인, 기업 2인, 작가, 노조 대표, 소비자단체 대표 각 1인으로 사법부 내부의 개혁이 아니라 내각이 주도로 한 사회 각 단체의 대표들로 구성하여 대대적인 사법개혁을 논의했다.

프랑스는 사르코지 대통령 주도로 법무부 산하 위원회를 통해 수사판사 폐지 등 사법개혁을 추진했다. 벨기에는 청소년 연쇄 성폭행·살인범인 마르크 뒤트르 사건(1996)을 계기로 의회 주도로 법관인사 시스템 등을 개선했다.

뉴질랜드는 온정주의적 양형 문제를 제기한 노엄 위더스 청원사건(1997)을 계기로 의회 주도로 양형기준법 등을 제정했다. 우리나라도 1999년 김대중 정부 당시 법무부 주도로 대통령자문기구인 사법개혁추진위원회가 전체위원 19명 중 법관 2명이 참여해 사법개혁을 추진했다.

이렇듯 우리 법에 영향이 지대한 미국이나 일본 등은 물론이고 기타 해외 선진국이나 우리의 과거 사법개혁의 연혁에 비추어 보더라도 사법개혁은 의회나 정부에서 주도적으로 추진하는 것이 일반적이다.

이는 사법개혁의 주체는 국민이어야 하며 국민의 입장에서 사법개혁이 추진되어야 하기 때문이다. 선출되는 권력은 선거로 심판하면 되지만, 선출되지 않는 권력은 심판할 방법이 없기 때문이다. 그만큼 사법개혁은 민주적 정당성이 없는 사법부에 민주적 정당성을 부여하는 수단이자 국민에 의한 사법부 통제의 유일한 수단이라 할 수 있다.

이제 대한민국 국민들은 통제되지 않는 '무소불위'의 권력을 인정할 정도로 몽매하지 않다. 사법부 내부에서의 그들만의 개혁이라는 것은 이러한 대 국민적 통제라는 사법개혁의 본질에도 맞지 않는다.

현대 법치국가의 법에 의한 통제라 함은 어떤 국가권력이라도 국민에 의해, 법에 의해 통제·감시를 받는 것을 요체로 한다. 반면 아무리 작은 권력이라 해도 국민에 의한 통제가 이루어질 방법이 없다면 위험하다. 로스쿨에서 변호사가 배출되는 2012년부터 지금 변호사 숫자의 2배가 되는 변호사 2만 명 시대가 온다. 우리 국민들은 이제 시험 잘 본 사람만이 법관이 되는 시대는 지나갔다는 것을 잘 알고 있다. 그런데도 법조계만 아직 그러한 향수에서 벗어나지 못하는 것 같다.

대법원장은 '제왕'이다

대법원장, 대통령도 안 부럽다

　우리 대법원장은 흔히 제왕적 대통령이라고 불리는 국가원수와 비교해도 결코 뒤지지 않는 제왕적 대법원장이라고 부를 만한 권한을 가지고 있다. 쉽게 말해 보기에 따라서는 대통령도 안 부러운 자리가 바로 대법원장이다.

　대통령으로부터 임명받는다는 한 순간의 머리숙임을 감수하고 나면, 그 다음부터는 6년 동안 어느 누구도 넘보지 못할 막강한 권력을 행사할 수 있는 것이다.

　현행법상 대법원장의 권한을 살펴보면 우선 대법원장은 대법관 전원에 대한 제청권을 가진다. 그리고 헌법재판관, 선거관리

위원 각 3인에 대한 지명권을 가지며, 그 외에도 양형위원, 법관인사위원 등의 임명에 대한 사실상 전권을 가지고 있다. 또 일반적으로 현재 사법부의 정원 2,844명 모든 판사에 대한 임명권과 보직권을 가지고 있고, 1만 3천 명이 넘는 법원공무원에 대한 인사권도 가지고 있다.

또한 고등부장 승진은 판사로서는 일생일대의 중대한 전기인데 이것을 100% 좌지우지하는 것이 바로 대법원장이다. 현실적으로 사건을 담당하는 일선 법관들은 고등 부장판사로의 승진, 대법관 임명의 꿈을 이루기 위해 대법원장과 법원행정처의 눈치를 볼 수밖에 없는 구조인 것이다.

결국 현행법에 따르면 대법원장은 헌법상 보장된 임기기간인 6년 동안 대법관 지위를 가지는 '사실상 비서실장', 즉 법원행정처장을 필두로 전국의 모든 법관의 임명과 보직 등 인사에 관한 권한을 어느 누구의 간섭이나 통제도 받지 않고 독점하면서 법관 위에 군림하고 있다고 해도 지나친 말이 아니다.

그래서 나는 일관되게 개헌을 얘기할 때마다 대통령제냐, 내각제냐 등의 통치구조의 문제보다 이러한 '제왕적 대법원장'의 권한을 줄여야 한다고 주장했다. 우리 사법부 개혁의 핵심은 바로 '법원행정처를 통한 사법부 관료화'와 '대법원장의 독점적인 인사권 행사'를 어떻게 혁파하느냐 라는 것이다.

여기서 우선 우리 헌법이 규정하는 대법원장의 막강한 권한 중 반드시 개정되어야 할 두 가지 '독소조항'을 지적하지 않을 수 없다. 왜냐하면 대법원장은 국회의 동의를 받아 대통령이 임명하지만, 민주적 정당성이 대단히 취약하므로 대법원장에게 헌법기관의 구성에 광범위한 권한을 주는 것은 국민주권 원칙의 실현과는 거리가 멀기 때문이다.

첫째는 대법원장이 대법관을 제청한다는 규정이다.

[현행법상 대법원장의 권한]

1. 법관 및 법원 공무원 전원의 임명 및 보직권(1만 6천여 명)
2. 대법관 제청권
3. 헌법재판관 9인 중 3인 지명권
4. 중앙선거관리위원 9인 중 3인 지명권
5. 국가인권위원 11인 중 3인 지명권
6. 양형위원 13인 전원 위촉·임명권
7. 대법관제청자문위원 9인 전원의 지명 또는 위촉권 및 위원장 지명권
8. 법관인사위원 전원 임명권(총 7~9명)
9. 법무부 검사적격심사위원 9인 중 1인 추천권
10. 법관징계위원회 위원장, 위원(6인) 및 예비위원(3인) 전원. 위원회 간사 임명권
11. 사법정책자문위원 7인 전원 위촉권 및 위원장 지명권

대법원장은 사법행정에서는 사법부의 장(長)이라 하더라도, 본연의 임무인 대법관으로서는 다른 대법관과 동등한 지위를 가진다. 그런데 '동등한' 대법관이 다른 '동등한' 대법관 전원을 제청한다는 것은 무늬만 동등하고, 사실상 절대 우월하다는 사실을 확인시켜 주는 꼴이기 때문이다.

애초에 대법원장으로부터 제청을 받아 대법관이 된 사람이 상고심 재판이나 대법관 회의에서 대법원장과 다른 소신을 당당하게 펼칠 수 있을까.

둘째는 대법원장이 헌법재판소, 선거관리위원회 등 헌법기관 구성에 상당한 권한을 갖는다는 점이다.

특히, 대법원장이 헌법재판관 9명 중 3명을 지명한다는 것은 아무리 양보해도 어불성설이다. 외국에서는 재판에 대한 헌법소원까지 인정하는 판에 어떤 의미에서는 대법원보다도 더 상위의 단계에서 최종 결정을 내리는 헌법재판관을 마치 '대법원장의 아들·딸'로 구성하는 것은 상식적으로 생각해도 앞뒤가 맞지 않다. 이는 헌법재판소의 권위를 생각할 때도 하루 속히 폐기되어야 할 규정이고, 그런 개정이 이루어져야 헌법재판소가 더 이상 '대법원의 2중대'라는 비아냥을 듣지 않을 수 있을 것이다.

결국 대법원장의 막대한 권한을 인정하는 현행 우리 법원 구성시스템에 따르면 구조적으로 대법원장의 움직임 하나하나에 따라 사법부 전체가 요동칠 수 있다. 대법원장의 한 마디와 의중은 지방의 일선 판사에게 큰 영향을 미칠 수밖에 없는 구조로, 현재의 시스템이 지속된다면 판사들은 출근 첫날부터 자신들이 진정으로 눈치를 봐야 할 곳이 어딘지 알 수 있다. 또한 이러한 구조적인 문제로 인해 대법원장의 개인적인 성향에 따라 우리나라 사법부 전체의 향배가 갈라지고 대통령이 대법원장의 임명을 통해 사실상 사법부를 장악하는 권력 집중을 낳을 우려도 상존하는 것이다.

2005년 10월 법원 내 사조직인 ○○○연구회의 회장은 자신의 블로그에 다음과 같은 글을 올렸다.

"○○○연구회의 회원들이 지지하는 대법원장이 취임했고, 연구회 출신 변호사가 대법관에 제청되었다. 법원 주류의 일원으로 편입된 이상 기존 주류의 잘못을 되풀이해선 안 된다."

판사들 스스로가 자신과 비슷한 성향의 대법원장의 취임으로 인해 기존의 법원을 바꿀 토대가 마련되었다고 밝히고 있는 것이다. 비록 개혁의지나 충정이 있다손치더라도, 한편으로는 전투적인 정치조직의 강령을 연상케 하는 이런 발언을 지켜보면서 대한민국 사법부의 미래를 걱정하는 사람은 나만이 아닐 것이다.

이용훈 사법부 6년, 권력기관으로 우뚝 서다

"사회단체, 언론, 정치권력이 사법권 독립의 걸림돌이 될 수도 있다."(조선일보 2011. 3. 1.)

"두산 비자금 사건에 대해 집행유예 판결을 선고하면 국민이 어떻게 수긍하겠는가? 국민의 법원 신뢰를 근본적으로 훼손한 판결이다."(조선일보 2006. 2. 17.)

"변호사들이 만든 서류는 대개 사람을 속여 먹으려고 말로 장난치는 것이 대부분이다."(국민일보 2006. 9. 20.)

"법조 3륜이라는 말이 있는데, 사법의 중추는 법원이고 검찰과 변호사 단체는 사법부가 제대로 움직이도록 하기 위해 보조하는 기관이지 무슨 같은 바퀴냐."(문화일보 2006. 9. 21.)

"검사들이 밀실에서 받은 조서가 어떻게 공개된 법정에서 나온 진술보다 우위에 설 수 있느냐? 민사소송에서 법원이 재판모습을 제대로 갖추려면 검사의 수사기록을 던져버려야 한다."(문화일보 2006. 9. 21.)

조두순 사건에 대해 "재판이 끝난 사건의 양형을 논하는 것은 온당치 않다"며, "일시적인 여론에 의해 형량이 오락가락하면 사법의 신뢰가 떨어진다."(동아일보 2009. 10. 5.)

이 말들은 모두 이용훈 대법원장이 재임기간 동안 한 말이다. 튀는 판결에 대한 국민들의 반발이 심화되자 이용훈 대법원장은 사회단체, 언론, 정치권이 판결에 대해 왈가왈부하는 것은 사법권 독립을 침해할 수 있다고 불편한 심기를 드러냈다.

현대 국가에서 언론이나 사회단체는 단순한 조직이나 사기업체를 뛰어넘어 국민의사를 형성하고 컨센서스를 반영하는 제3의 방식으로까지 확대되고 있다. 국민 주권은 단순히 선거나 투표로 행사되는 것이 아니라 언론, 정당, 시민단체 등을 통하여 국민들의 의사가 형성되고 표현된다. 이러한 상식적인 시대흐름을 무시하고 여론에 대해 귀를 닫겠다는 것이 국민을 위한 사법부라 할 수 있을 것인가. 이는 국민 주권에 대한 침해로도 받아들여질 수 있는 것이다.

또한 언론 등 외부의 판결비판에는 '사법권 독립'을 운운하며 거침없이 반발하면서도, 자신의 생각과 다른 판결에 대해서는 공개적으로 힐난하는 이중적인 태도는 더더욱 납득하기 어렵다. 도대체 외부로부터의 비판과 대법원장의 비판중 어떤 것이 판사에게 더 많은 영향을 미치겠는가.

사법권 독립은 무엇인가. 누구로부터 독립하는 것인가? 많은 국민들이 납득할 수 없는 판결, 대부분이 상급심에서 뒤집힌 그런 판결에 대해 국민들은 놀라거나 불만을 표할 수도 없는 것인가.

다시 한 번 강조하지만 너무나 당연하게도 사법권도 국민으로부터 나온다. 여기서 국민이란 추상적인 존재가 아니고 사회단체, 언론, 정당 등을 통해 끊임없이 형성되고 표출되는 존재이다. 만일 판결에 대해 국민들이 우려의 목소리를 내는 것이 심히 불쾌하다면 그것은 사법권이 국민으로부터 나온 것이라는 점을 잠시 잊고 자신들이 원래부터 가지고 있다는 착각에서 비롯된 것이리라.

애당초 자신의 뛰어난 재능과 높은 성적으로 판사가 된 것이니 사법권이 국민으로부터 나온다는 의식, 그래서 국민들이 납득할 수 있어야 한다는 의무감 같은 것이 자리잡기 어려운 것이다.

검사와 변호사가 무엇인지 한 마디로 정리해 준 2006년 9월 이용훈 대법원장의 일련의 발언을 곱씹어 보면 사법부가 법조일원화에 소극적인 이유도 쉽게 찾을 수 있다. 이런 생각이라면 법조일원화는 사법부가 맞서 싸워야 할 절대 악이다. 소송기록이나 조작하는 협잡꾼 같은 변호사나 밀실에서 사건을 조작하는 검사가 어떻게 어느 날 갑자기 사법의 중추인 판사가 될 수 있겠는가.

그런가하면 위 발언과는 전혀 다른 모습도 보인다. 지금도 민사소송을 담당하는 판사들은 검찰에 수사기록 송부촉탁을 하고 있다. 밀실에서 이뤄진 조사라는 검찰의 기록을 사법의 중추에서 마구 가져다 민사소송의 자료로 사용하고 있으니 국민들이 민사소송을 하기 위해 고소를 하는 병폐가 줄어들지 않고 있다. 대법원장은 자신의 말을 지키기 위해서 모든 민사소송에 검찰 기록의 사용을 금지시켜야 한다. 그렇게만 해도 우리나라의 남고소(濫告訴)는 비약적으로 개선될 것이다.

또한 위 발언에서 주목해야 할 것은 사법의 중추는 법원이라는 것이다. 그렇다고 한다면 사법개혁도 법원에서부터 시작해야 하고, 법원개혁이 그 핵심이 된다. 그렇지 않다면 앞에서의 발언은 포장을 어떻게 하든 모두 법원이기주의, 법원우월주의, 사법만능주의가 뿌리깊게 소신으로 깔려 있다고 볼 수밖에 없다.

이용훈 사법부의 장밋빛 약속

이용훈 대법원장은 약 32년 6개월간 판사로 재직했고, 그 후 변호사로 활동하다가 2005년 9월 26일 노무현 정부 하에서 제14대 대법원장으로 취임했다. 이용훈 사법부는 어떤 가치를 가지고 출범했을까. 취임사를 읽어보면 그 포부가 요약되어 있다.

이 대법원장은 취임사에서 과거 사법부는 정치권력으로부터 독립을 제대로 지켜내지 못했고, 현재까지도 국민 위에 군림하는 과거의 모습을 버리지 못하고 있다고 반성하면서 자신은 사법권의 독립을 훼손하려는 어떠한 시도도 용납하지 않을 것이며, 사법부 구성원들이 모든 열정을 재판에만 기울여 소신 있는 판단을 할 수 있는 여건을 만들겠다고 다짐했다.

이 대법원장은 지난 잘못을 솔직히 고백하는 용기와 뼈를 깎는 자성의 노력, 그리고 새로운 길을 여는 지혜 등 모든 역량을 쏟아 부어 사법개혁과 사법제도 선진화를 이룩하고, 국민들로부터 신뢰와 존경을 받는 사법부의 기틀을 마련하겠다는 포부도 밝혔다.

더불어 법조에 대해서는 국민 앞에서 직역 간의 구분이나 반목이 있어서는 아니 되며, 법원에서 일하건 검찰에서 일하건, 변호사로서 그 직무를 수행하건 모두 국민을 섬기는 자세로 서로 협력하여 국민의 편에 서서 공정하고 국민이 납득할 수 있는 정의를 선언함으로써 국민으로부터 존경받는 법조로 거듭나기 위하여 노력해야 한다고 당부하기도 했다.

이용훈 사법부가 성공했는지, 실패했는지는 이러한 약속이 제대로 실천되었는지를 확인해 보는 것이 가장 좋은 방법일 것이다. 이제 임기 종료를 약 2-3개월 앞두고 있는 시점에서 이용훈 사법부의 지난 6년간의 세월을 돌이켜 보면, 이용훈 대법원장은 자신이 취임하면서 국민들에게 굳게 맹세한 약속을 이행하는데 과연 얼마만큼의 노력을 기울였는지 의심스럽기만 하다. 이것이 필자로 하여금 이용훈 사법부를 '실패한 사법부'로 규정하게 하는 이유이다.

사법부 독립은 레토릭인가?

이 대법원장은 사법부 독립을 훼손하려는 어떠한 시도도 용납하지 않을 것이라고 했지만 본인 스스로 정부와 코드가 맞는 특정 사조직에 소속되어 있는 법관들을 중용하여 사법부를 정치권력의 뜻에 맞추어 이끌어가도록 했다. 더욱이 개개 사건 판결에 대한 자신의 생각을 거침없이 쏟아내는가 하면 각종 사건 관련 통계를 이용하여 사법시스템을 관료화함으로써 각각의 판결에 영향을 미쳐 사법부의 독립을 오히려 약화시켰다는 비판을 줄곧 받아왔다.

특히, 취임 초기에 대법관이나 법원행정처의 실무 요직에 이름만 대면 누구라고 알 만한 사람들을 대거 중용하여 당시 정권과 이념적 코드가 맞는 인사들을 등용한 것이 아니냐는 의심을 받았던 것은 아쉬운 대목이다.

과거의 잘못을 반성하고, 사법부의 독립을 지켜나가겠다고 다짐한 이 대법원장은 취임 초기부터 인사에 있어서 당시 정권을 의식하고, 대법원 주요 요직에 정권의 뜻에 부합하는 법관들을 배치함으로써 사법부가 정치권으로부터의 독립을 거의 포기하는 듯한 모습을 보여주었다.

더 나아가 이 대법원장의 취임 3일째인 2005년 9월 29일 전국 일선 법원에 1972년부터 1987년 사이에 나온 판결 중 사건명이 긴급조치법 위반이나 국가보안법 위반, 집시법 위반, 화염병처벌법 위반 등으로 되어 있는 기록들을 모두 모아 대법원으로 보내도록 조치했다. 이러한 조치는 과거 권위주의 시대에 사법부 독립을 지켜내지 못하고 정치권력에 순응한 판결들을 찾아내어 그 피고인들의 억울함을 풀어주겠다는 이른바 사법부 과거사 청산작업의 일환으로 진행되었다.

그러나 아무리 명분이 좋다고 하더라고 이미 3심을 거쳐 확정된 판결들을 수십 년이 지나 다시 들추어 보고 검증하는 일은 법적 안정성을 해칠 수 있을 뿐만 아니라, 법관이 판결 당시의 시행 법률과 국가적, 시대적 상황을 감안해 내린 결정을 현재의 잣대로 재판단하는 것 자체가 개개인이 헌법기관인 법관의 재판권을 흔들어 사법부 독립을 해치게 되는 것임을 고려하지 않은 조치라고 할 것이다.

이 대법원장은 이러한 조치로 오히려 과거 판결까지 현재의 정치권력의 입맛에 맞추어 그 결과를 바꾸어 놓는 우를 범했고, 사법부 개혁의 일환으로 시행한 위와 같은 작업이 정치권력의 과거사 청산에 코드를 맞추었다는 비판을 초래했다.

사법부의 독립은 정치권력이나 사회단체 등 외부적 압력으로부터의 독립뿐만 아니라 법원 내부에서의 지시나 명령도 법관의 판단에 영향을 미쳐서는 안 된다는 것을 의미한다. 그러나 이 대법원장은 개개 판결에 대한 언급을 서슴지 아니하여 판사들에게 사법권의 독립을 스스로 위태롭게 한 경우도 있었다.

그런 의미에서 2006년 1월 두산그룹 임직원에게 집행유예를 선고한 판결에 대하여 "1억 원어치 물건을 절도한 사람에게 실형을 선고하지 않는 판사는 아무도 없다. 그런데 200억~300억 횡령한 기업 임원을 집행유예 판결하는 것은 말이 안 된다."고 발언하고, 또 얼마 후 "기업인 비리 재판에서 국민의 신뢰를 얻지 못하고 있다. 절도범은 실형을 선고하고, 기업범죄는 집행유예를 내리면 국민의 신뢰를 얻을 수 있겠느냐."는 대법원장의 발언은 앞에서도 언급한 바와 같이 그 내용의 옳고 그름을 떠나 구체적 판결에 대해 채점을 한 것으로 대단히 부적절했다는 여론이 많았다. 듣는 사람의 귀를 의심하게 할 만한 발언이었다.

조직 구성원들의 인사권을 쥐고 있는 조직의 수장이 일선 재판장이 내린 구체적 판결에 대하여 공식석상에서 두 차례나 비난하는 발언을 하는 것은 어느 조직에서나 적절하지 않음은 물론이고, 특히 개개 법관들의 판단에 독립성을 인정해 주어야 하는 사법부에서는 더더욱 금도를 벗어난 행동이 아닐 수 없다.

이 대법원장의 발언에 대해 당시 일부 판사들은 "대법원장 무서워서 어디 재판하겠느냐."라는 불만을 쏟아내기도 했다고 한다.

사법제도 개혁은 무조건 "NO"

이 대법원장은 취임사에서 국민들로부터 신뢰와 존경을 받는 사법부의 기틀을 마련하기 위하여 사법개혁과 사법제도 선진화를 이룩하겠다고 공언했다. 노무현 정부와 당시 정치권의 강력한 지지 속에 출범한 '사법제도개혁추진위원회'를 등에 업고, 사법제도 선진화를 위하여 이 대법원장이 특히 주력한 부분은 바로 공판중심주의 실현과 불구속 수사 원칙이었다. 시간이 흐른 지금 이를 사법제도 선진화의 증거로 삼는 사람이 몇 사람이나 있을까.

형사재판의 숫자와 재판부의 인력 등 법조계의 현실을 세밀히 고려하지 않은 공판중심주의는 레토릭으로서는 몰라도 지금 제대로 작동한다고 보기는 어렵다. 또한 불구속 수사 원칙은 피고인의 방어권을 최대한 보장해 주되, 최종 재판 선고시에는 죄가 있다면 이에 상응하는 죄값을 제대로 받게 하자는 것이 전제되어 있는 것이다. 하지만 서슬 퍼런 법원행정처의 불구속 수사 원칙에 따라 일선법원에서는 무작정 영장기각률을 높이느라 법석을 떨지는 않았는지, 그러한 행태가 피해자들의 가슴에 얼마나 깊은 상처를 남겼는지 되돌아봐야 될 것이다.

제18대 국회에서도 사법제도개혁특별위원회가 설치되어 법

"사법불신 하면 가장 큰 문제가 '전관예우' 또 '고무줄 판결'인데 양형위원회가 4년 동안 활동하면서 국민들이 보기에 이런 문제가 어느 정도 해소됐다고 생각할 것 같습니까?"
- 2011. 4. 1. '사법제도개혁특별위원회 전체회의' 에서 -

원의 개혁을 위하여 1년 4개월이나 여러 가지 핵심쟁점들, 즉 양형기준제도, 법조일원화, 법관인사제도 개편, 판결문 공개제도, 대법관 증원 등에 대하여 수많은 논의를 했지만 거의 실패로 돌아갔다. 물론 이 과정에서 정치권의 무능력과 티격태격도 큰 이유가 되었지만, 거의 모든 사법제도 선진화 쟁점에 대하여 법원행정처와 사법부의 대답은 한 마디로 "NO"였다. 이용훈 대법원장이 사법제도 선진화를 위해 노력하겠다는 취임사는 사법개혁에 대한 국회의 진지한 노력에 귀를 막고 무조건 반대 입장을 고수했다는 것만으로도 실패라고 규정하지 않을 수 없다.

법조 3륜이 서로를 섬기었는가

이 대법원장은 취임사에서 법조 직역 간에는 구분이나 반목이 있어서는 안 되고 모두 국민을 섬기는 자세로 서로 협력해야 된다고 강조했다. 정말 6년의 세월이 흐른 지금 이 말이 진심이었다고 생각하는 사람이 있을까. 이용훈 대법원장이야말로, '법조 3륜'이라는 용어 자체에 알레르기 반응을 노골적으로 공개적으로 언급하면서, 그 동안 검찰과 변호사 직역에 분란의 빌미를 제공한 장본인이 아니던가.

앞에서 언급했듯이 2006년 9월 일선 법원을 순시하면서 "사법의 중추는 법원이고, 검찰과 변호사 단체는 사법부가 제대로 움직이도록 하기 위해 보조하는 기관", "변호사들이 내는 자료라는 게 다 상대방을 속이려는 문서가 대부분인데 이걸 근거로 재판하는 게 옳으냐", "재판을 제대로 하려면 검사의 수사기록을 던져 버려야 한다. 검사들이 밀실에서 비공개로 받아 놓은 조서가 어떻게 법정 진술보다 우위에 설 수 있느냐"라는 등으로 다른 법조 직역에 대한 폄하 발언을 하여 구설에 올랐다.

　결국 취임당시와 재직시에 말을 바꾼 것이며 법조 3륜 전체가 서로를 헐뜯고 이전투구에 열중하여 국민들로부터 불신과 비판의 대상이 된 점에는 이러한 이용훈 대법원장의 책임이 적지 않은 것이다. 결국 이 장밋빛 공약도 실패로 막을 내린 것이다.

성공한(?) 대법원장

 이용훈 대법원장은 취임 당시 화려한 포부에도 불구하고 국민과의 약속을 지키지 못하고, 사법부 독립도, 진정한 사법개혁도 이루어 내지 못했다는 비판을 받았다.
 사법관료주의를 오히려 심화시키고 1인 지배체제를 강화하여 판사들로 하여금 때로는 법과 양심에 따른 결정이 아니라 조직의 논리에 따른 결정을 내리도록 강요한 적은 없었을까. 이로 인하여 국민들의 사법부에 대한 신뢰는 약해지고, 우리 사법부의 발전은 10년 이상 후퇴했다는 평가도 있다.
 법원이 권력기관화 하여 대통령실과 직접 의견을 교환하고, 국회에 판사를 파견하며, 국민의 기본권 보장을 위하여 재판에

몰두해야 할 판사들이 각종 법안이나 예산과 관련된 논의가 있을 때마다 국회에 나타나 로비를 하고, 기획재정부 출신 공무원을 영입하여 행정부에 예산 로비를 하는 행태는 반드시 시정되어야 한다. 바로 사법부가 외치는 '사법부 독립'을 위해서 하루빨리 고쳐져야 한다.

이제는 '이용훈 사법부'가 무엇을 남겼는지 돌아보아야 할 때다. 사법부가 더 이상 조직 내외의 압력에 휘둘리지 말고, 진정으로 국민이 믿을 수 있는 결정, 국민에게 희망을 주는 결정, 헌법과 법률, 법조의 양심에 따른 결정을 내릴 수 있는 새로운 기관으로 다시 태어나기를 희망한다.

그렇다면 이용훈 대법원장의 공(功)은 무엇인가. 전자재판 도입 등 실무적인 부분에서 일궈낸 많은 것들을 폄훼할 생각은 없다. 하지만 이용훈 사법부의 6년이 흐른 지금 그 전과는 확연히 구별되는 가장 큰 공(功)은 사법부가 대한민국의 통치기구에 한몫을 담당하는 권력기관으로 우뚝 섰다는 것이다.

대법원장의 의중을 실천하는 법원행정처에 힘이 집중되면서 판사들은 본업인 재판보다 법원행정처 근무를 지향하고, 엘리트 판사들이 법원행정처에 집중되었다. 사법관료가 대대적으로 양성된 것이다. 사법관료는 사법서비스의 질 향상에 노력하기보다 관료집단 이기주의에 빠지기 쉬운 법이다. 즉, 경찰이나 검찰뿐만 아니라 일반 행정 부처의 엘리트 공무원들이 부처의 이익을 위해 쉴새없이 뛰어다니는 모습과 똑같은 것이다.

법원 내부적으로 일선의 판사들이 법원행정처의 방침에 일사불란하게 움직인다고 해도 과언이 아닐 정도로 조직이 탄탄해졌다. 일선 법원의 수많은 통계와 보고가 법원행정처로 매일매일 취합되면서 이용훈 사법부는 튼튼한 하나의 사법제국(司法帝國)이 된 것이다.

법조계 내부에서는 사건별로 구속영장 청구요건을 비교해 볼 때 기각되어야 할 사건의 영장이 발부되고, 발부되어야 할 사건이 기각되는 등 형평에 문제가 발생하는 이유가 영장전담판사가 사건 자체만 보는 것이 아니라 '통계'를 의식하기 때문이라는 소문이 파다했다. 중요 사건의 경우 영장전담판사들은 법원행정처에 정보보고를 한다는 믿을 수 없는 풍문까지 나돌았다. 인사권자인 대법원장을 생각하면 사건 심리 이상으로 상부보고를 신경 쓰지 않을 수 없게 된 것이다.

이와 같은 사법부 내부의 통계취합과 정보보고는 세계에서도 유례가 없는 제도이다. 엄혹하던 독재권력 치하에서도 자신의 소신을 굽히지 않았던 판사들이 사법권의 본질을 침해하는 통계와 정보보고에 대해서 아무 말도 하지 않고 있는 것은 대단히 의아하고, 정말 잘못된 일이라 생각한다.

아무튼 법원행정처는 사실상 이제 모든 법관들의 선망의 대상이 되었으며 대법원장의 절대적 신임으로 법원이 유사 이래 처음으로 권력기관으로 부상하는 핵심고리가 되었다. 과거 여러 정부에서 흥망성쇠를 경험했던 경찰, 중앙정보부, 보안사 그리고 검찰의 뒤를 이어 이제는 법원행정처가 만만치 않은 권력기관이 되었다고 알 만한 사람은 다 알고 있다.

청와대에서, 검찰에서, 국회에서 그리고 정말 힘이 세다고 하는 언론조차도 이제는 법원을 한 수 아래로 볼 수 없게 된 것이다. 과거에 법관들은 판사 저마다가 독립해서 양심에 따라 재판하면 된다는 그야말로 도덕교과서 대로의 기준을 따르는 문화였지만, 심판자의 지위에서 또 하나의 권력자로 변신한 오늘날 법원은 법원의 기침소리에 다른 경쟁자들이 움찔하기에 충분할 만큼 세진 것이다.

이제 법원의 이해관계가 걸린 사안에 대해서는 행정부 내 어떤 조직도 넘볼 수 없는 똑똑함과 결집력, 그리고 일사불란함으로 무장된 법원행정처의 유능한 전사들이 '법원을 위하여' 라는 숭고한 목적에 아낌없이 스스로를 바친다. 누가 법원에 대해 공격을 하게 되면 집요하게 물고 늘어져 상대방으로 하여금 손을 들게 하거나 다시는 유사행동을 반복하지 않도록 경고를 한다. 어떤 판결을 비판했다는 이유로 중앙 일간지와 해당 기자를 상대로 결국에는 사과성 반론보도를 하도록 만드는 법원행정처의 막강한 권력을 직접 목도한 사람이라면 뭔가 찜찜해도 더 이상 판결에 대해 왈가왈부하고 싶은 마음이 들지 않게 될 것이다.

명실공히 사법부가 당당히 권력기관으로 나서게 된 것. 누구도 감히 법원의 판결에, 또 대법원이라는 조직에 대항할 수 없도록 했으니 이는 이용훈 대법원장이 사법부를 위해서 한 가장 큰 공적이라고 해야 할 것인가. 사법부는 무엇인가. 분쟁의 최종 해결 장소이고, 힘없는 국민이 마지막으로 갈 수있는 의지처이다. 그 본질은 결국 공정한 심판자인 것이다. 심판자가 권력자가 되면 공정한 재판이라는 본질적인 생명은 종지부를 찍을 수밖에 없다는 것은 역사가 우리에게 증언하는 바이다.

이용훈 사법부를 몇 가지 장점에도 불구하고 실패한 사법부로 규정할 수밖에 없는 것은 바로 그 가장 큰 공(功)이 사법부가 권력기관으로 우뚝 섰다는 역설적 사실이기 때문이다.

대한민국의 사법부가 이 정도라도 유지되는 것은 이용훈 대법원장의 의중에 휘둘리지 않고 묵묵히 양심에 따라 맡은 일을 하는 대부분의 판사들 덕분이다. 그런 면에서 어쩌면 그들은 이용훈 사법부 최대 피해자들일지 모른다.

차기 대법원장은?

 오는 9월 24일 이용훈 대법원장의 6년 임기가 끝난다. 이미 일부 언론에서는 여러 분의 하마평(下馬評)이 오르내리고 있다. 9월 초에는 국회에서 대법원장 후보자에 대한 인사청문회를 열어야 하기 때문에 8월 중순경에는 후보자가 결정될 것으로 예상된다. 헌법은 대통령이 국회의 동의를 얻어 대법원장을 임명하도록 규정했기 때문에 다음 대법원장이 누가 될 것인지에 대한 1차적인 권한은 대통령이 갖고 있다.

 그런데 대법원장이 어떤 자리인지 잠시 생각해 볼 필요가 있다. 앞에서 말한 것처럼 우리 헌법은 대법원장에게 일반 판사에서 고등법원장까지 승진 및 전보 인사 전부에 전권을 행사하도록 규정하고 있다. 또한 이처럼 대법원장이 모든 법관을 임명하고 재임명 여부를 결정하도록 허용하는 나라는 우리나라가 거의 유일하기까지 하다.

더욱이 현행 헌법처럼 국민으로부터 선출되지 않은 대법원장이 법관 임명권 및 대법관 제청권에 더하여 다른 헌법기관 구성원 지명권까지 가지도록 한 규정은 민주주의 기본 원칙에 어긋나는 것으로 차기 개헌에서 반드시 개정해야 할 규정이라는 점이 학계나 법조계에서 줄기차게 제기되고 있으며 지적한 바 있다.

그렇다면 이명박 대통령은 어떤 분을 차기 대법원장으로 지명해야 할까. 그 동안 국회 등원 이후 법사위에서 활동하면서, 또 최근까지 대법관 인사청문회에서 일관되게 주장한 내용을 말씀드리고 싶다.

먼저 우리 사법부는 너무나 천편일률적으로 구성되고 있다. 법원조직법 제42조 제1항은 대법원장과 대법관의 임용자격을 규정하고 있는데, 기본 조건은 40세 이상이면서 15년 이상 법조경력을 요구한다.

그러면서 법원조직법은 대법원을 다양한 방면에서 활동하던 인사로 구성할 것을 예정하고 있다. 즉, 판사뿐만 아니라 교수, 국가기관이나 지자체, 공공기관 등에서 경력을 쌓은 분들이 대법원장 또는 대법관이 될 수 있도록 규정하고 있다. 이는 국회를 통하여 입법에 반영된 국민의 뜻이고 결단이다.

하지만 우리 대법원은 어떤가. 대법관이나 대법원장으로 임명 당시 교수(제3호)였던 분은 양창수 대법관(2008년 9월 임명)이 최초였고, 공공기관에서 활동하던 분은 근대 사법제도가 도입된 이후 현재까지 단 1명도 없다. 즉 법원조직법 제42조 제1항 제2호는 사문화되었다고 해도 과언이 아니다.

그러면 과연 누가 대법원장과 대법관이 될까. 바로 독자들도 짐작했듯이 '판사'다. 〔표 1〕을 보면 대법원장과 대법관 14인 중 검사 출신인 1인을 제외하고, 13인의 법관 근무경력은 무려 314년 11개월에 달하고, 이를 평균으로 환산하면 24년이 넘는다. 우리 대법원장과 대법관은 20년이 넘는 기간 동안 오직 판사로만 살았던 사람이라는 뜻이다.

〔법원조직법상 대법원장 및 대법관 임용자격〕

법원조직법 제42조(임용자격) ① 대법원장과 대법관은 15년 이상 다음 각 호의 직에 있던 40세 이상의 자 중에서 임용한다.
1. 판사·검사·변호사
2. 변호사의 자격이 있는 자로서 국가기관, 지방자치단체, 국·공영기업체, 정부투자기관 기타 법인에서 법률에 관한 사무에 종사한 자
3. 변호사의 자격이 있는 자로서 공인된 대학의 법률학 조교수 이상의 직에 있던 자

이러한 현상은 우선 우리 법원조직법상 규정에도 반하고, 우리 사회에 미치는 영향 면에서 보더라도 결코 바람직하지 않다. 법관의 눈으로만 세상을 보는 분들은 이미 대법원에 너무 많다. 재판을 받으러 오는 국민들의 애환을 이해하기 힘들다는 것은 너무나 당연하고, 국민 기본권 보호에 있어 최후의 보루라는 대법원을 사회 각계의 의견을 수렴하여 결정할 수 있도록 그 인적 구성을 다양화해야 한다는 것은 상식에 속하는 일이다.

이러한 문제를 해결하는 방법은 의외로 간단하다. 이미 우리 법원조직법이 규정하고 있는 대로 대법원장을 임명하면 된다. 즉, 법원조직법 제42조 제1항 제1호 중 '판사'로만 대법원을 채우려고 하지 말고, 다른 조항도 좀 봐야한다는 것이다.

제18대 국회로 들어와 임명된 5인의 대법관을 보면 모두 남성, 서울대, 법관 출신 인사가 제청되었고 임명되었다. 판사 말고도 우리 법에는 교수, 국가기관, 지자체, 공공기관 등에서 경력을 쌓은 분들을 임명할 수 있도록 규정되어 있지만, 이용훈 대법원장은 이를 외면했던 것이다.

나는 이번 대법원장은 기존의 관행에서 벗어나 시대적 요청을 수렴한 신선한 인사가 선택되기를 기대한다. 그리고 그 신선함이 다음 대법관 임명에 새로운 바람을 불어 넣기를 간곡히 희망한다. 판사 출신 대법원장은 시대적 소명을 다했다고 감히 말할 수 있다. 이명박 대통령은 법원이 필요로 하는 대법원장이 누구일까라는 관점이 아니라 이 시대가 필요로 하는 대법원장은 누구일까라는 관점에서 후보자를 찾아야 할 것이다.

특정 학교를 졸업하고 소년 등과하여 오로지 법원에서 판사로만 평생을 보내며, 법원행정처에서 법원의 관료화에 자신도

[표 1] 대법관 및 대법원장 임명 당시 법원 근무기간

성 명	근무시작	퇴 직	근무기간	임 명
이용훈	1968. 1.	2000. 7.	32년 6개월	2005. 9.
박시환	1985. 3.	2000. 3.	15년	2005. 11.
김지형	1984. 9.		21년 2개월	2005. 11.
박일환	1978. 11.		27년 7개월	2006. 7.
김능환	1980. 10.		25년 9개월	2006. 7.
전수안	1978. 9.		27년 10개월	2006. 7.
안대희*	1980. 10.			2006. 7.
차한성	1980. 10.		27년 5개월	2008. 3.
양창수	1979. 11.	1985. 5.	5년 6개월	2008. 9.
신영철	1981. 9.		27년 5개월	2009. 2.
민일영	1983. 9		26년	2009. 9.
이인복	1984. 9		26년	2010. 9.
이상훈	1983. 9		27년 5개월	2011. 2.
박병대	1985. 9		25년 9개월	2011. 6.

* 안대희 대법관은 검사로 25년 9개월 근무하다가 대법관으로 임명되었다.

모르게 물들어 있는 사람들로만 대법원이 구성되어서는 안 된다. 또, 그 안에서만 대법원장이 탄생되는 현행 구조에서는 국가와 사회의 다양한 목소리를 담아내거나 보수, 진보 등의 사회를 이끌어가는 다양한 이념들을 통합하여 새로운 에너지를 재생산해 내지 못할 것은 불을 보듯 뻔하다.

이용훈 대법원장은 국민의 재산과 권리를 보호하는 수동적인 기능을 넘어서 '법원의 국가와 사회에 대한 후견기능'*을 주장하면서 모든 사회 문제에 대한 법원의 주도적 역할을 강조하고, 그러한 역할을 수행하기 위하여 법원을 권력기관처럼 운영하거나 특정 이념을 드러내면서 정치화시켰다는 비판을 받아왔다. 그러나 법원은 언제나 우리 사회 문제를 해결하는 절제 있는 기관이어야 하고, 사회 각계각층의 이해관계를 조정하여 분쟁을 해결하는 데서 그 역할과 의미를 찾아야 한다.

그렇다면 나는 감히 단언하고 제언한다. 현재의 대법원장과 대법관 배출 시스템 하에서는 대법원장 개인의 취향과 이념에 의한 사법부의 관료화, 권력화와 이념화가 계속될 것이다. 따라서 다음 대법원장은 반드시 평생 법관의 길만을 걸어오지 않은, 다양한 사회경험을 보유한 분이 임명되어야 한다. 또 대법관의 인선에 있어서도 '판사'라는 직역을 떠나 다양한 법조경력을 가진 사람들을 선택하여 사법부를 구성하는 것이 우리 사법부 발전을 위하는 길이라고 할 것이다.

우리는 작년에 벌어진 단독판사들의 이해할 수 없는 무죄판결 사태를 경험하면서 이번에 새롭게 취임할 대법원장의 역할이 얼마나 중요한 것인지를 뼈저리게 느꼈다. 나는 이번 대법원장 인선에서 어떤 사람이 대법원장으로 지명되는지 예의주시하겠다. 그리고 대법원장의 인사청문회에서 그 후보자가 사법부 개혁의 구체적인 액션플랜을 가지고 있는지 반드시 확인해 보겠다.

사법개혁의 막바지 논의가 한창이다. 이번 대법원장의 지명이 의미 있는 사법개혁의 마무리가 될 수 있도록 기원하겠다.

---

* 이용훈 대법원장은 2011년 2월 28일, 2011년 신임법관 임용식사에서 "사회가 발전할수록 국민이 바라는 법관의 역할도 변해가고 있습니다. 과거에는 법관이 주로 국가기관이나 권력 등으로부터 국민의 재산과 권리를 보호하는 수동적인 기능을 담당하였습니다. 이제 법관은 그러한 역할을 넘어 사법의 후견적·치유적 기능을 적극적으로 담당해야 합니다. 단순히 과거의 사건을 해결하거나 범죄자를 처벌하는 것만으로는 국민의 높아진 기대를 만족시키기 어렵습니다. 법관은 국민의 든든한 사법적 후견인으로서 국민의 아픔과 고통을 제대로 치료하고 실질적인 갱생을 도모하여 그들이 정상적인 사회생활로 복귀할 수 있도록 해야 합니다. 여러분이 사법의 이러한 미래지향적 기능을 제대로 담당할 때 사회 구석구석에 실질적인 정의가 구현되는 날을 앞당길 수 있을 것입니다."라고 주장한 바 있다.

법원행정처는 '하나회'다

 국회에 들어오기 전부터 사법부의 관료화 문제, 즉 판결 하나하나의 주체가 되어야 하는 판사들이 마치 일반직 공무원처럼 대법원장의 명에 따라 일사불란하게 움직이는 경우를 가끔씩 보아왔다. 법관은 상하 지휘관계를 따라야 하는 일반직 공무원이 아니다. 그들은 하나하나의 사건에 재판장으로서의 소임을 가지고 법과 양심에 맞게 판단을 내려야 하는 주체인 것이다.
 법원 관료화의 핵심은 '법원행정처'에 있다. 법원의 행정사무를 처리하는 법원행정처가 인사와 예산을 독점하면서 대법원장의 비서실 격으로 전국 법원의 일사불란한 명령체계를 구축하고 있는 것이다.

2008년 10월 국회에 등원한 이후 처음이었던 대법원 국정감사장에서 이러한 행태에 대하여 법원행정처가 마치 '하나회'와 같다고 지적했다. 하나회는 12·12 쿠데타를 일으키고 5·18 광주민주화운동을 유혈진압한 육군사관학교 내 비밀사조직이다. 이러한 표현이 좀 과격하고 법원 입장에서는 대단히 불쾌할 수 있었겠지만 현재 법원행정처의 위상을 가장 적절하게 지적한 비유가 아닌가 싶다.

정갑윤 의원이 "여러분이 무슨 조폭이냐"라고 대법원의 권위주의 태도를 비판했다는 조선일보 2010. 10. 20. 기사 대법원에 대한 포문은 2005년 유지담 대법관의 퇴임사로 시작되었다. 유 대법관은 "사법부에 대한 경청할 만한 비평을 겸허히 받아들여야 할 때 이를 외면한 채 사법권 독립이라든지 재판의 권위라는 등의 명분으로 사법부의 집단 이익을 꾀하는 것으로 비칠 우려가 있는 움직임에도 냉정한 판단을 유보한 채 그냥 동조하고 싶어했다."는 자조 섞인 퇴임사로 법원 내 관료주의와 내부에서의 독립이 힘들었다는 것을 반증했다.

나는 2008년과 2009년 대법원 국정감사에서 법원행정처와 관련하여 크게 2가지 문제점을 지적했다.

첫째, 법원행정처장이 대법관 지위를 겸하는 것의 문제점이다.

법원행정처장의 지위와 관련하여 이용훈 대법원장의 취임 이후 법원조직법이 두 차례 개정되었다. 먼저 이 대법원장의 취임 직후인 2005년 12월, 법원행정처의 비대화와 관료화에 대한 문제를 인식하여 사법행정 조직과 재판조직을 분리하고 법원행정처 비대화를 방지하는 차원에서 법원행정처장을 정무직으로 하고 대법관이 아닌 법관 중에서 임명하도록 법원조직법을 개정했다.

그러나 불과 2년 만인 2007년 법원행정처장이 대법관 회의에서 의결권을 행사하도록 해야 한다는 이유로 의원입법을 통하여 대법관 중에서 법원행정처장을 임명할 수 있도록 법원조직법을 원위치시켰다. 이는 명백한 사법개혁의 후퇴가 아닐 수 없다.

법원행정처장이 대법관의 지위를 갖는다는 것이 왜 논란이 되는 것일까. 원래 법원장급이 임명되던 법원행정처장이 대법관과 동등한 정무직 장관급으로 격상된 것은 5·16 쿠데타 이후이다. 그러다 12·12 사태 이후에 법원행정처장이 대법관을 겸임하게 되었다. 결국 제5공화국 이후 대법관 가운데 1명이 법원행정처장을 겸임하는 구조로 되어 대법관 정원을 1명 늘리는 부수효과도 가져왔다.

법원행정처장은 사법행정을 담당하며 재판에는 관여하지 못한다. 그런데도 대법관이라는 직함을 허용할 이유가 있을까. 이는 대법관이라는 후광 없이는 제대로 일을 처리할 수 없다는 현실론에 기인한다.

법원 내에서 국회, 행정부를 상대해야 하는 법원행정처의 수장이 단순한 정무직 공무원이라면 아무래도 대외업무 수행 시 힘이 빠지게 되어 있다. 그리고 직원들 입장에서도 아무래도 대법관을 수장으로 모실 때가 일하기가 편하다는 것이다.

또한 법원행정처장인 대법관은 비록 재판에는 관여할 수 없지만 사법행정의 최고 의결 기구에 해당하는 대법관 회의에선

강한 발언권을 갖는다. 예산과 인사를 독점하는 법원의 행정사무 처리자로서 마치 부대법원장의 지위를 가지게 되는 것이다.

이렇듯 대법관인 법원행정처장이 대법원장의 방침을 전국 법관에게 미치게 하는 선봉장이 되어 법원 전체가 일사불란하게 움직일 수 있도록 하는 여건을 마련한다. 그리고 예산과 인사 독점이라는 강력한 권한을 통해 전국 각급 법원의 판사들을 관료화 시키는 구조를 마련하는 것이다.

과연 법원행정처장이 대법관의 지위를 가져야 하는가? 대법관 회의에서 꼭 의결권을 가져야 하는가. 이것이 사법부 독립이라는 지고의 가치와 비교 판단해 봤을 때 우위에 있는 것인가.

현재 대법원과 양대 최고 사법기관을 이루는 헌법재판소에는 행정을 책임지는 사무처장이 별도로 존재하며 재판관을 겸하지 않는다. 이웃 나라 일본의 최고재판소의 경우 사법행정을 관장하는 사무총장은 최고재판소 판사는 고사하고 도쿄고등법원장보다도 서열이 낮다. 유독 우리 대법원만이 법원행정처장이 대법관 지위를 겸직한다는 사실 그 자체로 현재 대법원에 만연해 있는 '관료주의'의 증거라 생각한다.

둘째, 법원행정처가 일종의 '엘리트 판사의 대법관 로드'로 이어지는 현상에 대한 우려를 지적했다.

2008년 당시 법원행정처에서 근무하는 판사들은 90% 이상이 서울대 법대 출신으로 사법시험을 어린 나이에 통과한 '소년판사'들로 구성되어 있었다. 서울대 법대를 졸업하고 어린 나이에 사법시험을 우수한 성적으로 통과한 경판출신의 엘리트 판사가 모이는 곳, 법원행정처. 이곳에서의 근무경력이 있느냐 없느냐를 두고 성골판사인지 6두품판사인지 구분이 되고 있는 것이 우리 사법부의 냉정한 현실이다.

대법원에서 제출받은 자료를 분석한 바에 의하면 1970년 이후 2008년까지 임명된 판사 출신 대법관 69인 중 법원행정처 근무 경력이 있는 대법관은 34인으로 그 비율은 49%였다. 즉, 법원행정처 출신의 대법관이 전체 대법관의 절반을 차지했다는 것이다.

하지만 더 큰 문제는 이 비율이 정권이 바뀔 때마다 점점 심화된다는 것이다. 즉, 법원행정처 출신 판사가 대법관의 주류를 형성하게 되었다는 점이다.

김영삼 정부 당시 임명된 판사 출신 대법관 10인 중 4인만이 법원행정처 출신이었으나(40%), 김대중 정부에서는 9인 중 5인으로 55.6%로 높아졌고, 노무현 정부에서는 12인 중 8인으로 그 비율은 66.7%에 이르렀다. 2008년 국정감사 당시 대법관 중에서 판사 출신 11인 중 8인이 법원행정처 출신으로 이 비율은 무려 72.7%에 이르고 있었다. 즉, 대법관의 자격 요건 중에

법원행정처 근무 경력이 사실상의 필요요건화 되고 있는 것이다.

우수한 법관의 척도는 얼마나 솔로몬식의 명쾌한 판결을 내리느냐는 재판 능력에 있어야 한다. 즉 법원행정사무를 원활히 수행하는 능력이 대법관의 기준이 되어서는 안 되는 것이다.

또한 대법관은 사법부의 꽃이다. 3심제 국가에서 마지막 최종 판단을 내리는 대법관은 사법부의 핵심이자 대부분 판사들의 꿈이다. 그런데 소년등과, 특정 대학뿐만 아니라 법원행정처라는 거의 동일한 경험을 공유한 대법관들로 대법원이 구성된다고 하면 우리 사회의 다양한 가치를 과연 제대로 녹여낼 수 있을까.

고무줄 판결, 이대로는 안 된다

그냥 날 믿어. 기준은 필요없어!

옛날 진나라 환관 조고는 자신의 권력을 확인하기 위해 황제에게 사슴을 바치면서 사슴을 두고 말이라고 했다. 못미더워하는 황제 앞에서 다른 신하들은 조고가 두려워 다들 말이라고 대답했다. 말을 말이라고 하고 사슴을 사슴이라고 하는 것이 정상적인 것이지만, 정상적인 것이 쉬운 것은 아니다. 더구나 강한 권력 앞에서 정상적인 것을 주장하는 것은 큰 화를 부르기도 한다.

부당하다는 것은 같은 것을 같지 않게 대하는 것을 말한다. 부당한 것에는 신뢰가 쌓이지 않고 대신 분노를 낳게 된다. 부당한 것을 지속적으로 관철시킬 수 있다면 그것은 권력이 된다. 옳지 않은 것, 부당한 것을 관철시킨다면 그것은 부당한 권력이다. 신뢰는 투명성과 예측 가능성에서 태어난다. 예측 가능성은 변하지 않는 척도가 있어야 가능하다. 변하지 않는 척도가 세워져야 부당한 권력인지 아닌지를 확인할 수 있다. 그러나 변하지 않는 척도를 세우는 것은 역사적으로도 쉽지 않은 일이었다. 권력을 쥔 자는 휘어지고 자기 마음대로 늘였다 줄였다 할 수 있는 고무줄 같은 척도를 원한다.

국민들은 형사재판에서도 공정한 결과가 나오기를 바란다. 공정하다는 것은 동일한 죄에는 동일한 처벌을 받는다는 것이다. 그것을 위해서는 죄가 동일한지 아닌지를 판단할 수 있는 척도가 있어야 한다. 판사에 따라 들쭉날쭉하지 않고 자기가 지은 죄만큼, 그리고 다른 사람과 동등하게 처벌을 하기 위해서는 무언가 기준이 있어야 할 것이다. 그 기준이 바로 양형기준이다. 이런 당연한 기준을 세우는 문제를 두고 법원은 극렬하게 반대하고 있다.

법원은 양형기준법이 도입되면 재판권이 침해되고, 판사들의 선처가 감소되어 전체적으로 형이 가혹해진다고 주장한다. 일정한 기준에 따라 재판하는 것이 왜 재판권을 침해하는 것인지 도대체 알 수 없다. 엿장수라면 그날 기분에 따라 손님에 따라

마음대로 엿을 팔 수 있다. 하지만 재판을 판사의 기분이나 성향, 개인적 소신에 따라 한다면 그것은 엿장수 재판, 고무줄 재판인 것이다. 재판권이란 판사가 마음대로 하라고 쥐어준 것이 아니다. 푸줏간 주인도 저울을 가지고 가격에 맞게 고기를 파는데, 사람의 생명과 신체에 대한 결정을 하면서 눈대중으로 한다는 것은 너무 지나친 권력욕이다.

또한, 우리 국민들이 바라는 것은 판사님들이 은전으로 베푸는 말랑말랑한 선처가 아니다. 국민들이 진정 바라는 것은 누구라도 동일하고 예측이 가능한 판결이다. 돈이 많아 전관 출신 변호사를 선임했다고, 자신과 성향이 비슷하다고, 마음 여린 판사를 만났다고 해서 결과가 달라지는 것이 아니라 누구나 동일하게 켜지는 신호등을 바라는 것이다.

앞서 말한 바와 같이 이제 갓 사회에 들어와 몇 년 동안 법원 스타일의 훈련을 받은 판사가 자신의 취향대로 재판권을 행사하는 데 걸림돌이 된다고 양형기준을 세울 수 없다는 것은 그 어떤 국민도 공감할 수 없는 주장이다. 노인에게도 버릇없다고 말할 수 있는 새파란 판사에게 기준이나 척도마저 없는 상태에서 재판을 하라고 하면 그 결과를 누가 납득하겠는가.

국가의 법이 있고 없음, 귀천에 따라 달리 적용된다고 국민들이 느끼게 되면 그 사회는 이미 기본적인 사회적 자본이 사라진

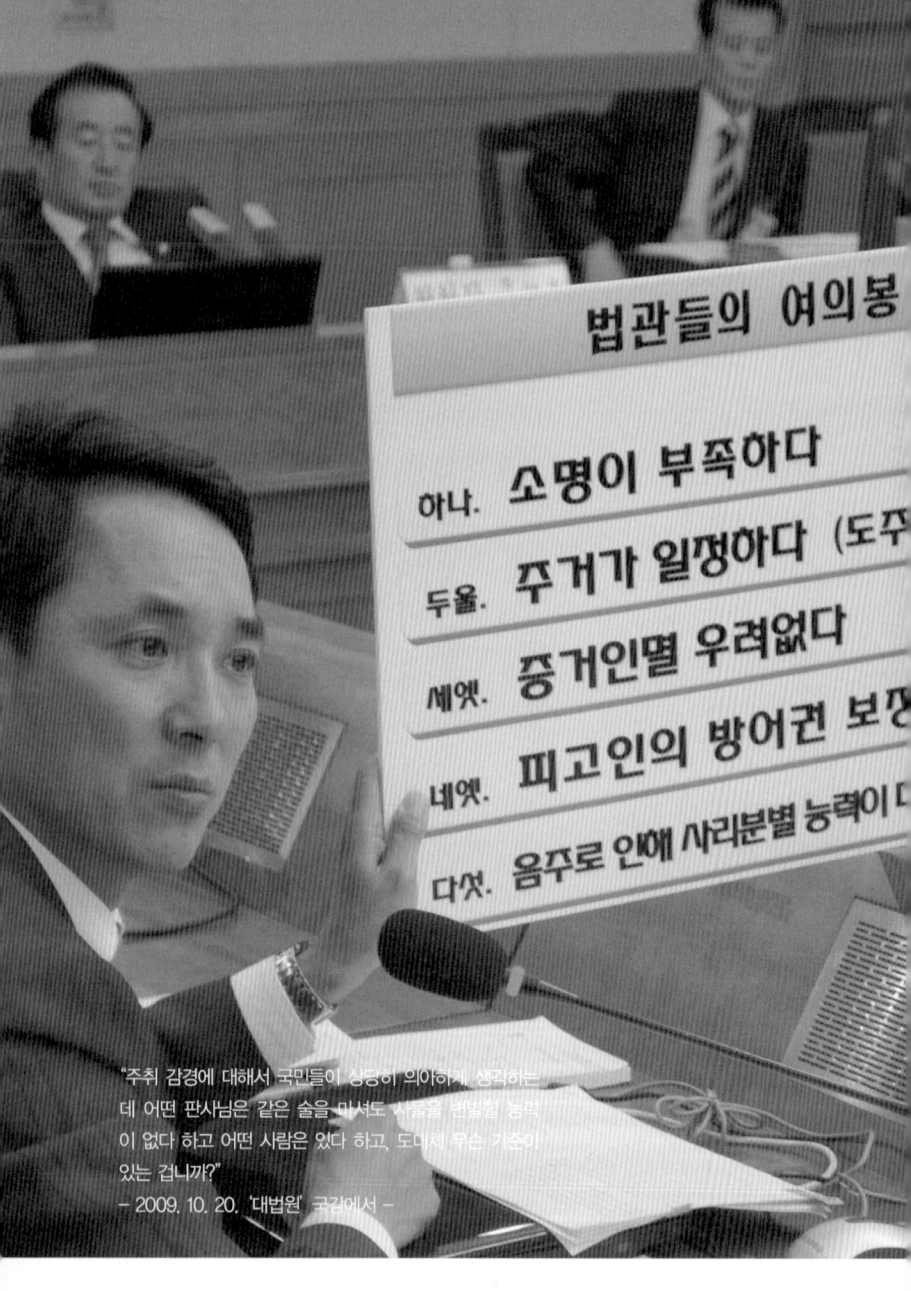

상태이다. 죄인이라도 차별받지 않을 권리가 있는 법, 비슷한 죄를 지었는데 왜 어떤 사람은 징역 10년을 선고받는데, 어떤 사람은 징역 5년을 받는 것인지 최소한의 해명이라도 있어야 하지 않을까. 그렇지 않으면 그 죄인들은 수긍을 못하고, 지켜보는 국민들도 불안하고 헷갈린다. 저 판사와 이 판사가 양심에 따라 판단했으니 믿어달라*는 것만으로는 이제는 부족하다. 판사들은 양형의 문제는 사법권의 독점적 영역이라고 강변하지만, 그 사법권의 주인은 원래 국민이기 때문에 국민들의 눈높이에 맞지 않는 판결이 계속된다면 수수방관할 수 없는 일이다. 특히 양형판단과 달리 양형기준의 정립문제는 그야말로 국민의 대표기관인 국회의 몫이기 때문에 양형문제를 사법부가 전폭적으로 담당해야 된다는 주장은 억지에 불과하다.

2009년 '조두순 사건'을 계기로 표출된 국민적 분노는 범죄자에 대한 법원의 온정주의적 양형관행이 국민의 법감정과 얼마나 동떨어져 있는지를 여실히 보여주었다. 국민들은 아동 성폭력 등 흉악 범죄에 대해 공정하고 엄정한 처벌과 예측가능한 양형기준의 마련을 강력히 요구했다. 이는 사법부에 대한 국민의 신뢰를 회복하기 위해서도 반드시 필요하다.

사실 이러한 시도가 없었던 것은 아니다. 2007년 5월, 양형위원회가 유전무죄 무전유죄, 고무줄 판결, 전관예우라는 말로 함축되는 우리의 사법현실을 극복하기 위해 야심차게 활동을 시작했다. 그러나 그 동안 양형위원회는 100억 원이 넘는 예산을 사용하고도 단 7개 범죄군에 대한 양형기준만을 발표했을 뿐이다.* 그 내용도 너무 복잡해 국민은 물론 법률가조차 쉽게 이해할 수 없을 정도이다. 게다가 발표된 범죄군의 양형기준은 그 편차도 지나치게 넓어서 법정형의 범위를 합리적으로 좁히려던 양형기준제 도입 취지가 무색해지고 말았다.

2009년 4월, 1기 양형위원회가 활동을 끝낼 즈음 국회 법제사법위원회 법사위원으로서 이러한 문제점을 지적했다. 그리고 지금까지 폐쇄적이고 지지부진한 양형위원회 운영에 대해 지속적으로 문제제기를 해왔다.

당시 양형기준안이 최초로 만들어진다고 해서 양형위원회에 양형기준이 어떤 내용인지, 어떻게 만들어졌는지 등을 국회에 출석하여 보고하도록 요청을 했다. 하지만 양형위원장은 국회 출석 자체를 거부했고, 그 이후 현재까지 사법부 독립을 이유로 출석 자체를 거부하고 있다.

---

*2010. 3. 양형기준법 발의 당시 기준

양형기준법안을 대표발의하다

진정한 사법개혁의 시작은 공정한 재판에 있다. 따라서 양형기준이 보다 명확해지고 체계적으로 정리되면, 사법의 공정성을 해치는 전관예우와 법조로비 같은 잘못된 관행들이 사라지게 될 것이다. 더 이상 사법부 개혁을 미룰 수는 없으며 국민을 위한 양형개혁이 그 어느 때보다 필요한 시점이었다.

전관예우 논쟁으로 의미 없는 소모전을 벌이는 것을 끝낼 때라고 판단되었기에 2010년 3월, 획기적인 개혁방안으로 독립적이고 투명한 양형위원회 운영과 국회가 양형기준의 최종적인 확정권을 갖는 양형기준법안을 대표발의하게 되었다.

양형기준 법안은 판사에 따라, 변호사에 따라 누구는 징역 10

"누가 법조 관련 민원을 얘기하면 판사가 어느 학교 출신, 어느 지방 출신인지 먼저 알아보고 최근 옷 벗은 전관 변호사가 누구인지 확인합니다. 이러한 현실을 바꿀 수 있는 법안이 양형기준법안입니다."
- 2010. 11. 11. '양형기준제도에 관한 간담회'에서 -

년, 누구는 집행유예를 받아 바로 석방되는 불합리한 우리 사법현실을 극복하고자 제시한 방안이다. 따라서 양형위원회를 중립적, 독립적으로 운영하여 양형기준을 객관적으로 만드는 것이 중요하다.

이 법안에서는 양형위원회를 대법원에 두어서는 안 되겠다는 전제 하에 대통령 소속으로 하되, 13인의 양형위원의 대부분인 11인을 대법원장, 법무부장관, 대한변협회장, 공인된 학회 등이 추천하는 사람으로 임명하고 대통령은 단 2인만을 선정하여 임명할 수 있을 뿐이다. 그것도 13인 모두 국회의 동의를 받아 임명하도록 규정했다.

핵심은 권력분립 원칙상 국회가 양형기준 제정에 적극 관여하는 것이다. 그런데 양형위원회의 소속이 사법부가 아니라고 해서 3권분립에 위배된다는 것은 문제이다. 판단은 법원이 하되, 판단기준은 국민의 대표자인 국회가 만들도록 하자는 것이

양형기준법 논의 거부하는 법원

2010년 11월 01일 월요일 A10면 사회

양형위원회 폐쇄적 운영에
국회에서 법의… 도입 추진
법원 "시간없어 공청회 불참"
'입법부 무시 행위' 지적 많아
국회 小委 열릴땐 '열민 로비'

조선일보 2010. 11. 1. 기사

다.

 아울러 검찰도 양형기준에 제한을 받기 때문에 구형재량도 예전과 달리 축소된다. 오히려 양형인자의 판단권한은 법원이 그대로 보유하기 때문에 법원이 검찰의 구형에 종속된다고 주장하는 것은 맞지 않다. 어느 기관에 유리하고, 불리한지의 문제가 아니라 국민의 입장에서 예측가능하고 납득할 수 있는 기준을 만드는 것이 더욱 중요하다는 것이다.

 법원은 양형위원회를 대통령 직속기구로 두는 것에 대해 사법부의 독립성을 훼손한다며 반대하고 있다. 그런데 양형위원회의 소속이 사법부 이외로 변경되면 사법부 독립을 훼손한다는 주장에는 동의할 수 없다. 앞에서도 밝힌 바와 같이 미국과 같이 사법부 독립이 확고한 나라에서도 판사를 주지사가 임명하고 있는 주가 많은데, 위의 논리대로라면 미국의 이런 시스템은 사법권 독립을 '완전히' 침해했다고 할 것인가.

 영국의 저명한 학자이자 양형자문단 의장을 역임했던 앤드류 애쉬워스(Andrew Ashworth)는 "사법독립의 원칙은 재판의 공정성을 보장하고 외압이나 편견으로부터의 독립을 의미하는 것일 뿐, 입법에 의한 양형재량 통제의 적절성이나 양형문제에 대한 입법의 우월성을 부인하는데 사용하면 안 된다"고 말한 적이 있다.

또한 2009년 12월 10일 고려대에서 열린 '양형기준 및 구속기준에 관한 국제심포지엄'에서 윌리엄 세션스(William Sessions) 미국 연방양형위원장은 "역사가 짧음에도 미국은 양형기준 시스템 정립이 다른 나라에 비해 오랜 역사를 가지고 있다"고 지적하고, "미국은 1987년부터 양형기준이 적용되고 있는데, 실제로 미국도 양형편차 불균형이 심했었다. 같은 범죄를 범해도 각각 다른 형이 선고되는 등 편차가 심했고, 특히 지역, 계층에 따라 제각각 다른 형이 선고됐다"고 말했다. 그는 "이를 해소하기 위해 양형위원회를 창설했다"며, "의회(입법부)가 사실상 국민들의 의지에 대해 책임지는 기관이다보니 입법부가 이 방향과 관련해서 큰 역할을 해야 한다"고 말했다.

이날 심포지엄은 이귀남 법무부장관, 손동권 한국형사법학회장, 윌리엄 세션스 미국 연방양형위원장, 이기수 고려대 총장 등 국내외 저명학자 및 형사실무가들이 대거 참여해 미국, 일본, 영국의 양형기준제를 토론하고 우리나라 양형기준제에 대한 시사점에 대하여 토론하는 자리였다. 나도 당시 국회법제사법위원 자격으로 참석하여 축사를 하고, 토론을 지켜보았기 때문에 자신있게 말할 수 있다.

대통령 소속이 부담스럽다면 국회 소속 또는 국가인권위원회와 같은 독립위원회 쪽으로 변경하는데 이견이 없고, 여야 의원

2009. 12. 10. 고려대에서 열린 '양형기준 및 구속기준에 관한 국제심포지엄'에서

들 역시 적지않은 공감대를 형성하고 있다. 이 법안에는 현재의 양형기준과는 다르게 범죄의 중대성에 따른 등급과 피고인의 범죄능력 등급을 양축으로 한 새로운 미국식 양형기준표를 만들도록 했다. 이에 대해 현재 대법원 소속 양형위원회에서 만든 양형기준표가 있는데 굳이 새로 만들 필요가 있느냐는 의견이 있다.

그런데 이러한 미국식 양형기준의 제정이유는 범위가 넓은 법정형의 범위를 축소하여 국민의 입장에서 선고형에 대한 예측을 가능하게 하고, 결과적으로 양형의 편차를 줄이려는 것이 목적이다. 이를 통해 전관예우, 유전무죄 무전유죄 논란을 극복하고자 한 것이다.

끔찍했던 조두순 사건을 예로 들어보면. 조두순 사건과 같은 13세 미만 강도상해죄의 경우 법정형은 징역 10년 ~ 30년 또는 무기징역이다. 당시 양형기준에 의하면 징역 11년~15년 또는 무기징역이고, 조두순·김길태·김수철 사건 등의 영향으로 특별조정된 양형기준은 징역 11년에서 22년 6월 또는 무기징역을 권고하여 법정형과 차이가 거의 없다.

내가 발의한 양형기준법안은 무조건적으로 획일화된 형을 강

東亞日報

"법관, 범죄별 양형기준 준수 의무화"

2010년 04월 27일 화요일 A08면 종합

한나라 '양형기준법' 발의
대법·민주당은 강력 반발

동아일보 2010. 4. 27. 기사

2010. 11. 2. 국회에서 필자가 주최한 양형기준법안 공청회가 열렸다.

제하는 것은 아니다. 판사는 양형기준의 형량범위 내에서 형을 선택할 수 있고, 더 특별한 사유가 있는 경우에는 그 형량범위를 벗어나서 형을 선고할 수 있도록 규정해 놓았다. 다만, 판결문에 반드시 그 이유를 명시하도록 하고 있고, 이 경우 피고인과 검사 모두에게 상소를 할 수 있도록 허용해 심급체계 내에서 해결할 수 있도록 했다.

따라서 이런 방식을 '기속적'이라고 표현하거나, '자판기식 양형'이라고 말하는 것은 적어도 필자가 대표발의한 법안에서는 맞지 않다. 판결문에 그 이유만 기재한다면 얼마든지 양형기준표를 벗어나서 선고할 수 있다.

법안에서 양형기준의 형량범위를 벗어나는 형을 선고하는 경우 그 이유를 기재하도록 한 것은 양형기준을 벗어난 판결에 대한 합리성을 다툴 수 있게 함으로써 판결의 투명화, 객관화를 실현하자는 데 목적이 있는 것이지 이로 인해서 자판기식 양형이 되는 것은 아니다.*

2010년 11월 2일, 국회에서 필자가 주최한 양형기준법안 공청회가 열렸다. 법원은 논의 자체를 반대한다는 입장이어서 역시 참석을 하지 않았다. 참으로 아쉬움을 금할 수 없었다. 국민의 대표로 구성된 국회에서 국민의 기본권과 직접 관련이 있는 중차대한 주제에 대해 논의를 해보자고 하는데 논의 자체를 반대한다는 태도는 이해할 수가 없다. 역설적으로 바로 이런 폐쇄적인 태도가 현재 대법원 소속 양형위원회의 문제점이라고 말할 수밖에 없을 것이다.

이날 공청회에서도 발제자와 토론자 모두 한결같이 현재와 같은 양형위원회 제도로는 독립성을 보장할 수 없다고 지적했다.

---

* 양형기준법(안) 제21조 : "양형기준을 벗어나 형을 선고하는 경우에는 그 이탈사유를 구체적으로 기재하여야 한다"
양형기준법(안) 제22조 : "법원이 양형기준을 이탈하면서 그 이탈사유를 기재하지 아니하거나, 이탈사유가 불합리한 경우에는 상소할 수 있다"

판사의 양심 그리고 양형기준

 우리 헌법은 제103조에서 '법관은 헌법과 법률에 의해 양심에 따라 독립하여 재판한다'고 규정하고 있다. 여기서 말하는 '법률'에 대하여는 별 다른 이견이 없는 듯하다. 그런데 '양심'이 무엇이냐는 질문에는 여러 가지 오해와 억측이 난무하는 것 같다. 법전에 활자화된 '법률'과 달리 '양심'은 늘 갑론을박의 대상이었다.

 일반적으로 헌법학에서 말하는 '법관의 양심에 따른 재판'은 헌법 제19조에서 규정하는 양심의 자유에서의 양심과 달리 법관이 법관의 지위에서 가지는 직업적·법조적 양심을 말한다. 즉, 헌법 제103조에서 규정하는 양심은 법관이 재판을 함에 있어서 자신의 개인적인 가치관이나 사사로운 선입견을 배척하고 논증의 과정을 거쳐 결론을 내리는 의사작용을 의미한다.

결국 우리 헌법학자들은 헌법 제19조가 정하는 자신의 개인적 양심과 헌법 제103조가 정하는 법관으로서의 양심이 일치하지 않을 경우에는 자신의 개인적 양심을 후퇴시키고, 법관으로서의 양심을 우선시켜 재판하여야 한다는 것이 다수 견해이다.

이강국 헌법재판소장도 2010년 4월 서울대 법학전문대학원(로스쿨)에서 한 특강에서 "헌법에서 말하는 법관의 양심은 내면적 주관적 양심이 아니라 법관으로서의 직업적 양심을 뜻한다."고 말했다. 아울러 이 소장은 "국민은 법관의 이념적 실험대상이 아니다."라며 "법관이 정치적·이념적 편향에 따라 재판한다면 법치주의 근간을 흔드는 '현대판 원님 재판'이 될 수 있다."며 우려를 표명했다.

1년 4개월을 끌어오고 있는 최근 사법개혁 논란은 작년 초 법관의 양심을 주관적 개인적 양심으로 혼동한 일부 법관의 '튀는 판결' 때문에 시작됐다. 판사에게 단순히 '법과 양심'에만 의존해 판결을 요구하기에는 이제 우리 사회가 너무나 다원화하고 이념이나 세대 간 갈등요소도 많아졌기 때문에 '공정성'에 대한 다수의 동의를 확보하기가 어려워졌다. 따라서 판사의 주관에 큰 폭으로 움직일 수 있는 '법과 양심'보다 좀 더 세밀하고,

2010. 2. 8. 한나라당 사법개혁특위 위원으로 '사법제도개선을 위한 전문가 간담회'에 참석했다.

촘촘한 기준을 제시하고자 하는 것이 바로 양형기준이고, 그 양형기준을 잘 만들고 운영하자는 것이 양형기준법안이다.

판사가 완벽하다면 사실 양형기준이 무슨 필요가 있겠는가. 판사도 사람이기에 불완전하므로 그 양심에만 맡길 수 없음은 자명하다. 특히 주권자인 국민의 건전한 상식이 반영된 또 국민들이 어느 정도 예측할 수 있는 기준을 만들어 두면 판사가 '양심'이라는 이름으로 독선에 빠질 때 이를 견제해 주는 역할을 할 수 있는 것이다.

2부

채무자도 인권이 있다

불법 추심*은 이제 그만

영국이 낳은 세계 최고의 극작가 셰익스피어(William Shakespeare, 1564~1616)의 작품 중 '베니스의 상인'이 있다. 여기서 피도 눈물도 없는 고리대금업자가 빌려 준 돈을 못받자 돈 대신 가슴에서 1파운드의 살을 잘라 내겠다고 하는 얘기가 나온다.

2007년 당시 만화를 원작으로 한 역대 최대 시청률 35%를 기록했던 SBS 드라마 '쩐의 전쟁'. 주인공 '금나라(박신양)'가 사

---

* 추심(推尋)이라는 말은 찾아내어 가지거나 받아 낸다는 뜻으로 일반적으로 돈을 받아낸다는 뜻으로 사용한다.

채업자에게 목숨을 잃게 된다. 당시 사회적으로도 큰 관심을 끌었던 이 드라마는 사채업자들의 실태를 신랄하게 보여주었다. 하지만 이러한 일은 비단 소설이나 드라마의 소재만이 아니다.

2008년 여대생이 대학 등록금을 마련하기 위해 고리사채를 이용하다 상환이 어려워져 사채업자로부터 불법추심행위에 시달리던 중 결국 부녀가 함께 목숨을 끊은 비극적인 사건이 발생했다. 불법 사채업자는 여대생에게 빌린 돈과 이자를 갚으라며 성매매를 시키고, 이 사실을 아버지에게 알려 아버지가 딸을 살해한 후 자신의 목숨도 끊은 비극적인 사건이었다.

죽음보다 무서운 고리사채의 유혹
연 680% 이자 감당 못해 '죽거나 혹은 나쁘거나' *

하루가 다르게 치솟는 물가에 반해 서민경제는 날로 악화되고 있다. 이런 가운데 고리사채가 심각한 사회문제로 부상하고 있다. 경제적으로 벼랑 끝에 놓인 서민들에 있어 사채는 피할 수 없는 마지막 선택일 수밖에 없다. 악덕 고리사채업자들은 서민들의 이런 절박함을 이용해 온갖 악질적인 수법으로 돈을 뜯어내고 있다. 경찰은 악덕사채업자들을 지속적으로 단속하고 있지만 사채의 폐해는

* 일요서울 2009. 4. 15. 기사

끊이지 않고 있다.

서울경찰청 광역수사대는 돈을 빌려주고 터무니없게 높은 이자를 뜯어낸 혐의(대부업법 위반)로 사채업자 김모(30)씨와 백모(33)씨 등 5명을 구속하고 대부업체 직원 등 13명을 같은 혐의로 불구속 입건했다고 지난 9일 밝혔다.

밑빠진 독에 물붓기

2007년 3월 여대생 A씨와 그 친구 2명은 등록금 등 생활비를 마련하기 위해 생활 정보지를 보고 대부업자에게 각각 3백만 원씩을 빌렸다. 하지만 수입이 일정치 않은 이들이 제때에 돈을 갚기란 쉽지 않았다. 연체가 시작되면서 여대생 3명의 지옥같은 나날도 시작됐다.

제때 돈을 갚지 못하자 '꺾기' 수법으로 이자가 배로 뛰면서 1년 사이 1500만 원으로 빚이 눈덩이처럼 불어났다. 업자의 협박도 강도를 더해갔다. 두려움에 떨던 A씨 등 3명은 결국 각서를 쓰고 지난해 6월 강남의 한 유흥업소에서 성매매를 해야 하는 신세로 전락하고 말았다. 꽃다운 나이에 캠퍼스를 거닐며 미래를 꿈꿔야 할 여대생들이 사채업자에 시달리며 밤마다 성매매를 해야 했지만 그 대가는 아무것도 없었다. A씨 등이 성매매로 번 돈은 고스란히 사채업자의 손에 쥐어졌다. 더욱 끔찍한 것은 이렇게 막장 인생을 살아도 사채 빚은 계속 늘어만 가고 있다는 점이었다.

사채업자들은 인정사정없었다. 경찰에 따르면 업자들은 A양 등에게 "24시간 내에 연락이 안 되면 부모나 남자친구 등 주변 사람들에게 성매매 사실을 알리겠다"고 협박하는 수법으로 A양 등에게 족쇄를 채웠다.

> 또 사채업자들은 성매매를 통해 벌어들이는 수입이 만족스럽지 못하자 가족들에게 연락해 빚을 대신 갚으라고 협박하기 시작했다. 결국 모든 사실을 알게 된 A양의 아버지는 딸의 유흥업소 취업 사실을 알고 격분했다. 딸의 빚을 어떻게든 갚아보려 애썼지만 역부족이었다. 그러다 지난해 11월 A씨의 아버지는 극단적인 선택을 하고 말았다. 딸을 목 졸라 살해하고 자신도 평택의 한 저수지에서 스스로 목숨을 끊었다.

법은 멀고 주먹은 가깝다

도대체 자신의 딸을 죽이고, 혼자 자결을 할 때 아버지의 심정은 어땠을까. 검사 시절 생활고를 못 이겨 연 120~680%에 이르는 고리의 사채를 빌리고, 밤낮없이 찾아오는 사채업자의 폭행과 협박에 고통받는 힘없는 서민의 모습은 특별한 사건이 아니었다. 돈을 빌렸다는 이유로, 혹은 채권을 가지고 있다는 이유로 채무자를 심지어 죽음에까지 이르게 하는 사건도 비일비재했다.

물론 당시에 불법추심행위를 규율하는 법안이 없었던 것은 아니다. 「보증인 보호를 위한 특별법」이라든지, 「대부업의 등록 및 금융이용자보호에 관한 법률」, 「신용정보의 이용 및 보호에 관한 법률」등 사채업자 및 일반 채권자의 불법추심행위를 금지하기 위한 여러 법률이 있었다.

하지만 법이 허용하는 추심행위가 어디까지인지가 모호하게 규정되어 있었고, 보호규정이 여러 법률에 산재해 있었기 때문에 비법률가인 채무자로서는 어떻게 무슨 법의 보호를 받아야 하는지도 알기 힘든 상황이었다.

법 자체도 소위 '입법상 불비'라는 맹점이 있었다. 「대부업의 등록 및 금융이용자보호에 관한 법률」은 등록된 대부업자에게만 적용되었고, 「신용정보의 이용 및 보호에 관한 법률」은 상행위로 발생한 채권, 상사채권만 적용이 되었다. 또한 「보증인 보호를 위한 특별법」은 보증채무에서만 적용되기 때문에 보증인이 아닌 주채무자의 경우에는 보호받지 못하는 실정이었다.

돈에 관해서는 전문가인 고리사채업자들이 이러한 현행 법제의 맹점을 놓칠리 만무했다. 밤에 잠도 못 자게 끊임없이 전화하고, 밤이든 낮이든 집에 찾아가서 문을 부술듯이 두드리며 폭언과 폭력을 일삼고, 채무자의 가족에게까지 남성일 경우 "장기를 팔라" 여성일 경우 "몸을 팔아라"등 돈을 꿨으면 응당 감수해야 되는 일처럼 괴롭히고, 또 괴롭히는 것이 현실이었다.

초임검사 시절, 불법 추심행위 관련 사건 조서가 책상에 쌓여가고, TV 드라마, 영화에서는 '당연하다'는 듯이 방송되는데도 이에 대한 뚜렷한 개선책이 나오지 않는 점이 무척 의아했다. 그리고 기회가 되면 '반드시 바로 잡아야 겠다'고 생각했었다.

「채권의 공정한 추심에 관한 법률」은 2008년 11월 24일, 제18대 국회 등원 후에 두 번째로 발의한 제정법이다.(첫 번째는 아동 성폭력을 근절하기 위한 일명 '화학적 거세법') 이는 높은 은행 문턱으로 인하여 사금융을 이용할 수밖에 없는 서민들과 그 가족들이 최소한의 인권은 보장받아야 한다는 소신의 실천이었다.

채권이 있다고 해서, 채권자라고 해서 밤에 가서 문을 두드리며 돈 내놔라 하고, 심지어 납치, 폭력까지 행사하는 것은 누가 봐도 온당치 못하다. 돈을 빌릴 때도 법이 정한 절차에 따라 빌리고, 반대로 빌려준 돈을 받을 때도 국가와 사회가 합의한 대로 법에 따라 받으라는 의미인 것이다.

법안을 대표발의 하기에 앞서 먼저 불법추심행위 실태를 파악해 보기 위하여 금융감독원에 사금융피해상담센터에 접수된 피해상담 건수 현황을 파악해 보았다.

[표 2]에서 나타나듯이 사금융피해 관련 상담현황은 2008년 상반기에는 2,062건으로, 2007년 상반기 피해상담건수 1,771건과 비교했을 때, 이는 16%가 증가한 수치였고, 2006~2008년에 매년 약 100건 이상 증가하는 추세였다. 피해 유형별로는 고금리 및 불법채권추심 관련이 641건으로 전체상담 건수의

32%를 차지하고 있었다.

물론 말도 못하고 홀로 한숨 짓는 파악되지 않은 사금융 피해는 몇 배, 몇십 배 더 있을 것이다. 이러한 법안이 만들어졌다고 해서 당장 불법추심행위를 모두 뿌리 뽑을 수는 없겠지만 어떤 것이 불법추심행위에 해당하는지, 그리고 부당한 행위를 당하면 어떻게 대처해야 하는지를 알려 주는 최소한의 안전망을 만들어야겠다고 생각했다.

「채권의 공정한 추심에 관한 법률」이란?

「채권의 공정한 추심에 관한 법률」의 내용을 잠깐 살펴보자. 우선 다른 법률에 특별한 규정이 있는 경우를 제외하고 이 법을 따르도록 하여 채권추심의 기본법으로서의 지위를 갖도록 했

[표 2] 사금융피해 상담센터 연도별 상담현황

구 분	'05년	'06년	'07년	('07.6월)	'08.6월
고금리	479	387	576	287(16%)	321(16%)
불법추심	374	295	450	205(12%)	320(16%)
불법광고	483	254	244	92(5%)	191(9%)
중개수수료	73	69	156	74(4%)	122(6%)
기타부당	484	510	348	204(12%)	142(7%)
단순상담	1,334	1,551	1,647	909(51%)	966(46%)
합계	3,227	3,066	3,421	1,771(100%)	2,062(100%)

다. 이 법만 보면 어떤 게 불법적인 추심행위이고, 불법적인 채권 추심행위를 당한 경우에 어떻게 대처해야 하는지를 채무자들이 쉽게 알 수 있도록 했다.

권리를 남용하거나 불법적인 채권추심행위에 해당하는 유형을 구체적으로 명시하여 '불법행위'를 명확히 하고 위반시에 형사처벌이나 행정상 제재를 가하도록 함으로써 채권 추심자에 대한 '경고' 및 동법의 실효성을 높이고자 했다.

그리고 대부업자나 채권추심업자와 같은 채권 추심을 전문으로 하는 업자들뿐만 아니라 일반 채권자도 이 법의 적용을 받도록 하여 법적용의 대상범위를 확대했다. '공정한 채권추심의 풍토 조성 및 채무자의 인간다운 삶과 평온한 생활을 보호한다.' 이것은 이 법률을 제정한 목적이다. 어쩌면 법 없이도 당연히 되어야 하는 일이다.

전 세계적으로 볼 때 불법추심행위의 심각성에 대해서는 대부분의 국가가 인식을 같이 하고 있지만, 이에 대한 해결책으로 법률을 제정하는 나라는 많지 않다. 이는 채권추심이라는 것은 본래 채권자의 정당한 권리행사라는 시각에서 기인한 것으로 보인다. 소위 "내 피 같은 돈 내놔!"를 당연시 하는 것이다. 하지만 결코 채권이라는 민사법적인 권리가 형법에서 금지하고 있는 폭행·협박을 정당화시킬 수는 없다. 더군다나 채무자의 목숨까지 위협할 수는 없다. 이것이 현대 법치국가의 '상식'인 것이다.

현재 불공정한 채권추심행위의 금지에 관해 일종의 기본법을 갖고 있는 대표적인 국가는 미국이다. 미국의 신용정보업과 채권회수업은 전 세계 신용정보 관련 산업의 벤치마크 대상이다. 미국에서 신용정보 관련 산업이 발전하게 된 이유는 지리적 요인 및 경영 환경과 함께 실용주의적인 사고에서 기인한 것으로 보인다.

즉, 신용정보에 대한 것도 부실채무자에 대한 적극적인 갱생 노력을 통해서 채권 회수를 극대화 하는 것이 채권자와 채무자 모두에게 이득이라는 공리주의적인 효율성을 달성하는 것에 목적을 두고 있다.

미국의 신용정보 및 채권추심을 규율하는 법률은 연방법인 「소비자신용보호법(CCPA: Consumer Credit Protection Act)」이다. 동 법률은 1968년 5월 29일 Truth in Lending Act로 제정되었다. 이 중 채권추심에 대해서는 소비자신용보호법 내 Subchapter Ⅵ인 「공정채권추심관행법(FDCPA : Fair Debt Collection Practices Act)」을 통해서 불공정한 채권추심행위를 금지하고 있다.

이 법률은 불법적 채권추심행위의 다양한 유형을 규정하고 공정채권추심관행에 관한 풍부한 판례와 다양한 사례가 축적되

2009. 1. 13. 국회 본회의에서 필자가 '채권의 공정한 추심에 관한 법률안'에 대해 심사보고를 하고 있다.

어 있어 입법례적으로 대단히 중요한 의미를 가진다. 「채권의 공정한 추심에 관한 법률」은 이러한 미국의 공정채권추심관행법(FDCPA)을 모델로 했다.

2008년 11월 24일 발의된 이 법안은 2009년 1월 12일 법사위에 상정되었다. 제정법임에도 불구하고 별 이견 없이 곧 바로 소위로 회부되었다. 이는 당시 정치적으로 민감한 사건이었던 이른바 '미네르바 사건'이 같은 날 안건으로 상정되어 관심이 분산된 측면도 있었지만, 다른 모든 법사위 위원님들이 동 법안의 입법취지에 대해 찬성하고 필요성을 인식해 주셨기 때문이라 생각한다.

이 법안은 12일 당일 소위를 거쳐 다음 날인 13일 법사위를 통과했고, 1월 19일 바로 본회의를 통과했는데 당시 재석 231인 중 전원의 찬성, 즉 만장일치로 가결되어 그해 8월 7일부터 시행되고 있다.

제정법임에도 불구하고 발의한지 3달이 채 되지 않아 국회를 통과한 법안이다. 확인은 못해 보았지만 아마 18대 국회에서 가장 빨리 통과된 제정법이 아닐까 싶다. 이는 불법추심행위에 대한 국민적인 필요와 공분이 표현된 것이라 생각하고, 다시 한 번 이 자리를 빌어 중지를 모아주신 선배 동료 의원님들께 감사를 드린다.

채무자도 알고 대처하자

채무자들이 불법 채권추심 행위로부터 보호받기 위해서는 어떻게 해야 할까. 「채권의 공정한 추심에 관한 법률」을 중심으로 하여 대처법에 대해 알려드리는 것도 의미있는 일이라 생각한다. 집에 이 책을 두고 혹시라도 불법추심으로 어려운 상황에 처하게 되면 참고해도 도움이 될 것이다.

지난 2009년 11월 3일, 금융감독원에서는 「대부업체의 불법 채권추심에 대한 대응요령」이라는 보도자료를 배포했다. 자료에 따르면 먼저 「채권의 공정한 추심에 관한 법률」 시행 전과 시행 이후의 불법 채권추심 유형변화를 분석했다.

이 법 시행 후 2개월 동안(09.08.07 ~ 09.10.06) 금감원에 접수된 불법 채권추심 관련 상담 건수는 210건, 전체 사금융 상담에서 차지하는 비율 22.7%로 법 시행 전 2개월(09.6.7.~09.8.6.) 199건, 21.7%에 비해 다소 증가했다. 이는 좀 전에 살펴본 것과 같이 현재까지 계속 증가해 온 것으로 보인다.

이에 따르면 법원의 개인파산, 개인회생절차에 따라 면책되었음을 알면서도 채무변제를 요구하는 행위, 정당한 사유 없이 야간(오후 9시~다음 날 오전 8시)에 방문 또는 전화하는 행위 등 이 법에서 새로이 규정된 불법 채권추심 유형을 위반한 사례가 13.5%를 차지하고 있는 것으로 나타났다.

[표 3]와 같이 반복적으로 또는 야간(오후 9시~다음 날 오전 8시)에 채

[표 3] 채권추심관련 주요처벌규정

금 지 행 위	처 벌 규 정
채무자와 관계인에게 폭행, 협박, 위력 또는 위계를 사용하는 행위	5년 이하 징역 또는 5,000만원 이하의 벌금
정당한 이유없이 반복적으로 야간에 채무자 등을 방문하는 행위	3년 이하 징역 또는 3,000만원 이하의 벌금
채무자나 관계자의 신용정보나 개인정보를 누설하는 행위	3년 이하 징역 또는 3,000만원 이하의 벌금
국가기관의 행위로 오인할 수 있는 글이나 영상 사용하는 행위	1년 이하 징역 또는 1,000만원 이하의 벌금
혼인, 장례식장 등을 방문해 채무사실을 공개하는 행위	2,000만원 이하의 과태료
실제 빌려준 금액을 과도하게 초과해서 요구하는 경우	1,000만원 이하의 과태료

자료: 법무부

무자 등을 불시에 방문하거나 전화하는 등 말과 글·영상 또는 물건을 채무자 등에게 전달해 공포심을 유발하고 사생활 등을 해칠 경우에는 3년 이하의 징역이나 3천만 원 이하의 벌금에 처해진다.

또 다른 금전의 차용을 통해 변제자금을 마련할 것을 강요하는 행위, 채무자의 부모 등 관계인에게 대신 갚으라고 요구하는 행위, 무효이거나 존재하지 않은 채권을 이유로 하여 추심을 하려는 행위도 금지되고 모두 형사처벌 대상이다.

또한 채무자의 가족, 부모 등 제3자에게 채무에 관한 거짓 사실을 알리는 행위나 채무자를 대신해 제3자에게 채무 변제를 요구하는 행위, 채무 변제 자금 마련을 강요해 공포심을 유발하는 행위를 했을 때도 '쇠고랑'을 차게 된다.

그리고 채권 추심자가 채무자 정보를 추심 목적 외의 용도로 이용할 경우에도 징역 3년 이하나 3천만 원 이하 벌금에 처해지고, 법원과 검찰청 등 국가기관에 의한 행위로 오인할 수 있는 글 등을 사용할 경우에도 형사 처벌된다.

혼인, 장례 등 채무자가 응하기 곤란한 사정을 이용하여 추심 행위를 공개적으로 요구하거나, 통신료 부담을 채무자에게 넘기는 행위, 엽서에 의한 채무 변제 요구 등 채무자 외의 사람이 채무 사실을 알 수 있게 하는 행위에 대해서도 2천만 원 이하의 과태료를 부과하는 처벌 규정이 마련됐다.

> **신규로 포함된 불법 채권추심 사례**
>
> 【회생·파산 절차에 따라 면책되었음을 알면서 채무 변제를 요구】
> 서울에 사는 최모 씨(女, 20대)는 S대부업체 등 3개 업체로부터 대출을 받아 사용하던 중 지급불능 상태에 빠져 2009년 5월 법원에 개인회생을 신청했고, 법원으로부터 개인회생 개시 결정을 통보받아 이를 대부업체에 알렸음에도 S대부업체에서는 그 이후에도 "끝까지 추궁하겠다", "기각되도록 하겠다"라고 협박하며 계속 채무 변제를 요구.
> ⇒ 금감원과의 상담을 통해 피해자가 직접 감독권이 있는 서울시에 신고.
>
> 【정당한 사유 없이 야간에 전화】
> 경기도 일산에 사는 박모 씨(女)는 2009년 7월 생활정보지 대부광고를 보고 'L대부'로부터 300만 원을 빌려 하루를 연체했는데, L대부에서는 밤 11시가 넘은 시간에 전화하여 "부모에게 알리겠다", "일을 해야 돈을 갚을 텐데"라고 협박하며 공포심과 불안감을 조성했다고 함.
> ⇒ 금감원과의 상담을 통해 피해자가 직접 관할 경찰서에 신고.

불법 채권추심 요구했을 때는 이렇게

먼저 채권추심자에게 신분증을 제시하도록 요구하여 정당한 채권추심자인지를 확인해야 한다. 또한 채권추심자가 제시한 추심요구의 채권자명, 채무금액, 채무불이행 기간 등이 정확한지를 살펴서 본인의 채무와 추심의 내용이 일치하는지를 확인한다. 그리고 본인의 채무가 소멸시효가 완성된 것은 아닌지, 면책되었거나 중증환자의 추심제한 대상 등에 포함되는 추심제한 대상이 아닌지도 확인해 봐야 한다.

부모자식 간이라 해도 채무를 대신 변제할 의무는 없다. 원래 채권채무관계는 보증계약 등 새로운 법률관계로 묶어지기 전까지는 오직 채권자와 채무자 양방 사이만의 관계이다. 즉, 채권자는 오직 채무자에게만 돈을 달라고 할 수 있다는 것이다. 따라서 채무자에게 "가족에게 이 사실을 알리겠다"라고 협박하거나 부모에게 "딸이 일도 못하고 백수로 사는 꼴을 보겠느냐" 등의 말을 하는 행위는 경찰에 신고해야 한다.

그리고 채권추심회사는 압류, 경매, 신용불량 등록 등의 법적 조치를 할 수 없으므로 '강제집행착수통보서', '법적예고장' 등의 명목으로 마치 법원, 검찰청 등이 보낸 것처럼 가장하는 우편물에 보내는 경우가 있다. 이럴 때는 당황하지 말고 증거물 확보를 위하여 장롱 속에 보관하면 된다.

또한 서슬 퍼런 불법 채권추심자가 마치 선심을 쓰듯 "돈을 미리 대신 갚아 주겠다"(채무대납 제의)고 하거나 "카드로 우선 긁어라"(카드깡)고 하면 무조건 거절해야 한다. 보통 불법 채권추심으로 자살이라는 극단적인 방법을 선택하는 채무자의 대부분은 이런 '꺾기' 방식으로 돌려막기를 한 사람들이다. 이는 걷잡을 수 없는 빚더미를 양산하고, 불법 채권추심업자들의 배만 불려 줄 뿐이다.

채권을 갚을 때는 반드시 채권자 명의 계좌로 직접 입금해야 하고, 채무 변제 확인서는 반드시 보관해야 한다. 이는 "입금이 안 되었다" "언제 갚았다고 거짓말이냐?" 하는 혹시 모를 분쟁이 발생했을 때 결정적인 증거가 될 수 있다.

마지막으로 강조하고 싶은 점은 조폭 같은 인상의 무서운 아저씨들이 찾아와서 돈 달라고 한다고 해서 당황하지 말고 법이 보호하고 있음을 꼭 기억하라는 것이다.

채권추심 과정은 상세히 기록하고 독촉장, 감면 안내장 등 우편물을 보관하고 통화내역은 기록한다. 요즘 스마트폰이 인기인데 통화 중 녹음기능을 아주 간단히 이용할 수 있다. 그리고 불법적인 추심행위를 당했을 때에는 혼자 끙끙 앓지 말고, 즉시 금융감독원 전화(1332, www.fcsc.kr), 관할 경찰서(112)에 알려 대책을 마련해야 한다.

불법 추심, 근절되었을까?

이 법률이 제정된 이후에 불법 추심행위가 많이 근절되었을까? 책을 쓰면서 가장 의구심이 들었던 부분이다. 아직도 88만 원 세대, 조기 퇴진, 엄청난 고액 등록금, 담보 없이는 넘기 힘든 높은 은행 문턱⋯⋯. 점점 팍팍해져 가는 우리 서민들의 삶이 사채의 유혹을 쉽게 지나치지 못하게 한다. 정말 막막하고 가슴아픈 현실이다.

가끔 TV를 볼 때면 어김없이 대출·대부와 관련된 광고가 나온다. '전화 한 통화면, 한 번에' '독수리 타법인데도 11초면' '9~10등급도 돈을 빌릴 수 있는 그 날까지' 등등. CM송은 어찌나 쉽고 그렇게 잘 만드는지. 듣고 있다보면 정말 전화 한 통이면 등록금이든, 월세돈이든 돈 문제가 다 해결될 것 같다. 그리고 애들 귀에도 쏙쏙 들어오는지 집에 들어가면 초등학생 아들 놈이 혼자 대부업체 CM송을 흥얼거린다. 물론 이런 광고를 하는 업체가 전부 불법 추심업체는 아닐 것이다. 하지만 대출 대부업이 이렇게 자연스럽게 서민의 생활에 스며들고 있는데 과연 불법 추심행위는 많이 줄어들었을까?

책을 쓰면서 조마조마한 심정으로 금감원에서 '사금융애로종합지원센터 상담현황' 자료를 업데이트해서 받아보았다. 자료에 따르면 법 제정 전인 2008년 679건이었던 불법추심 관련 상담이 2010년 1136건으로 거의 2배 가까이 증가했고, 고금리 관련 상담도 2008년 603건에서 '2009년 1,052건, 2010년 748건으로 많이 늘었다.

내심 '많이 줄어들었을 것'이라는 기대와는 달리 불법 추심 관련 상담이 증가한 것을 어떻게 설명할 수 있을까. 실망스런 마음을 감추며 더 정확히 파악해 보기 위하여 '금융질서교란사범 수사기관 통보현황 자료'도 받아보았다.

[표 4]을 보면 수사기관에 통보된 사건이 불법추심 관련해서 2008년 11건에서 2010년에는 432건으로 거의 40배 이상 늘어난 것으로 나타났다. 법안이 시행된 이후 오히려 민원상담이나 특히 수사기관에 통보된 건수가 늘어났으니 이를 두고 법안이

효과가 있다고 받아들여야 할까, 아니면 법이 '무용지물'이라고 봐야 할까.

아무래도 전자일 가능성에 한 표를 주고 싶다. 이는 본인이 발의한 법안이라는 자랑에서가 아니다. 수사기관 통보 건수가 이전보다 40배 가량 증가한 것은 '불법추심 행위에 대하여 채무자가 법률의 보호를 받을 수 있다는 것을 쉽게 알려주겠다'는 일차적 목표가 달성된 것은 아닐까. 얼기설기했던 법망이 촘촘해져서 채무자들이 혼자 골방에서 두려움에 눈물 흘리는 것이 아니라 적극적으로 대응에 나서고 있다는 증거는 아닐까.

법안 발의 당시 사무실로 채권추심업체로부터 "언제부터 시행되느냐", "내용은 무엇이냐", "법안을 보내 달라"는 등 전화가 많이 왔었다. 또한 "구체적으로 어떻게 보호를 받아야 하느냐, 면책을 받을 수는 없느냐"면서 불법 추심에 시달리는 채무자들의 전화도 많이 왔었다. 아울러 채권자 분들도 "왜 돈 빌려

[표 4] 금융질서교란사범 수사기관 통보현황

연도	이자율 위반	불법 추심	무등록 불법광고	중개 수수료	기타	소계
2008	26	11	527	24	17	605
2009	47	6	544	322	20	939
2010	378	432	750	3,570	377	5,507

가서 안 갚는 나쁜 놈들을 위한 법을 만드냐, 그런 거 하라고 국회의원 뽑아준 줄 아느냐"면서 항의 전화를 많이 주셨다.

모두 타당한 말씀이다. 하지만 돈을 빌려준 분들과 돈을 대신 받아주는 회사, 그리고 돈을 빌린 분 중 가장 약자는 누구일까. 국가와 사회, 그리고 법률은 누구를 먼저 도와주어야 할까. 그리고 사회적 약자에게도 인권은 보장하는 것이 민주주의 국가의 시민으로서 최소한의 자격이 아닐까.

악덕 채권추심업자들은 이미 법안의 내용을 열심히 공부해서

법망을 빠져나가기 위한 대책을 세우고 있을 것이다. 아니 이미 대책을 강구하여 새로운 유형의 불법 추심행위로 대응하면서 어디선가 채무자의 눈물로 자신들의 배를 채우고 있는지도 모르겠다. 하지만 본 의원도 계속적으로 법망을 촘촘히 꿰매 나갈 것이다.

「채권의 공정한 추심에 관한 법률」 제정 이후 여러 의원들이 대표발의한 총 10건의 동법 개정안이 발의되었다. 개정안을 보면서 불법적인 채권추심으로부터 서민들을 보호하기 위한 기본

얼개를 만들었다는 뿌듯함과 부족한 부분은 없는지 항상 고민해 본다.

2010년 12월 3일, 본 의원도 제정안에서 미처 다루지 못했던 추심업자가 채무확인서 발급시에 채무확인서 발급 비용으로 고액을 요구하는 사례를 방지하기위하여 채무확인서 상한액을 일정 금액 이하로 제한하는 내용의 개정안을 발의했다.(법제사법위원회 계류 중)

'공정한 채권 추심'이라는 말이 너무 당연해져서 '이런 법이 왜 필요하지? 사문화된 법 아닌가?'라고 모든 국민이 생각할 때까지 지속적으로 개정안을 발의해 나갈 생각이다. 이런 A/S야말로 국민의 염원이자, 국민의 대표로 국회의원으로 뽑아주신 국민에 대한 의무라 생각하기 때문이다.

● Tip

불법채권추심 주요 5가지 유형 및 대응방법*

1. 채권추심자가 소속을 밝히지 않는다면.
- 대출채권 추심자가 채무자 또는 그의 관계인에게 소속과 성명을 밝히지 않는 것은 불법추심행위에 해당한다. 또한 채권추심자가 경찰, 검찰 등 국가기관을 사칭하거나 변호사, 법무사, 팀장 등 사실과 다른 직함을 사용하는 것도 불법추심행위에 해당한다.
- 채권추심자에게 소속과 성명을 밝히도록 요구하고 이에 응하지 않을 경우 채권추심에 응할 필요가 없다. 채권추심자가 소속과 성명을 밝히지 않고 채권추심을 계속할 경우 관할 지차체에 신고하고, 미등록 사채업자가 추심을 하는 경우에는 경찰서에 신고한다.

2. 채권추심자가 협박 또는 폭언을 한다면.
- 채권추심자가 협박조의 내용으로 언성을 높이거나, 욕설 등 폭언을 했다면 이는 불법채권추심에 해당한다. 또한 언어 이외의 폭행, 감금 등 위력을 사용한 행위도 모두 불법채권추심에 해당한다.
- 전화로 채권추심자가 협박을 하는 경우에는 통화내용을 녹취하고, 자택방문의 경우에는 핸드폰 등을 이용한 녹화, 사진촬영, 이웃증언 등을 확보한다. 이후 확보한 증거자료를 가지고 관할 지자체 또는

* 금융감독원 보도자료

경찰서에 신고한다.

3. 반복적으로 또는 야간에 빚 독촉 전화가 온다면.
- 정당한 사유없이 반복적으로 전화, 문자 등을 이용하여 추심하거나, 저녁 9시 이후 아침 8시 이전에 채권추심을 하여 공포심이나 불안감을 유발하여 정상적인 업무나 사생활을 해친다면 불법채권추심에 해당한다.
- 전화, 문자, 자택방문 등이 반복적으로 또는 야간에 발생하였음을 입증할 수 있는 전화 기록 등을 필히 보관한다. 전화기록 등 입증이 불가능한 경우에는 추심 시간대, 추심 횟수 등을 기록한 일지를 작성한다. 채권추심업체에 공식적으로 반복적 또는 야간 추심행위 중단을 요청하고 관할 경찰서에 신고한다.

4. 채무사실을 제3자에게 고지하거나 이를 협박한다면.
- 채권추심자가 채무사실을 가족이나 회사동료 등 제3자에게 직·간접적으로 알리는 것도 불법이다. 채무자의 소재파악이 곤란한 경우가 아님에도 불구하고 관계인에게 채무자의 소재, 연락처 등을 문의하는 행위도 불법이다.
- 채권추심자가 가족 등에게 채무사실을 알리겠다고 협박하는 경우에는 "불법이므로 신고하겠다"며 즉시 중단 요청한다. 협박이 지속되는 경우에는 녹취기록 등을 확보하여 지자체에 즉시 신고한다. 가족 등 제3자에게 채무사실을 알린 경우에는 가족 등의 도움을 받아 채권추심자의 제3자 고지 행위 일자, 내용 등을 상세히 기록하고 진술자료 등도 확보하여 관할 지자체나 경찰서에 신고한다.

5. 채무자 또는 채무자의 가족에게 대위변제를 요구한다면?
- 채무자 또는 채무자의 가족, 친지 등에게 연락하여 대위변제를 강요거나 유도하는 행위도 불법이다.
- 채권추심자가 채무미납에 따른 불이익, 도의적 책임 등을 암시하는 방법으로 대위변제를 요구하더라고 절대 응할 필요가 없다. 지속적으로 대위변제 요구시 녹취 등 증거자료를 확보하여 관할 경찰서에 신고한다.

3부

조두순 사건과 화학적 거세법

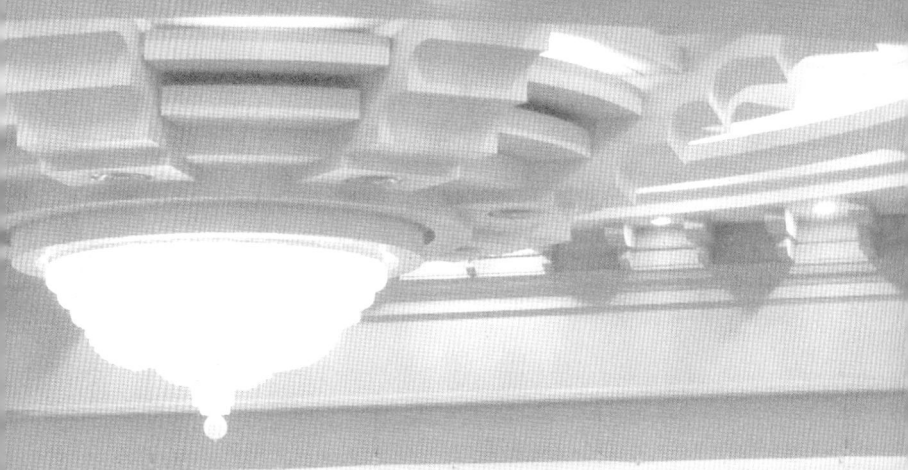

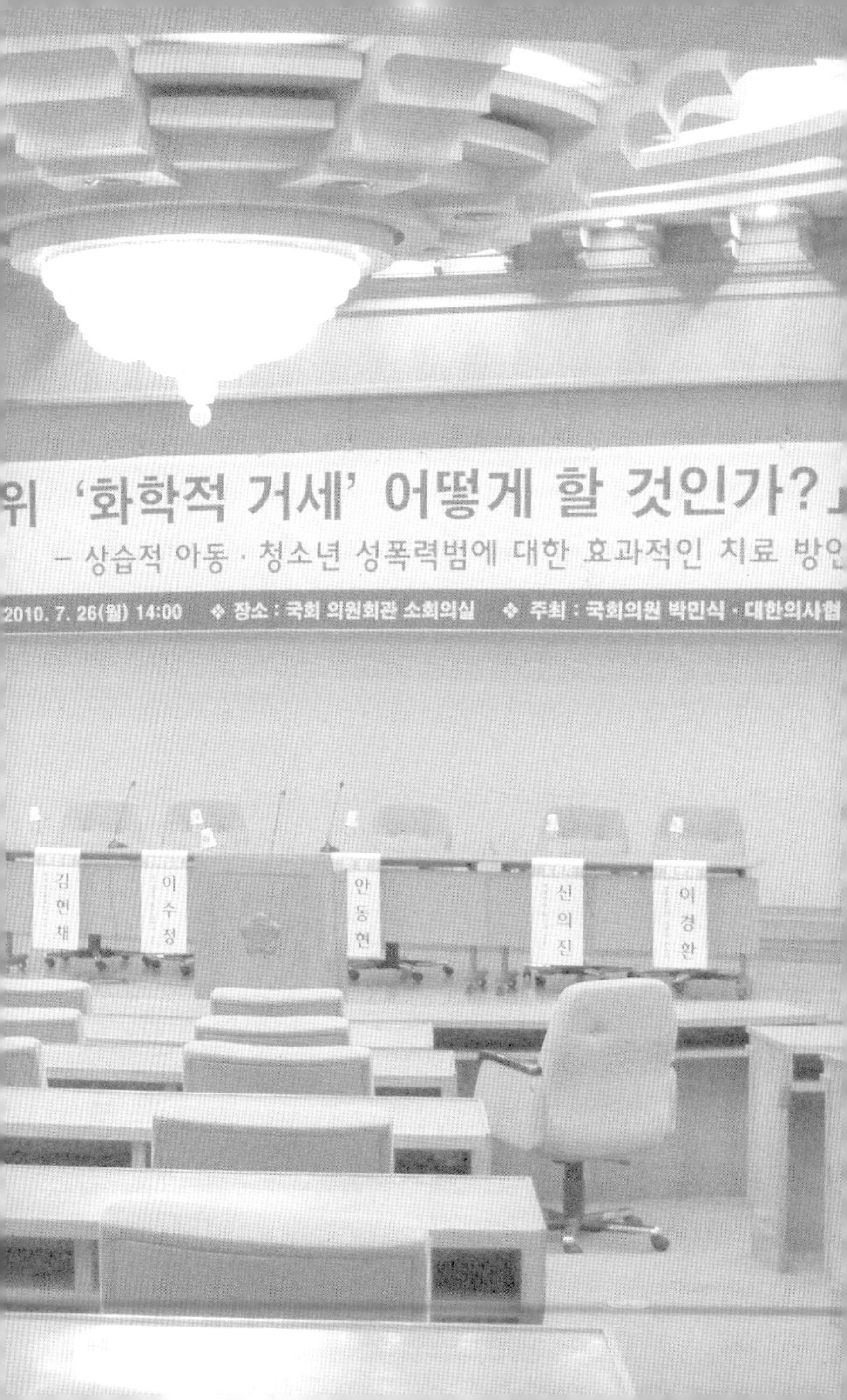
위 '화학적 거세' 어떻게 할 것인가?」
– 상습적 아동 · 청소년 성폭력범에 대한 효과적인 치료 방안
2010. 7. 26(월) 14:00 ❖ 장소 : 국회 의원회관 소회의실 ❖ 주최 : 국회의원 박민식 · 대한의사협
김현채
이수정
안동현
신의진
이경환

아동 성폭력, 용서받지 못할 그 잔혹함

　어느 아동 성폭력 피해자단체의 장을 만난 적이 있다. 그도 어린 딸이 성폭력을 당한 일을 계기로 성폭력 피해아동을 위한 운동을 하게 된 사람이었다. 그는 어느 날 취재를 온 여기자와 얘기하다가 여기자가 자신이 어렸을 때 성폭행 당한 사실을 털어놓아 서로 안고 울었다고 얘기했다. 그 여기자는 한 번도 다른 사람에게 얘기하지 못한 채 그 무서운 기억을 안고 살다가 처음으로 자신의 짐을 같이 나눠질 사람을 만난 것이었다.

　이처럼 피해자는 성년이 되어도 그 고통을 다른 사람에게 털어놓기도 어렵고 함께 나눌 수는 더욱 없으며, 어쩌면 죄인이 아님에도 죄인인 것처럼 살아가는 잔혹한 현실에 처해 있다. 그래서 아동 성폭력을 놓고 피해자의 영혼을 살인하는 행위라고 하는 것이다.

해마다 아동을 상대로 한 성폭행 사건이 매스컴을 떠들썩하게 만들고 있다. 2006년도에 발생한 용산 초등학생 성폭행 살해사건을 비롯해, 2008년도 참으로 기억하기 싫지만 잊어서는 안 되는 조두순 사건, 그리고 논의만으로 겉돌던 화학적 거세법안을 통과하게 만든 계기가 되었던 김수철·김길태 사건 등 우리 주위에서 마땅히 보호받아야 할 우리의 아이들이 흉포한 괴물들에게 희생당한 바로 그런 사건들이다.

그리고 이 순간에도 우리 이웃에 있는 또다른 아이들이 그런 무도한 자들에 의해 해코지를 당할 수 있다는 생각을 하면 끔찍하기 짝이 없다. 실제 통계적으로도 미성년자를 대상으로 한 성폭력범죄, 특히 13세 미만의 아이들에 대한 성폭력 범죄는 해마

[아동성폭력사범 접수 및 처분현황(2005-2006)]*

구분 \ 연도	2005년	2006년	2007년	2008년	2009년	2010년
미성년자 대상 성폭력범죄	1,780명	2,022명	2,062명	2,587명	2,699명	3,725명
13세 미만자 대상 성폭력 특별법 위반	684명	731명	702명	828명	774명	880명

*법무부, 법무부 여성통계, 2010. p. 39. 참조

다 꾸준히 발생하는 양상을 보이고 있다.

사람들은 사건이 터지면 물리적 거세라도 해야 하고 사형을 시켜야 한다고 목청껏 떠들지만, 정작 성폭력범이 재판석에 설 즈음 되면 사건은 잊혀진다. 그 와중에 가해자들은 주취감경이니, 합의 등의 이유로 기대에 미치지 못한 형을 받고 사회에 나와 다시 성폭행범죄를 반복하여 저지르곤 했다. 모두 우리 사법기관이 형식적 법의 틀에 안주해 엄단치 못한 탓이다.

반면 성폭행 피해자들은 가해자들이 교도소에서 복역을 끝내고 세상 밖으로 나와 또 다시 자신들을 찾아오지나 않을까하는 생각에 불안감을 떨치지 못한다. 그리고 그런 불안감으로 또 다시 심한 정신적 스트레스에 시달리는 경우가 대부분이다. 그런데 우리사회가 성폭력 피해자들에게 해줄 수 있는 것은 사실상 아무것도 없었다는 것에 나는 무기력함마저 느꼈다.

판사가 '엄정한 처벌'을 한다는 것이 피해자들을 안심시키지 못하고 보호를 해 주지 못하는 이유가 뭘까. 또다시 자신들이 희생이 될 수 있다는 불안감으로 밖을 나가지 못하고, 때론 집에도 못 들어가게 하는 이유가 뭘까.

피해자들이 안심하고 자신의 억울함을 법에서 풀어주었다고 느낄 수 있는 제대로 된 법을 만들어 보고 싶어 내내 고민을 해왔다. 그 동안 사건이 터질 때마다 정부가 내놓은 즉흥적이고

[제18대 국회 아동 성폭력 관련 입법 추진현황]

순번	대 책	입법결과 등
1	유기징역 상한확대	☞ 「형법」개정 * '10. 3. 국회 통과, '10. 4. 공포, '10. 10. 시행
2	공소시효 정지·연장 주취감경 배제	☞ 「성폭력범죄의 처벌 등에 관한 특례법」제정 * '10. 3. 국회 통과, '10. 4. 공포·시행
3	성폭력범 얼굴·신상정보 공개	☞ 「성폭력범죄의 처벌 등에 관한 특례법」제정 * '10. 3. 국회 통과, '10. 4. 공포·시행(신상정보 공개는 '11. 4. 16. 시행)
4	성폭력범 성충동 약물치료	☞ 「성폭력범죄자의 성충동 약물치료에 관한 법률」제정 '10. 6. 국회 통과, '10. 7. 공포, '11. 7. 24. 시행
5	흉악범 DNA 정보 수집·활용	☞ 「디엔에이 신원확인정보의 이용 및 보호에 관한 법률」 제정 * '09. 12. 국회 통과, '10. 1. 공포, '10. 7. 시행
6	양형기준 상향	* '09. 10. 국정감사 시 대법원 양형위원회에 강력 촉구
7	전자감독 확대 (최장 30년, 살인죄 추가, 3년 소급)	☞ 「특정 범죄자 위치추적법」개정 * '10. 3. 국회 통과, '10. 4. 공포, '10. 7. 시행
8	집중 보호관찰 확대 (주 2회 이상 대면 접촉 등)	*성폭력범 등 필수 집중 지정 요건 마련('09. 10.) *「보호관찰 대상자 분류감독지침」개정·시행('09. 11.) *고위험 성범죄자 전원 집중보호관찰 지정('10. 3.)
9	치료감호 활성화	*개정「치료감호법」시행('08.12.) ※ 최장 15년 *100명 수용 규모 성폭력 치료재활센터 개청('09. 1.) *200명 수용 규모 성폭력 치료재활센터 완공 예정('11. 6.)
10	범죄 피해자 지원 강화 (지역 병원 연계, 복지 센터 설치)	지역 병원과 범죄피해자 지원센터 네트워크 구축(연중) ☞ 「범죄피해자보호법」개정·피해자 복지센터 신설('10. 7.)
11	범죄 피해자 구조 확대 (지급요건 완화, 구조금 확대)	☞ 「범죄피해자보호법」개정 * '10. 4. 국회 통과, '10. 5. 공포, '10. 8. 시행 ※ '가해자 불명, 무자력' 요건 삭제 *시행령 개정('10. 7.) ※ 구조범위, 금액확대(5,400 만원)
12	외국인 지문·얼굴 정보 확인제 도입	☞ 「출입국관리법」개정 * '10. 4. 국회 통과, '10. 5. 공포, '10. 8. 시행

※색깔이 있는 부분은 박민식 의원 대표 발의 법안 또는 제안 법안

단편적인 대책이 아니라 진정으로 아동 성폭력범죄의 재발방지를 목표로 종합적이고 유기적인 대책을 세우고 싶었다. 그래서 2009년 12월 '한나라당 아동성범죄대책특별위원회 간사'로 활동하면서 조두순·김길태·김수철 사건 등의 아동 성폭력사건을 예방하고 재범방지를 위한 각종 개정안, 제도 도입에 적극적인 노력을 기울였다.

특히 성폭력 가해자들의 성폭력의 근본을 치료해 주어 다시는 성폭력의 재발을 방지하고, 한편으로는 피해자들에게는 국가가 충분한 치료와 보장을 해 줄 수 있는 법안을 입법하려고 열심히 연구했고, 노력 끝에 2개의 재정법을 대표발의하여 통과시켰다. 이번 장에서는 수사 및 재판과정에서 제기되는 문제점, 그리고 앞서 언급한 일명 화학적 거세법 등 아동 성폭력에 대해 얘기하고자 한다.

아이들의 진술은 불확실하지만 진실하다

얼마 전에 있었던 일이다. 외삼촌이 누나의 딸인 조카 2명을 아주 어렸을 때부터 중학교 다닐 때까지 성폭행했던 사건이 발생했다. 당연히 외삼촌은 범행을 부인했고, 피해자들은 최초 신고시부터 조사받을 때까지 일관된 진술을 했다. 하지만 이런 경우 수사기관이나 법원에서는 가해자가 극구 부인하고 있고, 피해자들의 진술은 모호하다는 이유로 구속영장을 청구할 수 없다는 입장을 취하는 경우가 많다.

원래 친족관계에서 벌어지는 성폭행 사건의 가해자들은 대부분 범행을 완강히 부인한다. 그리고 성년인 가해자들은 어린 나이의 피해자들의 진술의 애매모호함이나 허점을 파고들면서 부인하는데 제법 논리를 갖고 얘기하는 경우도 많다. 반면 피해자들은 그 피해 사실을 신고하기까지 많은 시간이 걸리기 때문에 어린 시절 당했던 피해 일시나 그 일시에 맞는 피해 사실을 정확히 진술하기 어렵다. 왜냐하면 피해자들은 보통 그런 기억을 되도록 잊어버리려고 노력하다가 어느 계기가 돼서 신고할 즈음에는 몇 년도, 몇 월달, 몇 시인지를 정확히 진술한다는 것은 매우 어렵기 때문이다. 그것도 처음 본 무시무시한(?) 경찰관, 검사, 판사님 앞에서는······.

그런데 진술이 모호하기 때문에 수사기관에서, 법정에서 조금씩 조금씩 진술이 엇갈리기도 하여 결과적으로 판사들은 "진술의 일관성이 없다"는 이유로 무죄를 선고하는 경우도 자주 있다.

실제 법원 재판부에서는 피해아동이 11세인데 아파트 경비원이 홀수달에 후문경비를 서는 데 피해아동이 정문경비실에서 당했다며 후문으로 가는 길과 정문으로 가는 길을 확인해 달라는 요구를 했다. 과연 피해아동이 홀수달과 짝수달을 구별하여 피해일시를 특정하여 진술할 수 있었을까. 그리고 이것으로 피해아동의 진술이 거짓이라고 얘기할 수 있을까.

그래서 아동의 진술 신빙성이나 정확성은 몇 월 몇 일로 피해일시를 특정하는데 기댈 것이 아니라 몇 년도 여름, 가을, 겨울 정도로 특정하는 게 가능하도록 해석되어야 할 것이고, 그 밖의 다른 정황이나 증거로 피해 입은 사실을 확인하면 될 것으로 보인다. 수사기관이나 법원에서 피해아동이 어릴수록 그리고 오래된 기억일수록 진술이 정확하지 못할 수 있지만 그들의 진술은 진실이라는 것을 잊지 말아주었으면 한다.

통계적으로 13세 미만 아동 대상 성폭력 사건의 기소율은

〔13세 미만 아동 대상 성폭력특별법 위반 · 접수 처분현황〕*

구분 기간	2005년	2006년	2007년	2008년
2005년	684	438	135	102
2006년	731	473	150	117
2007년	702	415	160	114
2008년	828	523	173	134
2009년	774	448	180	147
2010년	880	527	189	155

* 법무부, 법무부 여성통계, 2010. p. 39. 참조

57~63% 정도이고, 불기소율은 20~23% 정도이다. 일반 성폭력 사건의 기소율이 40%대인 것에 비추어 보면 낮다고 보기는 어려우나, 불기소 원인에 대한 분석을 철저히 할 필요가 있다고 본다.

묻고 또 묻고…… 2차 피해로 고통받는 아이들

조두순 사건을 보면 검찰은 사건의 조사과정에서 "녹화가 안됐다" "녹음이 안됐다" "소리가 작다"고 하면서 피해아동에게 무려 5번씩이나 진술을 반복하게 했음이 밝혀졌다. 이에 서울중앙지법은 조두순 사건의 피해아동과 어머니가 국가를 상대로 낸 손해배상 청구소송 서울중앙지법(2009가단482095)에서 1,300만 원의 위자료 지급을 인정했다.

재판부는 판결문에서, "검사로 하여금 피해자가 2차 피해를 입지 않도록 조사환경을 조사해야 하고 정당한 사유 없이 반복 조사를 해서는 안된다"고 판시했다. 하지만 재판부는 검사가 조두순의 인상착의가 담긴 CD를 제 때 제출하지 않아 항소심 공판과정에 아동이 증인으로 소환돼 변호인으로부터 심한 추궁을 받아 고통을 입었다는 주장에 대해서는 그 피해주장을 받아주지 않았다.*

현재 검찰에서 아동 성폭력전담검사제가 시행되고 있지만 검사가 현장에 나가보는 게 몇 번이나 될까. 정확한 조사는 하지 않았지만, 현재의 업무량을 따져 보면 아마 1년에 걸쳐 특별한 1~2차례를 제외하고는 거의 없을 것이라고 보인다. 또 어떤 검사는 경찰 수사단계의 경우 피의자는 만나도 피해자는 만나지 않는다고 단호하게 말하는 것을 보았다. 나는 그런 법이 없다고 알고 있다.

피해 어린이의 반복조사를 피하기 위하여 필요하다면 검사가 경찰 단계의 수사에도 직접 참여하여 조사함으로써 경찰에서 검찰로 이어지는 중복 수사를 막을 수 있을 것이다. 특히 피해자가 어릴수록, 가해자가 부인할수록 검사는 몸을 아끼지 말고 현장에 직접 뛰어들어 아동과 아동의 가족의 진실에 귀를 기울여 주고, 피해 어린이의 반복조사로 인한 2차 피해를 막아야 한다고 본다.

법정형을 무력화시키는 '주취감경'

'주취감경(酒醉減輕)'이란 술에 취한 상태에서 범죄를 저질렀을 경우 처벌을 줄여 준다는 의미다. 형법은 심신미약자(心神微弱者)의 경우 형을 감경하도록 규정하고 있다(제10조 2항). 그런데 주취감경

---

* 인터넷 법률신문 2011. 2. 12. 기사 참조

"감경을 해 줘야 하는데 감경할 사유가 없는 겁니다. 결국 우리 법원에서 수십년 동안 관행적으로 해 온 술을 먹인 겁니다. 피고인 말 한마디만 믿고서 하는 판결이 제대로 된 판결이라고 그렇게 자신할 수 있습니까?
- 2009. 10. 9. '서울고등법원' 국감에서 -

은 곧 집행유예로까지 이어져서 아무리 법정형을 상향시켜 놓아도 집행유예로 석방시켜 법정형을 무력화시키는 가장 큰 요인으로 작용해 왔다.

하지만 형법상 심신미약자에 대한 판단은 의학적 결정이 아닌 판사의 자유심증에 의한 법률상 판단에 해당하기 때문에 전적으로 법관에 의해 좌우될 수밖에 없는 것인데 조두순 사건으로 법 개정이 되기 전까지 법원에서는 심신미약의 한 형태로 '주취'를 광범위하게 인정하는 태도를 취했다.* 아마 법원도 선고단계에서 반성하는 듯 보이는 피고인을 동정하며 모진 마음을 품지 못하고 '술'을 핑계로 형량을 깎아주는 것을 관습법처럼 인정했던 것으로 보인다.

특히 우리 사회에서는 음주에 비교적 관대하여 "술 취해서 그랬다"라고 하면 봐주고 "오죽하면 그러랴"는 쪽으로 이해해왔다. 그러나 지난 조두순 사건 때 법원에서 잔인한 성폭행범에 대해 주취감경을 인정하면서 형량을 감해준 사실이 알려지면서 사회적으로 큰 비난을 받았다. 그리고 아동 성폭행범죄에서 주취감경을 인정해서는 안 되며, 오히려 형량을 가중해야 한다는 여론으로 우리 사회가 들끓었다.

실제 미국, 영국, 프랑스 등 선진국에서는 주취감경되는 사례가 없었고, 오히려 가중사유가 되고 있었다. 그런데 우리나라의 경우 주취감경을 하고, 또 다시 정상참작을 하게 되면 실형이 선고될 수 있는 여지는 거의 없다. 참고로 정상참작으로 알려져 있는 형법 제53조의 작량감경* 제도는 일본과 우리나라에만 존재하는 제도였다. 어떻게 피해자들이 이러한 불합리를 받아들일

---

* 인터넷 한국일보 2011. 5. 13. 정병진 수석논설위원의 『지평선/5월 14일』 주취감경 참조.

수 있을까.

나는 2009년 12월 14일 아동 성폭력범에게는 원칙적으로 주취감경뿐 아니라 작량감경까지 배제하되 자백하거나 피해보상

박민식 의원안, 입법안(성폭력범죄의 처벌 등에 관한 특례법) 비교

박민식 의원안	입법안(성폭력범죄의 처벌 등에 관한 특례법)
제22조의10(「형법」상 감경규정에 관한 특례) ① 특수 아동성폭력범죄에 대하여는 「형법」 제53조를 적용하지 아니한다. ② 음주 또는 약물의 영향으로 특수 아동성폭력범죄를 범한 경우에는 「형법」 제10조제2항을 적용하지 아니한다. ③ 다음 각 호의 어느 하나에 해당하는 경우에는 형을 감경할 수 있다. 다만, 다음 각 호의 사유가 여러개 해당하더라도 거듭 감경할 수 없다. 1. 처음으로 특수 아동성폭력범죄를 저지른 경우 2. 특수 아동성폭력범죄의 피해자가 처벌을 원하지 아니하는 경우 3. 피고인에 의하여 특수 아동성폭력범죄 피해자의 피해의 전부 또는 상당 부분이 회복된 경우 4. 피고인이 자백을 한 경우 ④ 피해아동과 친족관계에 있는 사람이 특수 아동성폭력범죄를 범한 경우에는 제3항제2호 및 제3호를 적용하지 아니한다.	제19조(「형법」상 감경규정에 관한 특례) 음주 또는 약물로 인한 심신장애 상태에서 제3조부터 제11조까지의 죄를 범한 때에는 「형법」 제10조제1항·제2항 및 제11조를 적용하지 아니할 수 있다.
1. 원칙적으로 주취감경 및 작량감경 배제 2. 다만, 피고인이 초범이거나, 자백을 한 경우 또는 피해를 보상한 경우와 피해자가 처벌을 원하지 않는 경우 1회에 한하여 감경	주취감경만을 배제할 수 있도록 함

을 적절히 한 경우에 1회에 한해 감경할 수 있도록 하는 성폭력 범죄의 처벌 및 피해자보호 등에 관한 법률 개정안을 대표발의 했다.

이 법안이 통과된다면 적어도 아동 성폭력범은 거의 예외없이 실형이 선고될 수 있는 법안이었다. 하지만 아쉽게 모든 성폭력범에게 주취감경만을 배제하는 선에서 입법화가 이루어졌다.

아직까지 숙제가 남아있는 셈이다. 하지만 이 법률안이 통과되고 나서 사회적으로 상당한 인식의 변화가 감지되었다. 특히 이러한 인식의 변화는 2010년 김길태 사건 때에 효과를 발휘했다. 부산 여중생 납치 살해 사건의 피의자 김길태는 검거된 지 닷새째부터 자신의 범행을 일부 자백했지만 납치와 성폭행, 살해 부분에 대해서는 술에 취했다는 주장을 내세웠고, 일각에서는 '주취감경'을 노린 진술이 아니냐는 우려를 낳았다. 하지만

---

* 작량감경[酌量減輕] : 법률상의 감경사유가 없어도 법률로 정한 형이 범죄의 구체적인 정상에 비추어 과중하다고 인정되는 경우에 법관이 그 재량에 의하여 형을 감경하는 것(제53조)을 작량감경(酌量減輕)이라 한다. 법률상의 감경이라 함은 심신장애자(주취감경의 근거)의 범죄라든가 미수죄(未遂罪)와 같이 형을 감경하는 것을 의미한다. 또 형을 감경할 수 있는 것이 법률상 분명히 정해져 있는 경우도 있다. 법률상 감경을 하는 경우에도 다시 이중으로 작량감경을 할 수 있도록 인정되어 있다. 그래서 특히 아동 성폭력범의 경우 "술을 먹었다"고 주장하여 받아들여지면, 주취감경과 작량감경이 이중으로 이루어지면 대부분 집행유예를 선고받게 되는 것이다.

이미 조두순 사건을 경험한 우리 사회는 김길태의 이러한 주장에 대해 더 많은 형량을 선고해야 한다는 여론이 대세를 이루었다.

또한 대법원도 양형기준을 개정해 주취주장을 하는 경우 인정하지 않고 각급법원에서는 술에 취해 있었다는 이유로 형을 줄여줄 수 없다는 판결이 잇따라 나왔고, 피해자가 사망한 성범죄 4건에 대해서는 '무기징역'을 선고하는 사례도 나왔다.*

---

* 인터넷 노컷뉴스 2010. 3. 10. "김길태, 주취감경 노리나, 형벌 더 가중될 수 있어" 라는 기사 중에서.

영혼의 살인자, '공소시효'는 없다

 명작으로 널리 알려진 영화 '피아니스트'를 기억할 것이다. 이 영화를 만든 폴란드 출신의 거장 로만 폴란스키(Roman Polanski) 감독은 1977년 〈킬러 스마일〉 배우 잭 니콜슨의 집에서 당시 13세 소녀 모델 사만다 가이머를 강간한 혐의로 42일간 구치소에 수감돼 조사를 받다가 가석방됐다. 재판을 기다리고 있던 그는 프랑스로 달아나 33년 동안 미국 사법당국의 손길을 피해왔다.

 2009년 9월 26일 취리히 영화제에 참석하기 위하여 스위스에 입국한 폴란스키 감독은 취리히 공항에서 미국정부의 요청에 의해 스위스 경찰에 체포됐다. 그는 450만 달러의 보석금을 내고 석방돼 전자 팔찌를 착용한 채 스위스의 별장에서 가택 연금 상태로 지내오다가 피해자인 사만다 가이머의 탄원서 등에 힙입어 작년 7월 석방됐다.

성폭력이 발생한 지 무려 33년이 지났다. 그런데도 미국 캘리포니아주 검찰은 세계적인 영화감독을 법의 심판대에 세우려고 한다. 미국은 아동 성폭력범에게 공소시효가 적용되지 않는다. 우리는 어떤가 궁금했다. 30년이 훌쩍 지난 아동 성폭력 사건을 과연 법의 심판대에 세우려는 의지가 있을까?

여성계에서는 오랫동안 성폭력 사건, 특히 아동 성폭력 사건에서 공소시효 대폭 연장을 주장해 왔다. 어린 피해자가 그 심각성을 깨닫지 못하다가 깨달았을 때는 이미 공소시효가 끝나 처벌이 어려운 경우가 많다는 이유다. 충분히 타당한 이유다.

하지만 우리는 법적 안정성(法的 安定性)을 유지해야 한다는 현학적인 말로 그 동안 이 같은 피눈물 나는 주장을 애써 외면해 왔다. 그렇다. 법적 안정성도 정말 중요한 법 원리일 것이다. 그런데 그런 법 원리를 벗어날 충분한 이유가 있다면 우리 국민 모두가, 우리 헌법이 인정해 주지 않을까. 게다가 다른 나라에서는 33년 전 이루어진 아동 성폭력 사건을 잊지 않고 추적하여 세계적인 감독까지도 체포하고 있지 않은가.

나는 국민들에게 국회가 답을 할 차례라고 생각했다. 그래서 현직 판사, 검사, 변호사 뿐 아니라 법학교수님께도 물었다. 정말 아동 성폭력범에게 공소시효를 폐지하는 것은 안 되는 걸까. 아동 성폭력범은 공소시효를 폐지시키는 법안을 대표발의한다면 위헌(違憲)인 법률을 발의하는 것인가.

하지만 우리는 벌써 형법상 공소시효를 폐지하고 영원히 범죄를 처벌할 수 있도록 하는 법률을 가지고 있다. 바로 「헌정질서 파괴범죄의 공소시효 등에 관한 특례법」이 그것이다. 독자들도 잘 알고 계실 5·18. 광주민주화운동의 핵심 주모자를 처벌하기 위한 바로 그 법이다. 그렇다면 국가 반역 및 헌정질서를

박민식 의원안, 입법안(성폭력범죄의 처벌 등에 관한 특례법) 비교

박민식 의원안	입법안(성폭력범죄의 처벌 등에 관한 특례법)
제22조의9(공소시효의 배제에 관한 특례) 특수 아동성폭력범죄에 대하여는 「형사소송법」 제249조(공소시효)를 적용하지 아니한다.	제20조(공소시효 기산에 관한 특례) ① 미성년자에 대한 성폭력범죄의 공소시효는 「형사소송법」 제252조제1항에도 불구하고 해당 성폭력범죄로 피해를 당한 미성년자가 성년에 달한 날부터 진행한다. ② 제2조제3호 및 제4호의 죄와 제3조부터 제9조까지의 죄는 디엔에이(DNA)증거 등 그 죄를 증명할 수 있는 과학적인 증거가 있는 때에는 공소시효가 10년 연장된다.
아동 성폭력범죄에서 공소시효 폐지	1. 아동 성폭력 피해자가 성년이 될 때까지 공소시효 정지 2. DNA 등 확실한 증거가 있으면 공소시효 10년 연장

파괴하는 것을 처벌하는 것과 우리나라의 미래를 책임질 어린이를 보호하는 것이 무엇이 다를까.

보수적인 법률가들은 분명히 같은 것이 아니라고 말할 것이다. 하지만 내 생각을 단호히 말하는 것, 그렇게 하는 것이 국민이 원하는 목소리라고 믿었다. 영혼의 살인인 아동 성 폭력운 평생 그 상처가 치유되지 못하고 있는데, 어떻게 5년, 7년, 10년의 자연적인 세월이 흘렀다고 처벌을 면제해 준단 말인가. 어찌 보면 상식적으로 용납이 안 되는 부분이었다.

하지만, 이 건은 대표발의 즉시 법조계의 격렬한 반대에 부딪혔고, 결국 피해자가 성년이 될 때까지 공소시효를 정지하고 DNA 등 확실한 증거가 있을 때는 10년을 더 연장하는 것으로 양보했다. 또 하나의 숙제가 남겨진 셈이다. 아쉽지만 처음에 모든 것을 만족시킬 수는 없는 일이다.

여러 번 강조하지만, 남겨진 숙제를 절대로 잊지 않을 것이다. 왜냐하면 그것이 나를 국회의원으로 일하도록 국민들이 선출한 이유임을 잘 알고 있기 때문이다.

전자발찌, 유용하나 아직도 미흡

2011년 1월 10일, 위치 추적되는 전자발찌를 착용한 성범죄 전과자가 출소한 지 4개월 만에 성폭행을 했다는 뉴스가 나왔다. 그 전과자는 범행 하루 전에도 보호관찰소에 들러 범죄예방 교육을 받은 것으로 확인되었다.* 그리고 2010년 및 2011년도에도 연이어 전자발찌를 한 성범죄자가 전자발찌를 끊고 사라졌다는 뉴스가 보도되어 국민을 불안하게 만들었다.

전자발찌제도는 성폭행범죄자 중 재발가능성이 높은 사람들을 상대로 2008년도부터 도입되어 2010년 1월까지 1천여 명이

---

* 뉴스투데이 2011. 1. 14. "전자발찌 차고서도…" 성범죄 전과 4범 또 성폭행" 기사중

착용했고, 모두 4명이 또다시 성폭행을 저질렀다고 한다.* 물론 범죄억제력 측면에서는 어느 정도 효과가 있다고 본다.

하지만 전자발찌는 휴대폰 음영지역에서는 당연히 작동이 안 되는 경우가 있고, 여러 뉴스에서 보도된 것처럼 쉽게 자르고 도망갈 수 있었기 때문에 기술적인 부분에서 보완이 필요하다.

그리고 전자발찌를 찬 채 성범죄를 저지른 사건에서 보는 바와 같이 전자발찌만으로는 성범죄 재범을 원천적으로 봉쇄하지 못하고 있다.

하지만 전자발찌나 어떤 다른 대책도 아동 성폭력을 100% 완전히 막을 수는 없을 것이므로 이들 제도를 보완하여 시행하는 것이 좋을 것이다. 법무부에서 2009년 9월 실시한 전국 성인남녀 1,000명을 대상으로 실시한 여론조사 결과에 의하더라도 95.7%가 전자발찌 착용유지에 찬성하는 것으로 나타났다.*

나는 전자발찌의 경우 2009년 당시 부착기간이 최장 10년이었는데 고령자의 중범죄사건 증가 추세에 비추어 사회보호를 위하여 부착기간을 최장 30년까지 상향시켜야 한다고 일관되게 주장했다. 한 예로 미국 플로리다주에서는 2005년 '제시카법'을 제정하여 아동 성폭력범죄자의 경우 최하 25년형을 선고하게 하고, 출소 이후에도 평생 전자발찌를 채우게 하고 있다.*

그리고 13세 미만의 아동 성폭력범죄자의 경우 아동의 보호를 위하여 부착기간 하한을 지금의 2배까지 가중하여 실질적인 관리체계를 갖추는 것이 필요하다고 생각했다. 이러한 것은 특히 아동 성폭력범죄에서 중요한 것은 처벌보다도 적절한 관리가 중요하다는 평소의 소신을 반영한 것이다.

이 사안도 조두순 사건 직후 구성된 한나라당 아동 성범죄 대책특위에 주요 안건으로 채택되어 작년 3월 전자발찌의 부착기간을 최장 30년으로 연장하고, 13세 미만의 아동 성폭력범에게는 부착기간의 하한을 2배로 가중하는 내용으로 「특정 범죄자에 대한 위치추적 전자장치 부착 등에 관한 법률」이 개정되었다.

다만, 특정 범죄자 위치추적법 개정안에 함께 신설된 전자발찌 제도 시행전 범죄에 대해서는 전자발찌 제도를 적용할 수 있느냐가 논란이 될 수 있다.

먼저 법 시행일(08. 9. 1.) 이전에 저지른 범죄라도 법 시행일 이후에 하는 재판의 경우 적용이 가능하고, 법 시행일 이전에 수용 중인 자가 가석방 또는 가종료되는 경우에도 전자발찌제도의 소급적용은 가능하다고 보여진다. 이는 보안처분의 일종으

---

* 뉴스투데이 2011. 1. 14. "전자발찌 차고서도…" 성범죄 전과 4범 또 성폭행" 기사중
* 인터넷 법률신문 2009. 9. 16. "살인·강도 등 강력범에도 전자발찌 87.1% 찬성" 기사
* http://kr.blog.yahoo.com/dylee777/1438

로서 형벌과는 구별되기 때문이다.

하지만 판결이 확정되어 수감중인 자 또는 제도 시행 전 판결이 확정되어 출소된 자에 대해서는 고민이다. 현행법상 집행이 종료된 경우까지 소급적용하는 것은 허용되지 않는다고 보는 것이 일반적인 견해라고 본다. 만약 허용되는 경우 과잉금지 원칙 위반의 문제로 인권침해 및 위헌시비 등의 많은 논란도 예상되기 때문에 허용되지 않는다고 보는 것이 맞을 것이다.

약간 다른 논점으로 그 동안 여러 방송 인터뷰에서도 주장했던 것처럼 새로운 제도를 도입할 때 막연하게 주장되는 인권침해 논란을 생각해 본다. 이른바 화학적 거세 치료요법은 어느 정도 이해할 만하다. 하지만 미국 드라마(미드)에서 흔히, 그리고 자연스럽게 등장하는 DNA 채취, 전자발찌 등을 놓고 인권침해가 예상된다거나 심각한 우려를 금할 수 없다는 식의 주장은 곤란하다. 만일 인권침해가 우려된다면 어떤 기본권이 얼마나 침해되는지 특정해서 주장해야 한다.

미드에서 경찰이 "당신을 용의선상에서 제외하기 위하여 DNA 샘플 채취에 협조해 주기 바란다."고 말하면 상대방은 자연스럽게 입을 벌려 샘플 채취를 받는 장면을 우리는 흔히 볼 수 있다. 고통이 수반되는 것도 아니고, 심각한 흉터가 남는 것도 아니다. 아동 성폭력의 잔혹함을 고려한다면 그 정도의 기본권 제한은 감수해야 할 비용이 아닐까.

 이번 입법에서 전자발찌 부착 대상 범죄를 성범죄뿐만 아니라 살인·강도·방화범죄까지 확대했다. 당연히 인권침해 논란이 불거져 나왔다. 그런데 국민들은 위치추적 전자장치 부착이 확대되기를 바라고 있다. 2009년 9월 위 법무부 조사결과도 역시 87.1%가 살인·강도·방화 등 2대 고위험 강력범죄까지 전자장치 부착 확대에 찬성한 것으로 나타났다.*

 미국, 프랑스, 뉴질랜드 등 선진국에서도 성폭력범죄자 외에도 테러, 폭력, 살인, 방화, 감금 등 고위험 강력범죄자에 대해 전자감독제도가 광범위하게 시행되고 있기 때문이다.

---

* 인터넷 법률신문 2009. 9. 16. "살인·강도 등 강력범에도 전자발찌 87.1% 찬성" 기사

왜 '화학적 거세'인가?

아동 성폭력 대책, 패러다임을 바꾸다

제18대 국회 등원 이후 지금까지 65건의 법안을 대표발의한 바 있다. 이들 중 가장 먼저 대표발의한 법안이 일명 '화학적 거세법'이다. 영혼을 짓밟는 성범죄로부터 우리 아이들을 보호하고자 발의했던 「상습적 아동 성폭력범의 예방 및 치료에 관한 법률안」은 법안 발의 과정에서 많은 시간과 노력을 들였기 때문에 내게도 매우 뜻깊은 법안이다.

이 법안을 발의한 이후 조두순·김길태·김수철 사건 등 하나하나 벌어졌던 참혹함과 잔인함을 굳이 얘기하지 않아도 될 아동 성폭력사건들이 연이어 터져나왔다. 정부는 뭐했느냐라는 여론이 들끓었다. 그리고 한편으로 우리가 뭘 했는지에 대한 반성도 이어졌다. 부모들도 울었고, 이웃들의 눈에도 눈물이 흘렀다. TV에 비춰진 장면에 차라리 눈을 돌리고 싶었지만 그래도 다시는 이런 일이 나의 아이에게 우리들의 아이들에게 있어서는 안 된다는 절박함이 국민들에게 있었다. 그런 과정에서 대표발의한 일명 '화학적 거세법(chemical castration)'이 국회를 통과했고, 올해 7월 24일 시행을 앞두고 있다.

법안이 통과되기까지에는 우여곡절이 많았다. 법안이 발의된

2009. 12. 2. 한나라당 아동 성폭력 대책 특위 기자회견

2009. 12. 2. 성폭력 종합대책인 3p플랜(예방, 처벌, 보호)을 제시하며 이것이 유기적으로 결합되었을 때 튼튼하고 촘촘한 사법 안전망이 된다는 것을 강조했다.

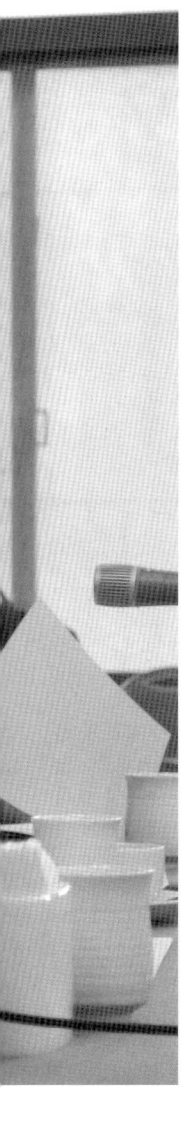

이후 빛을 보지 못하고 법제사법위원회의 캐비닛에서 잠을 자던 화학적 거세법은 조두순 사건으로 주목을 받게 된다. 여덟 살 여아를 성폭행해 영구장애를 입힌 이른바 '조두순 사건'의 범인에 대한 형량이 징역 12년으로 확정되자, 솜방망이 처벌논란과 함께 대책 마련에 대한 여론이 거세게 일었고, 당시에 내가 첫 번째 제정법으로 대표발의한 '화학적 거세법'에 많은 관심이 쏟아졌다.

조두순 사건을 계기로 제2, 제3의 비극을 막기 위하여 2009년 10월, 한나라당에서는 아동성범죄 대책특위를 구성했다. 이때 간사를 맡아 밤낮없이 논의하여 '사법안전망' 구축을 위한 3P Plan을 제안하는 등 최선의 노력을 다했다. 3P Plan은 아동 성폭력 예방(Prevention), 처벌(Punishment), 피해아동의 보호(Protection) 및 지원을 주요내용으로 하는 아동 성폭력 종합대책이다.

그 내용을 살펴보면 먼저 어린이보호구역에 CCTV 설치, 전자발찌 확대, DNA DB화, 화학적 거세 치료요법 등으로 아동 성폭력을 예방해야 한다는 것이다. 또 '아동 성폭력범의 엄정한 처벌과 관리'를 위하여서 엄격한 양형기준을 세우고 음주감경 삭제, 유기징역 상한을 높여야 하며 치료감호를 통한 적극적인 관리가 필요하다는 것을 대책으로 내세웠다.

아울러 아동 성폭력 피해자를 보호하고 지원할 수 있도록 범죄피해자 보호기금을 설치하고, 또 해바라기 아동센터와 같은 곳에서 치료 및 재활프로그램을 활성화해야 한다는 것을 강조했다. 이와 관련해서 2009년 10월 21일, 여·야 의원 102명의 찬성 서명을 받아 '범죄피해자보호기금법안'을 대표발의했다.

(범죄피해자보호기금법은 제4부에서 다룬다.)

2008년 9월 8일, 대표발의된 화학적 거세법안은 다음날 소관 상임위원회인 국회법제사법위원에 회부되었고, 11월 20일 제278회 국회(정기회) 법제사법위원회 제19차 전체회의에서 상정, 제안설명, 검토보고, 대체토론 후 법안심사 제1소위원회에 회부되었다.

2008년 11월 21일, 소위에서 한번 논의된 후 법사위에서 거론되지 않던 법안은 조두순 사건 이후 관심이 쏟아졌지만 전혀 진전될 기미가 보이지 않았다. 그래서 다시 2009년도 국정감사 현장에서 의사진행 발언을 통해 조속한 심의를 촉구했다. 그 결과 1년 만에 다시 심의가 진행되어 법사위에서 공청회도 개최했다. 그런데 다음해 김길태 사건이 터질 때까지 또다시 수면 아

박민식의 아동 성폭력방지 종합대책(3P플랜)

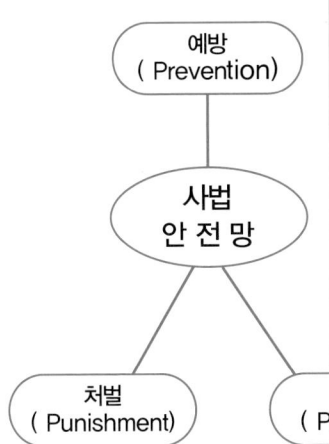

예방 (Prevention)

1. DNA 정보 수집 및 활용방안 강구
2. 미성년 아동 성범죄 가해자에 대한 교육 및 관리 필요
3. 보호 관찰 실질화를 위한 제도 및 예산 지원
4. 아동 성범죄자 신상공개 제도 확대
5. 엠버경고시스템 및 위치추적시스템 구축
6. 전자발찌제도 강화
7. 성범죄예방 교육 강제력 부과
8. CCTV확대 설치 등
9. 초등학교 전학년 등하교 안심 알리미
10. 민·경 협력시스템 구축

처벌 (Punishment)

1. 화학적 거세 치료 도입
2. 아동성범죄, 성교+유사성교, 강제추행으로 이분화
3. 공소시효 폐지
4. 주취감경 및 작량감경, 선고유예배제
5. 피의자에 대한 영상녹화물 증거능력 인정
6. 아동 성범죄 피의자 신상공개
7. 수사절차에 사법방해죄 신설
8. 유기징역 상한 확대
9. 형사 미성년 연령 인하
10. 아동 성범죄 반의사 불벌조항 삭제

보호 (Protection)

1. 범죄피해자보호기금 설치 필요
2. 피해자 등 소송절차 참가제도 (헌법상 재판절차 진술권 강화
3. 아동 성범죄 전담 재판부 도입
4. 피해자에 대한 필수적 전문가 의견 조회 도입 및 전문가 양성
5. 피해자에 대한 영상녹화시 반드시 법정대리인 또는 전문가 동석
6. 아동 성범죄 피해자 응급치료의무화
7. 아동 성범죄 피해자에 대한 ONE-STOP 지원 및 전담센터 확충
8. 아동 성범죄 피해자 보호명령제도신설
9. 친부 가해자 친권박탈 제도 강화
10. 범죄피해자구조금 지급요건 완화 및 증액

"법무부에서 대안을 마련해야 됩니다. 제가 '3P'라고 했는데 예방(Prevention), 처벌하고 관리(Punishment), 마지막으로 범죄피해자를 적극적으로 지원하고 보호해야 됩니다. 프로텍션(Protection), 이것이 유기적으로 결합되었을 때 튼튼하고 촘촘한 사법안전망이 되지 않겠습니까. 장관님?"
- 2009. 10. 22. '법무부' 국감에서 -

래로 잠들었다.

2010년 3월초 대한민국은 김길태 사건으로 또 한번 들썩였다. 사전에 실효성 있는 대책을 마련하지 못한 정부와 국회를 비판했다. 국회는 임시회를 열어 사후약방문(死後藥方文)식 여러 건의 아동 성폭력 관련 법안을 다급하게 처리했지만, 이때에도 화학적 거세법안은 인권침해 논란 등을 이유로 제외되었다.

석 달이 채 안 되어서 또다시 김수철 사건이 일어났다. 그러

「상습적 아동 성폭력범의 예방 및 치료에 관한 법률」 심의과정 및 내용

구 분		논의 내용	
소위	1차(2008.11.21)	①국민적 공감대 형성 이후 시행이 바람직 ②아동 성폭력 관련 자료 검토한 후 추후 논의 ③해외사례 수집 및 분석 후 계속 심사	
	2차(2010.3.22)	①법문을 '약물치료'로 수정 ②치료효과 등에 대해 면밀히 분석한 후 추후 논의	
	3차(2010.3.30)	①특별한 논의사항 없었음.	
	4차(2010.6.28)	①상습성 요건 삭제, 치료 대상자 및 피해자 연령 확대 ②출소 2개월 전부터 약물치료 시작하는 출소 전 치료명령제 신설 ③최료기간 최대 15년까지 확대	
	5차(2010.6.29)	①동의 요건 삭제 ②가석방 인센티브 완화 ③수정안 의결	
공청회	(2009.11.19)	찬성 주요 논거	반대 주요 논거
		①성범죄를 억제하는데 효과적임. ②유럽·미국 등 선진 외국에서 확대 추세 ③대상을 분류가능해 과학적 처분 가능	①근본적인 해결책이 되지 못함. ②인권 침해 요소가 큼. ③범죄예방 효과가 확실히 입증되지 않음.

자 화학적 거세 도입 필요성에 대해서 국민적 여론이 비등했고, 국회에서도 더 이상 미룰 수 없다는 절박감이 공감대를 이루어 다소 미흡한 상태에서나마 법안이 통과되었다.

● 자성의 편지*

지켜주지 못해 미안하다

싸늘한 주검이 되어 돌아온 ○○야!

작년 가을 우리 사회를 뒤흔들었던 '조두순 사건' 이후 우리(정부, 국회, 시민단체, 언론 그리고 이름을 거론할 수조차 없는 수많은 시민까지)는 너나 할 것 없이 강력한 처벌과 대책을 이야기했다. 그러나 현실은 어떠했는가? 살인의 추억이 돼버린 안양 초등학생 살해사건과 마찬가지로 조두순 사건은 한 아이의 안타까운 비극으로만 기억될 뿐이었다. 그 동안 정쟁에만 매몰돼 있다 보니 너희를 보호하는데 꼭 필요한 민생법안은 항상 뒷전이었다. 국회의원 한 명, 한 명이 정말 내 아이의 안전이 경각에 달려 있고, 누구나 잠재적 피해자라는 절박한 심정을 갖고 있었다면, 이런 일이 일어났을까 후회해 본다.

정치인들이 몸싸움하고 너희들의 미래를 외면할 때 수많은 '제2의 조두순'들은 거리를 활보하고 있었나 보다. 정부도 어린 아이들의 보호와 안전을 돈(재정)의 문제로 보지 않고, 정말 지켜야 할 우리의 미래라고 생각하고 대비했으면 네가 살 수 있지 않았을까 책망도 해본다.

범죄자의 인권에 관심을 기울이는 것은 마땅하지만 그것을 지나치게 과장한 나머지 또 다른 피해를 예방할 수 있는 장치마저도 막은 것 아니냐는 섣부른 몽니도 마음속에 부려본다. 우리 아이들에게 아무것도 해주지 못하고, 너의 빈소에 국화 한 송이 가져다 놓는 일밖에 할 게 없는 국회의원이라는 게 부끄러울 따름이다. 지켜주지 못해 미안하다.

---

* 2010년 3월 9일, 지역구가 있는 부산에서 일어난 김길태 사건의 피해자인 고(故) 이모양에게 보낸 자성의 공개편지. 이 편지는 부산일보 홈페이지에 실렸다.

기고

아동 성폭력, 지켜주지 못해 미안해

박 민 식
한나라당 국회의원

연례행사인가. 우리는 언제까지 수많은 어린 양들이 야수의 발톱에 희생되는 걸 바라만 보고 있어야 하는가. 인면수심의 범죄자에게 분노가 치밀고, 우리 어른들 스스로에게 또 다른 분노가 치민다.

국가의 1차적 의무는 그 테두리 안에 사는 사람들의 안전을 지켜주는 것이다. 특히, 미래의 꿈인 어린이들이 안전하게 자랄 수 있도록 환경을 만들어주는 것은 그야말로 최소한의 책무이다. 왜 지켜주지 못했는가.

참혹한 아동성폭력이 이슈화될 때마다 정부는 철저한 대책 수립이 필요하다는, 메아리 없는 공허한 소리만 떠든다는 비판을 잘 알고 있다. 형벌의 가중과 신상정보의 공개도 모자라 전자발찌까지 채웠지만, 아직도 하루에 3명 이상의 어린이가 야수의 위협과 극악한 폭력에 눌려 잔인하게 성의 제물로 희생되고 있는 것이 안타까운 우리 현실이다. 이쯤 되면, 국민의 눈치만 보다가 내놓는 사후약방문식 처벌 강화 방안이 아닌 근본적인 대책을 고민해 봐야 할 때이다.

우선, 생각이 바뀌어야 한다. 남의 일이 아닌 내 자신의 일이라고 마음을 굳게 먹어야 한다. 내 아이들이 잠재적 피해자이고, 우리 모두가 그 부모가 될 수 있다는 절박함을 가져야 한다. 이제 내 아이들 향해 흉기를 들고 군침을 흘리는 적들에 대해 칼과 방패를 드는 능동적인 대처가 필요하다.

둘째는 각종 대책 간의 연계이다. 엄벌주의만으로는 '나쁜 인간'에 대한 분노를 해소할지는 몰라도 깊게 팬 상처를 아물게 할 수는 없다. '예방-처벌 및 관리-피해자 보호'의 3단계로 이제는 불가분이다. 미리 막을 수 있도록 어린이보호구역 같은 곳에는 폐쇄회로(CC) TV를 집중적으로 설치해놓는 것이다. 감론을박으로 시간을 보낼 것이 아니라 좀더 현실적인 방안을 실행해야 한다.

법원은 성폭력범죄자에 대한 온정주의적 판결을 거두들여야 한다. 노령의 알츠하이머 환자가 어린 시절 성폭력 피해를 기억하는 광고를 본 적이 있는가. 조그마한 잘못도 없는, 그리고 아무런 저항 능력도 없는 아이를 생각하면 술에 취했다는 것이 정상참작의 사유가 결코 될 수 없다. 이러한 연계의 핵심은 피해자 보호에 초점이 맞춰져야 한다. 평생을 고통의 응어리를 안고 말없이 살아가야 할 피해 아동과 그 부모를 우리 사회가 따뜻이 감싸고, 튼튼한 우산이 되줘야 한다. 그래서 결국은 그들의 얼굴에 웃음꽃이 다시 피게 해야 한다. 바로 그것이 근원적 대책이다.

그럼 현실적인 방안은 무엇일까. 조두순 사건의 피해자가 국가로부터 받은 지원이 고작 900만원에 불과한 현실 앞에서 많은 사람이 절망한다. 이제는 우리도 미국 등 선진국처럼 '범죄피해자보호기금'을 조속히 마련해야 한다. 범죄로부터 국가가 돈을 받았다면 그 돈의 일부를 범죄 피해자를 위해 사용하는 것은 너무나 당연하지 않은가.

마지막으로 개별적인 방안들은 일종의 성(castle)이다. 즉, 성내의 안전은 어느 정도 효과가 있지만, 교활한 범죄자들은 항상 성과 성 간의 그런 빈틈을 노린다. 이제는 모든 대책 간의 전체적인 맘이 필요하다. 그리고 그 많은 가급적 촘촘해야 한다. 이런 점에서 이제는 국회, 정부와 민간, 그리고 정부 내 각 부처, 또 각 민간 단체가 모두 힘을 합쳐야 한다.

경제 수치들이 아무리 장밋빛 청사진을 내어놓는다고 한들 아동성폭력범죄가 곳곳에 빈발하는 한 우리 사회는 암울한 사회일 수밖에 없다. 경제 발전은 현재이지만 어린이는 우리의 미래라는 점을 명심해야 한다. 이제는.

세계일보 2009. 10. 13. 기고

화학적 거세 치료요법

화학적 거세 치료요법도 전자발찌와 함께 여러 가지 성범죄 재발방지 대책 중 하나이다. 화학적 거세 치료요법을 도입해야 겠다고 고민하게 된 것은 지금까지 우리가 해온 대책 즉 형량을 높이고, 신상정보를 공개하고, 전자발찌를 채우는 것으로는 한계를 드러냈다고 생각했기 때문이다. 재범률도 낮아지지 않았고, 잊을 만하면 또 다른 잔혹한 아동 성폭력 사건이 재발하고, 그런 악순환이 되풀이 되는 상황이라면 이제는 좀더 색다른 대책이 필요한 것이 아닌가. 특히 성인이 아닌 13세 미만의 아동 성폭력범의 경우 정신적 또는 사회적 문제를 안고 있는 경우가 대부분이었고, 아동성기호증이라고 불리는 병적 증세를 갖고 있는 경우가 많았다.

이런 경우 기존의 재발방지대책만으로는 부족하고 한계가 있었다. 그 동안의 아동 성폭력 대책 또한 종합적이고 체계적인 방안을 마련했다기보다는 사건이 터질 때마다 즉흥적이고 단편적인 대응으로 일관했다. 이는 엄격한 감시와 무거운 처벌만으로는 아동 성폭력을 더 이상 막을 수 없다는 것을 보여주는 결과라고 할 수 있다.

그렇다면 다른 접근이 요구되는 시점이라 판단을 했고 세계 각 나라는 어떻게 하고 있는지 관심을 갖게 되었다. 그래서 외국의 제도를 연구하고 관련 전문가들과 토론하면서 화학적 거세 치료요법에 대해 주목하게 되었다. 이에 따라 이를 입법화하기 위하여 헌법, 형법, 형사정책 전문가에게 연구용역을 발주하고 여론조사도 했다. 이 연구용역의 결과물과 여론조사 결과를

東亞日報 2010년 06월 30일 수요일 A06면 종합

아동 성폭력범 '화학적 거세'
초범 포함 최장 15년 약물치료

국회 '성충동 약물치료법' 통과
만19세이상… 내년 7월부터

 앞으로 아동을 상대로 성폭력 범죄를 저지른 범죄자들은 성충동을 억제하는 약물치료를 받아야 한다. 국회는 29일 본회의에서 성폭력범에 대해 이른바 '화학적 거세'를 실시하는 내용의 '성폭력범죄자의 성충동 약물치료에 관한 법률안'을 통과시켰다. 법률 공포와 예산준비 절차를 거쳐 내년 7, 8월부터 시행될 것으로 보인다.
 화학적 거세 대상은 만 19세 이상으로 16세 미만의 아동을 대상으로 성폭력 범죄를 저지른 사람이 된다. 상습 성폭력 범죄자뿐 아니라 초범자도 대상이 된다. 치료명령은 본인의 동의 여부와 관계없이 검사의 청구에 따라 법원이 판결을 내리면 시행된다.
 특히 치료명령을 받지 않은 수형자라도 출소하기 전 본인의 동의가 있으면 검사의 청구와 법원의 결정으로 치료명령을 결정할 수 있다. 이때 법무부는 약물치료를 조건으로 가석방을 허가할 수 있으며 치료비는 본인 부담이 원칙이다. 치료 기간은 출소 2개월 전부터 15년 이내이며 필요에 따라 연장할 수도 있다.
 이 법은 한나라당 박민식 의원이 대표 발의한 '상습적 아동 성폭력범의 예방 및 치료에 관한 법률안'에서 약물치료 대상을 확대한 것이다. 다만 '화학적 거세'라는 용어가 수치심과 거부감을 줄 우려가 있다고 보고 '성충동 약물치료'로 수정했다.
 '화학적 거세'란 남성 성범죄자의 성충동을 일으키는 남성호르몬 생성을 막는 약물을 투입해 성욕을 억제시키는 방법이다. 주로 미국 캘리포니아, 오리건 주와 덴마크 독일 스웨덴 폴란드 등에서 시행되고 있다.
 법무부는 이 법이 시행될 경우 성도착증 범죄자가 재범을 일으킬 위험성이 크게 줄어들 것으로 보고 있다. 2000년부터 성폭력 범죄자에게 약물치료 제도를 시행한 미국 오리건 주가 2000년부터 2004년까지 5년간 가석방된 성폭력 범죄자 134명을 추적 분석한 결과 약물요법에 동의한 79명의 재범률은 0%였지만 약물요법을 받지 않은 55명 중에서는 10명(18%)이 성폭력 범죄를 저질렀다.
 그러나 전문가들은 약물치료가 끝나면 다시 범죄를 저지를 위험성이 높아질 것으로 보고 있다. 또 1회 투약 비용이 22만 원으로 1년에 약값(264만 원)과 인건비 등을 포함하면 500여만 원이 드는 고비용의 문제가 지적됐다.
 최우열 기자 dnsp@donga.com
 이태훈 기자 jefflee@donga.com

동아일보 2010. 6. 30. 기사

기초로 입안한 것이 바로 「상습적 아동 성폭력범의 예방 및 치료에 관한 법률안」, 일명 '화학적 거세법'이다.

화학적 거세법은 처벌강화의 범주가 아니라는 것이다. 아동 성폭력범의 관리 또는 치료의 범주에서 이해해야 한다고 본다.

이 법안은 「성폭력범죄자의 성충동 약물치료에 관한 법률안」으로 수정되었는데 원안과 다르게 수정된 주요내용은 화학적 거세 치료를 성충동 약물치료로, 치료명령에 본인 동의요건을 삭제하고, 피해자 연령제한을 13세 미만에서 16세 미만으로 한 것이다. 또한 약물치료 기간을 최장 15년 이내에서 법원이 결정할 수 있도록 했다. 아울러 가석방시 본인이 치료비를 부담하는 것을 원칙으로 하고, 경제적 여력이 없는 경우에만 예외적으로 국가가 부담한다.

결국 이 법안이 나올 수밖에 없었던 것은 정부의 그 동안의 각종 대책에도 불구하고 아동 성폭력의 각종 통계치가 개선되지 않았다는 반성적 고려에서이다.

1994년 「성폭력범죄의 처벌 및 피해자 보호 등에 관한 법률」이 제정된 이후 성폭력이 사회적으로 문제가 될 때마다 각종 특별법을 제정하고, 제정된 특별법을 개정하여 법정형을 상향조정했다. 하지만 전체 성폭력범죄 발생건수는 최근 10년간 오히려 꾸준한 상승세를 보이고 있다. 1997년 7,120건에 비해 2007

년 15,325건으로 무려 2배 이상 증가했다.

특히 13세 미만 아동에 대한 성폭력범의 경우 통상 15회 이상의 동종범행이 있은 후 신고가 되어 추가로 2-3회 범행을 저질렀을 때 검거되는 경우가 일반적이기 때문에, 초범이라고 할 때도 법적인 의미의 초범일 뿐 실제로는 상습범이라고 볼 수밖에 없는 특징이 있었다.

13세 미만 아동에 대한 성폭력은 피해자에게 돌이킬 수 없는 치명적인 사건이므로 미연에 방지하는 것이 절대적으로 필요했다. 하지만 조두순 사건이 알려지기 전까지 아동 성폭력은 국민의 관심 밖에 있었다. 이런 현실을 반영하듯 그 동안 각종 법률 개정을 통한 법정형 상향 등 조치들이 있었음에도 불구하고, 선고형은 여전히 높지 않았다. 대법원이 내게 2008년 8월 19일자로 제출한 자료에 실형선고율도 2006년 43.5%에서 2008년 6월 37.6%로 점차 낮아지고 있는 추세였다.

이는 2008년 조두순 사건, 2010년 김길태·김수철 사건 이후 법원의 선고형이 상향조정되었고, 실형선고율도 현저히 높아졌다고 하지만, 여전히 국민적 요구와는 동떨어졌다고 할 수밖에 없다. 결국 발생건수는 높아지고 있으나 실형선고율은 낮아지고, 그나마도 5년 미만 선고율이 평균 90%에 이르는 등 '솜방망이 처벌'이었다.

지나치게 인권 침해하는 가혹한 법이다(?)

모든 정책과 제도가 그렇듯이 새로운 제도가 시행되는 초기에 논란은 늘 있었다. 2007년 각각 도입된 DNA 확인제, 전자

東亞日報 2009년 10월 08일 목요일 A33면 오피니언

찬 약물로 정신질환 고치자는 것

참혹한 아동성폭력 사건이 보도될 때마다 국민은 분노했고 정부는 대책을 약속했다. 그러나 "한 사람의 죽음은 비극이지만 100만 명의 죽음은 통계학상의 문제"라는 스탈린의 말처럼 불안에 떠는 잠재적 피해자와 850만 명에 이르는 부모들의 마음을 제대로 헤아린 적이 없었다.

작년에 발의했지만 전혀 빛(?)을 보지 못하던 일명 '화학적 거세법'에 대해 논란이 이는 모양이다. 법안에 대한 관심과 비판은 고맙지만 자세한 내용은 묻지도 않고 거세(castration)라는 용어에 방점을 두면서 인권침해라고 비난하는 분에게 서운한 감이 없지 않다.

우선 이 법안은 남자의 성기를 외과적으로 거세하는 내용이 결코 아니다. 쉽게 말하면 일시적으로 호르몬 주사를 놓자는 얘기다. 치료방법으로 주사를 맞는 것과 차

박민식
한나라당
의원

이가 없다. 둘째, 본인의 동의를 필요로 한다. 성폭력범죄자는 소아성 기호증 등 정신질환의 특징을 갖고 있다. 이런 자에게 전자발찌를 채우고 형량을 수십 년 부과한다고 범죄가 근절되리라고 기대하는, 최근에도 아동성폭력 사범이 꾸준히 증가하는 현실은 무엇을 말하는가. 감옥 격리 망신 같은 아이디어만으로는 한계가 있다. 이제 새로운 패러다임이 필요하다.

셋째, 이 요법은 영구히 장애를 초래하지 않는다. 호르몬 요법으로 치료가 끝나면 성적 능력이 회복된다. 이 방법이 인권침해라

면 우울증이 심한 사람에게 약물을 투여하는 정신과 의사는 매일 인권침해를 하는 셈이다. 넷째, 이 법안은 심리 및 행동치료를 병행하는 내용을 담는다. 범죄자를 엄벌의 대상으로만 생각하지 말고 치료의 대상인 환자로도 인식함을 보여주는 대목이다. 즉 범죄자의 인권을 침해하는 것이 아니라 오히려 더 많이 배려하는 법안이다.

법안 반대론자들은 왜 조두순 같은 사람을 50년, 100년씩 독방에 가둔다고 할 때는 침묵하다가 약물로 치료하는 방법에는 그렇게 흥분하는지 답답하다. 인권침해 가능성에 대해서는 신중하게 접근해야겠지만 성폭력범죄자를 치료하는 노력을 포기한 채 독방에 그냥 가두어두는 방법이 훨씬 반인권적이라는 것이 검사로서 10여 년의 세월을 보낸 나의 솔직한 느낌이다.

'거세' 용어에 과민반응… 전자발찌론 한계

인권 선진국이라는 미국 덴마크 스웨덴 등 유럽에서 오래전부터 화학적 거세법을 시행해오고 있지만 인권침해로 큰 문제가 됐다는 보도는 듣지 못했다. 오히려 더 많은 나라와 지역에서 이런 법을 도입하려는 추세임을 곰곰이 생각해야 한다. 거세라는 용어의 잔혹성에서 해방되고 그 안에 있는 소중한 고민의 내용들에 천착했으면 하는 바람이다. 화학적 거세법이 완벽한 대책은 아니다. 하지만 우리 아이들을 성폭력으로부터 지키는 데 큰 역할을 하는 훌륭한 무기를 또 하나 갖는 셈이다. 진지한 토의를 기대한다.

동아일보 2009. 10. 8. 기고

발찌제는 도입 당시에도 인권침해 논란이 끊이질 않았다.

사실 외국영화에서 일상적으로 등장하는 DNA 확인제를 우리도 도입하기로 확정한 때는 2004년 유영철 사건 때였다. OECD 국가 대부분을 포함한 세계 70여 개 국에서 시행 중인 DNA 확인제를 도입하는데 이만한 시간이 걸렸다는 것이다.

'화학적 거세법'은 발의 당시부터 엄청난 논란을 불러 일으켰

중앙 SUNDAY 2010. 7. 4. 기사

는데, 핵심적인 반대 이유가 지나치게 인권을 침해한다는 것이었다. 어떤 이는 이 법이 통과되면 '남자가 여자로 바뀐다'는 극단적인 불안감을 표시하기도 했다. 그러나 왜 조두순 같은 사람을 50년, 100년씩 독방에 가둔다고 할 때는 침묵하다가 약물로 치료하는 방법에는 그렇게 흥분하는지 답답하다. 인권침해 가능성에 대해서는 신중하게 접근해야겠지만 성폭력범죄자를

'화학적 거세법안' 국회 통과 이후 미국 LA교정본부를 방문해 아동 성폭력범 대책에 대해 관계자들과 환담하는 필자.

치료하는 노력을 포기한 채 독방에 그냥 가두어두는 방법이 훨씬 반인권적이라는 것이 검사로서 10여 년의 세월을 보낸 나의 솔직한 느낌이다.

김길태는 "자기 안에 괴물이 있다."라고 했다. 그 괴물을 그대로 둔 채 감옥에 가두고, CCTV를 설치해봤자 소용이 없다. 원인을 찾아 치료를 해야 하는 것이다. 화학적 거세 요법은 영구히 장애를 초래하지 않는다. 호르몬 요법으로 치료가 끝나면 성적 능력이 회복된다는 것은 대부분의 전문의가 인정하고 있다.

화학적 치료방법이 인권침해라면 우울증이 심한 사람에게 약물을 투여하는 정신과 의사는 매일 인권침해를 하는 셈이다. 또한 이 법안은 심리 및 행동치료를 병행하는 내용을 담고 있다. 범죄자를 엄벌의 대상으로만 생각하지 않고 치료의 대상인 환자로도 인식함을 보여주는 대목이다. 즉 범죄자의 인권을 침해하는 것이 아니라 오히려 더 많이 배려하는 법안인 것이다.

인권 선진국이라는 미국, 덴마크, 스웨덴 등 유럽에서 오래 전부터 화학적 거세법을 시행해오고 있지만 인권침해로 큰 문제가 됐다는 보도는 듣지 못했다. 거세라는 용어의 잔혹성에서 해방되어 그 안에 담겨 있는 우리 아이들을 지키고자 하는 절박한 마음을 바라보아 주었으면 한다.

비용이 엄청나다(?)

또 반대론자들은 지나치게 많은 예산이 필요하다고 주장하기도 한다. 그러나 법무부에 확인한 바에 따르면 약물비용이 연간 300만 원, 행동심리프로그램 비용 등을 합해 연간 약 500~600만 원, 최대 약 700만 원이 들 것으로 밝힌 바 있다. 만일 성폭력범을 교도소에 수감할 경우 연간 1,200~1,500여만 원이 소요되는 것을 감안한다면 또 잔혹한 아동 성폭력 사건이 일어날 때마다 우리 사회가 겪는 사회적 비용까지 감안하면 충분히 감내할 만한 수준이며, 과다한 비용이라고 할 수는 없을 것이다.

지금은 이 법안이 실효성을 거둘 수 있도록 정교한 프로그램을 구축하기 위하여 심혈을 기울여야 할 때이다. 기본적으로 화학적 거세 치료요법은 교도소 안에서 시행되는 경우도 있지만 대개 교도소 밖에서 시행되기 때문에 민간의 역할이 매우 크다는 점에서 어느 곳에서 누가 성폭력범을 어떻게 치료할 것인지 구체적으로 방안을 마련해야 한다.

따라서 전국에 몇 군데, 어느 곳에 치료시설을 설치하고 어떻게 치료해야 할 것인지를 진지하게 고민해야 할 것이다. 이를 위하여 먼저 화학적 거세 치료대상자를 선별할 전문가를 양성하는 것이 필수적이고 치료에 불응하는 사람에 대한 형사처벌

절차 및 통합적인 성범죄자 치료 교육프로그램을 반드시 마련해야 한다. 이러한 프로그램이 구축된다면 아동 청소년 성폭력 정책의 새로운 장을 열 수 있을 것이다.

만능키는 아니지만, 또 하나의 유용한 무기

"한 사람의 죽음은 비극이지만 100만 명의 죽음은 통계학상의 문제"라는 스탈린의 말처럼 불안에 떠는 잠재적 피해자와 850만 명에 이르는 부모들의 마음을 제대로 헤아리지 못한 것이다. 만일 법안 발의 후 즉시 법사위가 심의에 착수해 일찍 통과시켰더라면 어린 생명의 희생을 조금이라도 줄일 수 있었을 것이다. 하지만 이제라도 입법화에 성공했으니 다행이라고 하지 않을 수 없다.

논란이 있지만 아동성범죄자에 대한 상담이나 치료보다 화학적 거세가 우선시되는 이유는 그 효과 때문이다. 이 법안은 남자의 성기를 외과적으로 거세하자는 것이 아니며 일시적으로 호르몬 주사를 놓자는 얘기다. 화학적 거세 대신 재소자들을 대상으로 체계적으로 교정치료를 실시하는 방안을 얘기하는데 이는 매우 절박한 상황에는 맞지 않다. 교정치료의 효과는 최소 5년이라는 것이 정설이다. 그래서 즉각적인 효과를 가진 약물치료인 화학적 거세 치료요법을 주장한 것이다.

또한 약물을 끊었을 때 재범방지 효과를 높이기 위하여 약물치료 외에 행동 심리치료를 반드시 병행하도록 규정하고 있다. 이와 함께 이들이 제대로 치료를 받고 있는지 관리하는 시스템이 완비된다면 분명히 지금보다는 진일보한 예방책이 될 것으로 확신한다.

화학적 거세 치료요법은 아동 성폭력범 중 특히 정신적 심리적 원인에 의한 경우 70~80% 이상 재범률을 낮추는데도 효과가 있는 것으로 알려져 있다. 다만 아동 성폭력범 중 반사회성을 가진 범죄자에게는 그 효과가 다소 떨어질 것이므로 이런 경우는 약물치료와 더불어 반드시 행동·심리치료를 병행해야 하는 것이다.

결국 조두순 사건 당시 제안했던 3P PLAN(예방, 처벌, 지원)에 따라 아동 성폭력범을 화학적 거세 치료요법으로 관리한다면 재범률을 낮추는데 적지않은 기여를 할 것으로 기대한다.

부작용은 없는 것일까. 유럽과 미국에서 수십년간 화학적 거세 치료요법을 시행 중이지만, 목숨을 잃는 등의 심각한 부작용 사례는 없었다. 시행 초기보다 비약적인 의학의 발전으로 주사 약물의 부작용이 현저히 줄었다고 보고 되고 있다.

또한 이 화학적 거세 치료요법이 그 효과를 인정받아 전 유럽

일본 요미우리신문 2010. 10. 19. '화학적 거세법'과 관련해 소개된 필자

으로 확산되고 있고, 미국에서도 확산되고 있는 추세를 감안할 때 심각한 부작용은 없거나 적은 것으로 판단된다. 그렇다면 이 제도의 도입을 주저할 이유가 없는 것이다.

일각에서는 효과에 대해 과학적 증명이 부족하고 부작용이 있다는 이유로 화학적 거세법에 대해 비판하며 반대하는 입장들도 있었다. 그런데 1997년 미국 캘리포니아 주에서 화학적 거세가 도입된 이후 10여 년이 훨씬 지났음에도 오히려 화학적 거세를 도입하는 지역이나 국가가 증가하고 있으며 특히 북유럽 등 인권 선진국들에서 더 적극적인 태도를 보이는 것은 시사하는 바가 크다.

물론 비판하는 사람들의 주장처럼 효과에 대한 과학적 증명은 좀 더 시간이 필요할 수도 있다. 하지만 영국 내무부장관인 앨런 존슨이 말한 것처럼 한 명의 어린이라도 보호할 수 있다면 가치가 있는 것이다.

아무튼 화학적 거세법이 완벽한 대책은 아니지만 우리 아이들을 성폭력으로부터 지키는 데 큰 역할을 하는 훌륭한 무기를 또하나 갖게 된 셈이다. 도둑이 칼 들고 설치던 시대에서 총을 들고 설치는 시대로 변했다면 최소한 총을 막을 수 있는 새로운 무기가 있어야 한다는 것이다. 그것이 바로 화학적 거세법이다.

안타깝게도 화학적 거세 법안을 발의한 이후에도 조두순·김길태·김수철 사건, 동대문 초등생 성폭행 사건 등 인면수심의 아동 성범죄가 연이어 발생했다. 김수철 사건이 일어난 학교에 CCTV가 다수 설치되어 있었지만 그 CCTV를 모니터하는 사람은 아무도 없었다고 한다. 학교에 외부인의 출입을 금지하는 대책을 내놓았지만 얼마나 효과와 부작용에 대해 고민을 한 정책인지 의심스럽다.

사건이 터지면 대한민국 전체가 들썩이고 여러 가지 대책이 우후죽순처럼 쏟아지지만, 몇 주만 지나면 언제 그랬냐는 듯이 아무것도 바뀌는 것이 없는 것이 우리의 현실이었다.

이제는 근본적인 대책을 고민해야 한다. 우선, 생각이 바뀌어야 한다. 남의 일이 아닌 내 자신의 일이라고 마음을 굳게 먹어야 한다. 내 아이들이 잠재적 피해자이고, 우리 모두가 그 부모가 될 수 있다는 절박함을 가져야 한다. 내 아이를 향해 흉기를 들고 군침을 흘리는 적들에 대항해 칼과 방패를 드는 능동적인 대처가 필요하다.

그리고 각종 대책이 연계되어 이루어져야 한다. 엄벌주의만으로는 나쁜 인간에 대한 분노를 해소할지는 몰라도 깊은 상처를 아물게 할 수는 없다. '예방-처벌 및 관리-피해자 보호'의 3단계는 반드시 필요하다. 미리 막을 수 있도록 어린이보호구역 같은 곳에는 CCTV를 집중적으로 설치해 놓는 것이다. 갑론을박으로 시간을 보낼 것이 아니라 좀더 현실적인 방안을 실행해야 한다.

법원은 성폭력범죄자에 대한 온정주의적 판결을 거둬들여야 한다. 조그마한 잘못도 없는, 그리고 아무런 저항 능력도 없는 아이를 생각하면 술에 취했다는 것이 정상참작의 사유가 결코 될 수 없다. 이러한 연계의 핵심은 피해자 보호에 초점이 맞춰져야 한다. 평생을 고통의 응어리를 안고 말없이 살아가야 할 피해아동과 그 부모를 우리 사회가 따뜻이 감싸고, 튼튼한 우산이 돼줘야 한다. 그래서 결국은 그들의 얼굴에 웃음꽃이 다시 피게 해야 한다.

"약물치료요법이 만능키가 될 수는 없지만 아동 성폭력을 예방하고 근절하는데 하나의 유용한 도구가 될 것입니다. 이 제도가 완벽히 정착되고 아동 성폭력이 이 땅에서 더 이상 발생하지 않도록 노력해 나가겠습니다."
- 2010. 7. 26. 〈소위 '화학적거세' 어떻게 할것인가?〉 토론회에서 -

화학적 거세법이 아동 성폭력범을 100% 근절시킬 수 있는 마스터키는 분명 아닐 것이다. 안타깝게도 이 법안이 통과되었다고 해도 아동 성범죄의 완전한 예방을 이끌어 내지는 못할 것이다. 하지만 850만 아이들의 절박한 상황을 우리 모두는 알아야 한다.

국회의원으로서 아동 성폭력에 대한 국민적 분노에 대해 언제까지 탁상공론만 할 수는 없고, 행동으로서 대답해야 할 의무가 있다. 이 법안의 통과는 국민을 위한 의미 있는 의무의 실천이었다고 나는 확신한다.

새로운 제도이고, 그것도 사람의 몸에 영향을 미치는 약물치료에 관한 내용을 담고 있어 우려와 걱정이 있다는 점도 잘 알고 있다. 특히 법안이 통과되는 과정에서 김수철 사건, 동대문 초등생 성폭행 사건이 연이어 터지면서 법사위에서 법안의 내용이 내가 발의했던 것보다 훨씬 강하게 수정이 되었다. 특히, 처음 도입하는 제도이기 때문에 본인의 동의를 필요로 하는 방식이 인권침해 논란을 상당 부분 불식시킬 수 있는데, 유럽의 몇몇 나라들에서 시행되는 강제적 방식을 부분적으로 채용한 점은 아쉬움으로 많이 남는다.(아동 성폭력범에 대한 치료 및 관리라는 발의 취지가 다소 퇴색한 점 역시 아쉬운 대목이다.)

지난 2010년 7월 26일 〈소위 '화학적 거세' 어떻게 할 것인가?〉 토론회를 개최해 본격적인 시행에 앞서 화학적 약물치료에 대한 실효성 있는 방안과 향후 지속적으로 시행될 수 있는 방안을 모색한 바 있다.

이 토론회에서 현재 성도착증 환자의 진단기준은 서양인을 대상으로 만들어진 행동적 진단기준이므로 우리 현실에 맞는 진단기준과 진단과정 마련이 중요하다는 점, 나아가 성충동 억제 약물에 대한 용량과 치료지침, 부작용 정도를 알 수 있는 과학적 임상연구가 없기 때문에 기초연구가 시급하다는 점 등이 깊이 있게 논의되었다. 법안의 부족한 부분은 계속 보완해 나감과 동시에 아동 성범죄 예방을 위하여 더 노력하고, 더 고민하겠다.

대부분 국회에서 법안이 통과되고 나면 관심에서 사라지는데 '화학적 거세법'은 통과 이후에도 논란이 증폭되기도 했다. 다만 올 7월 시행을 앞두고 있는 시점에서 소모적인 논쟁은 줄이고 보다 완벽한 시스템을 구축하는 데 힘써야 할 때라고 본다.

하나의 제대로 된 작품을 만들기 위해선 각고의 노력이 필요하듯, 화학적 거세법이 우리 사회에 성공적으로 정착하기 위하여 '법'과 '의학'의 만남을 통한 의미 있는 소통이 앞으로도 활발히 이루어지기를 희망한다.

2010. 7. 26. 〈소위 '화학적 거세' 어떻게 할 것인가?〉 토론회에서 '화학적 거세 치료요법' 도입에 대해 국회, 정부, 의사 협회가 힘을 모으자는 의미로 기념촬영을 하고 있다.

내 집 주위에 '괴물'이 살고 있다

7, 8세의 아이들에 대해 성충동을 느끼는 사람은 정상인이 아니다. 나라를 떠들썩하게 했던 김길태도 자기 안에 '괴물'이 살고 있다고 하지 않았던가. 공동체 안에 사는 사람들이 그 괴물을 엄벌하는 것이 능사는 아니더라도 최소한 괴물이 어디에 살고 있는지 알고는 있어야 된다. 이것이 바로 신상공개의 문제이다.

우리나라는 2000년 7월 1일부터 시행된 「청소년의 성보호에 관한 법률」을 근거로 2001년 8월 첫 신상공개제도를 시행했다. 그런데 「청소년의 성보호에 관한 법률」(법률 8634, '08. 2. 4 시행)에는 청소년의 보호자(부모 등) 또는 청소년 관련 교육기관장이 경찰서에 방문해 동일 시군구에 거주하는 성범죄자의 신상정보를 열람할 수 있었으나, 경찰서 방문 등의 절차가 복잡해서 실효성이 떨어진다는 지적이 제기되었다. 그래서 이 법을 개정해 2010년 1월 1일부터는「아동청소년의 성보호에 관한 법률」에서 만 20세 이상의 성인은 누구든지, 보건복지가족부에서 운영하여 홈페이지에 접속(www.sexoffender.go.kr) 후, 실명 및 성인 인증 후 신상정보 공개명령을 받은 성범죄자의 신상정보를 열람할 수 있게 했다.

그리고 2011년 4월 16일부터는 아동 뿐만 아니라 성인을 대상으로 하는 성폭력범죄의 경우에도 가해자가 19세 이상인 경우에는 성범죄자의 이름·나이·주소 및 실제거주지(읍·면·동까지)·신체정보(키, 몸무게) 사진·성폭력 범죄 요지 등의 내용을 공개하도록 하는 제도가 시행되고 있다. 아울러「성폭력범죄의 처벌 등에 관한 특례법」제42조에 따라 성폭력범죄자가 사는 거주지의 19세 미만의 아동·청소년을 둔 세대주에게는 위 성범죄자의 신상을 우편으로도 고지받게 되어 있다. 이러한 신상이 공개되는 곳은 인터넷상이며, 여성가족부와 법무부가 공동이용하는 '성범죄자 알림e(www.sexoffender.go.kr)' 사이트에서 성인 및 실명인증 절차를 거친 후에 확인을 할 수 있다.

이러한 성범죄자의 신상공개제도는 미국 뉴저지주에서 1994

년 메건 캉가라는 소녀가 이웃에 사는 남자에게 성폭행을 당하고 살해당하는 사건으로 제정된 메간(Megan Law)법에서 처음으로 시작되었다.

이 사건의 가해자는 성범죄 전과자였고, 주변에 두 명의 유사한 성범죄 전과자가 있었다. 이때 메건의 부모는 만약 성범죄자가 이웃에 살고 있다는 사실을 알았더라면 매건은 죽지 않았을 것이라고 주장하며 주 정부에 성 범죄자 신상정보 공개에 대한 입법을 촉구했다. 이후 메간법이 제정되었고 이 법에 의하면 현재 성범죄로 복역중인자, 현재는 형기를 마쳤으나 입법 전에 복역했던 자, 현재 집행유예나 가석방 등으로 당국의 감독 하에 있는 자, 성범죄 전과를 가지고 다른 주에서 이주해 온 자를 성범죄자 등록제도의 대상으로 하고 있다. 이 등록부는 매년 확인을 요구하며 15년 이상 재범 전과가 없는 자는 법원에 등기 삭제를 신청할 수 있도록 절차를 규정하고 있다.

또 미국 텍사스주의 경우는 아동 성범죄자 집 앞에 '성범죄자가 살고 있습니다(Sexual predator next door)'라고 하는 팻말을 세우고 자동차에도 같은 문구가 들어간 스티커를 붙인다. 또 아동 대상 성범죄로 두 번 유죄판결을 받으면 무기징역을 살게 하는 '투 스트라이크 아웃' 제도를 시행하고 있는 것으로 유명하다.*

신상공개는 성범죄의 예방을 위한 대책으로서 유용한 제도라고 할 수 있다. 과거보다 대상 범위도 넓고 열람이 용이하도록 제도변경을 한 것은 다행이라 하지 않을 수 없다.

다만 신상공개제도는 성범죄자의 거주지가 정확한 경우에만 효과를 거둘 수 있다. 만약 성범죄자의 실 거주지와 주민등록상 거주지가 다르다고 한다면 아무런 의미가 없고, 성범죄자가 거주지가 일정치 않은 경우에는 효과를 기대하기 어려울 것이다.

뿐만 아니라 신상공개는 기본적으로 지역사회가 공동으로 성범죄자를 감시하는 것이 목적이지만 국내에서 인터넷 공개와 더불어 우편으로 각 가구에 신상 정보를 발송하고 있어 도리어 성범죄자 가족을 사람이 없는 곳으로 내몰아 감시를 할 수 없게 만들 수 있다는 지적도 있다.* 또한 우리나라에서 아동 성폭력범의 경우 고령자 또는 이른바 블루칼라 계층이 많아서 실효성이 떨어진다는 지적도 경청할 만하다.

---

* http://kr.blog.yahoo.com/dylee777/1438
* 메디컬투데이 2011. 5. 5. "성범죄자 신상공개 실효성 낮다. 제도 강화 필요성 제기" 기사

● 대한민국을 떠들썩하게 했던 아동 성폭력 사건

▶ 조두순 사건 ◀

2008년 12월에 대한민국 안산시 단원구에 있는 한 교회 안의 화장실에서 조두순이 8세 여아를 강간 상해한 사건이다. 조두순은 자신의 부당한 성적 욕구를 충족시키기 위하여 등교 중이던 8세에 불과한 피해자를 인근 건물의 화장실로 끌고 가서 목을 졸라 기절시킨 후 강간했고, 그 과정에서 상해를 가했다. 더욱이 이 사건 범행으로 인하여 피해자는 복부의 장기가 음부 밖으로 노출될 정도로 그 피해는 참혹했고, 최소 8주 이상의 치료를 요하는 복부, 하배부 및 골반부위의 외상성 절단 등의 영구적 상해를 입었고, 즉시 수술적 처치 등이 이루어지지 않았다면 생명이 위험할 정도였다.

사건 초기에는 잘 알려지지 않은 사건이었으나, 2009년 9월에 성범죄자에 대한 전자발찌 착용 사례로 KBS 1TV 〈시사기획 쌈〉과 뉴스에 소개되어, 곧 범행의 잔혹성과 범인의 파렴치함, 그리고 유아 성범죄의 형량에 대한 논란을 불러일으켰다.

사건 발생 초기에 사용되던 '나영이 사건'이라는 명칭이 비록 가명을 쓰고 있긴 하지만 가해자가 아닌 피해자에 초점을 맞춘 명칭이라는 이유로 네티즌 사이에 비판이 일기 시작했고, 그 이후로 조두순 사건으로 바뀌게 되었다. 조두순은 이 사건으로 구속기소돼 징역 12년과 전자발찌 부착 7년 및 신상정보공개 5년의 확정판결을 받고 현재 수감중이다.

주치의인 신의진 연세대 의대 교수(정신과)에 따르면 나영이는 당시 심리치료를 받으며 조두순에게 "납치죄 10년, 폭력죄 20년, 유기 10년,

주머니를 자기에게 달게 한 것과 인공장치 달게 한 것 20년 해서 60년의 징역을 살게 해야 한다"는 훨씬 중한 형을 내렸다. 또한 벌레가 득실대는 감옥 속에서 조두순이 흙이 들어간 밥을 먹는 그림도 그렸다.

나영이 가족은 사건 수사과정에서 검찰이 나영이에게 불필요한 법정 증언을 강요하고 형사기록 열람·등사 신청을 막았다며 국가를 상대로 모두 3,000만 원의 배상을 요구하는 소송을 냈으며 지난 2월 11일 국가가 조두순 사건의 피해아동과 그 가족에게 1,300만 원의 위자료를 배상해야 한다는 판결을 받았다.

2009년 12월, 정부와 한나라당은 조두순 사건을 계기로 아동 성범죄에 대한 형량을 최대 50년까지 상향 조정하기로 하고 공소시효도 폐지하기로 했다. 또한 아동 성범죄혐의로 처벌받지 않는 최소 나이를 현행 14세 미만에서 13세 미만으로 강화하고, 어린이 보호구역 내 CCTV 확대 설치, 약물투여로 인한 화학적 거세 치료법 도입, 중대 아동 성범죄자에 대한 얼굴 공개, 전자발찌 착용 최대 기한을 30년까지 연장하는 등 아동 성범죄에 대한 여러 가지 대책을 마련했다.

▶ 김길태 사건 ◀

2010년 2월 24일, 부산 사상구 덕포동 한 다가구 주택에서 여중생이 모양이 실종된다. 24일 밤, 이 모양의 실종신고를 접수한 경찰은 다음 날인 25일부터 본격적인 수사에 착수해 27일 공개수사로 전환한다.

이 양의 집 화장실에 남겨진 운동화 발자국을 토대로 김길태를 용의자로 지목한 경찰은 3월 2일 공개수배한다. 6일 오후, 이웃의 다세대주택 보일러실 근처의 물탱크 안에서 이양의 시신이 발견된다. 이양은 알

몸 상태였으며 횟가루와 벽돌 등에 가려져 있었다. 8일 이양의 시신은 부검을 거쳤고, 김씨에 의해 성폭행을 당한 후 질식사한 것으로 결론이 났다. 9일 이양의 시신은 부산전문장례식장에서 영결식을 하고 모교인 사상초등학교 운동장에서 장례예식을 치른 후 화장돼 부산 기장군 철마면 실로암공원묘지 납골당에 안치됐다.

김길태는 3월 10일 오후 2시 40분쯤 부친의 집 근처인 부산 사상구 덕포시장에서 경찰에 붙잡혔다. 김은 이 모양을 납치해 성폭행하고 살해한 혐의로 구속기소돼 1심에서 사형을 선고받는다. 그는 항소를 제기했는데 항소심 재판 중 김에 대한 정신감정에서 '자신의 범행을 기억하지 못하는 발작증세를 일으킬 수 있는 측두엽 간질과 망상장애가 있다'는 진단이 나와 한때 감형 가능성이 제기되기도 했으나 서울대병원에서 실시한 재감정에서 정신에 이상이 없는 것으로 진단됐다.

재판부는 2심에서 김의 유죄를 모두 인정하면서도 극형에서 무기징역으로 감형하고, 원심과 같이 김에 대해 20년간 위치추적 전자장치 부착과 10년간 신상정보 공개를 함께 명령했다. 만약 김이 교도소를 나오면 이후 20년간 전자발찌를 부착해야 한다.

김길태는 검거 전부터 검거 후까지 이례적으로 얼굴이 전부 공개되었다. 이 사건으로 경찰은 6년 만에 피의자의 신상을 공개한 것이다. 인권침해 논란으로 그 동안 흉악범의 얼굴도 공개하지 않았던 것과는 대조적인 일이었다. 수사본부는 김길태가 사회적으로 크게 물의를 빚은 흉악범이며, 흉악범의 얼굴을 공개하라는 여론이 거세고, 공개수배로 이미 얼굴이 알려진 범인이라는 점에서 그의 얼굴을 공개했다고 밝혔다.

▶ 김수철 사건 ◀

 일용직 노동자이던 김수철은 2010년 6월 7일 오전 9시 50분쯤 서울 영등포구의 모 초등학교 운동장에서 8세 여아에게 커터 칼을 들이대고 협박해 1km 떨어진 자신의 집으로 끌고 가서 성폭행했다. 그 후 피해아동은 김이 잠이 든 틈을 타서 김의 집에서 도망쳤다. 이 사건으로 피해아동은 국부와 항문 등에 심하게 상처를 입었다.

 이 사건은 '조두순 사건'에 이어 다시 한번 전 국민을 경악시켰고, 학교의 허술한 보안관리가 사회적으로 부각되면서 정부가 강력한 어린이 보호 대책을 마련해야 한다는 여론을 불러 일으켰다. 국회에 계류중이던 화학적 거세 법안을 도입하는 계기가 되기도 했다.

 김수철은 1심에서 무기징역을 선고받고 항소했으나 2심 법원은 항소를 기각했다. 그는 대법원 상고를 포기하고 현재 광주교도소에서 무기수로 복역 중이다.

아동 성폭력, 남의 일이 아니다

 우리는 더 이상 내 아이들 앞에 성 맹수들이 아무런 대책없이 돌아다니는 것을 좌시할 수 없다. 어느 날 갑자기 새벽에 내 집 창문을 깨고 들어와 내 아이를 유린하거나, 평화로워야 할 학교 운동장에 들어와 내 아이를 끌고 나가는 것을 참을 수가 없지 않은가.
 나는 이런 사명감을 갖고 지난 3년간 입법에 매진했고, 그 노력의 결실로 '화학적 거세법'과 '범죄피해자보호기금법'이라는 제정법을 입법하기에 이르렀다. 하지만 아직도 갈 길이 멀다는 생각을 한다. 아동 성폭력범죄는 개별적인 대책마련보다는 국가와 민간기관, 유관기관끼리의 협조, 그리고 무엇보다도 중장기적이고 근본적인 대책 마련이 중요하다고 본다.

그래서 주장한 것이 '3P PLAN'이었다. 2009년 국정감사에서 주장한 것인데 그 동안 아동 성폭력에 대한 대책은 즉흥적이고 단편적인 경우가 대부분이어서 실효성이 없었고, 그때뿐인 반짝효과로 그치는 경우가 많았다.

따라서 아동 성폭력 예방(Prevention), 처벌(Punishment), 피해아동의 보호(Protection) 및 지원이라는 3가지 정책적 목표가 유기적이고 종합적으로 구성되어야 하고, 이것이 지속적으로 추진될 때 아동 성폭력을 이 땅에서 몰아낼 수 있을 것이다.

다시 한번 강조를 하면 아동 성폭력은 지금 이 순간에도 벌어지고 있다. 850만 어린이들이 두려움 없이 밝게 살아갈 수 있는 사회를 만드는 것은 우리 어른들의 책임이다.

작년 김수철 사건 이후 사회적으로 큰 논란을 일으킨 아동 성폭력 사건이 없었다. 그 동안의 입법적 성과를 검토하고, 남겨진 문제점을 알아보기 위하여 지난 4월 아동 성폭력 근절을 위한 실무 간담회를 국회 의원회관에서 개최했다. 아동 성폭력을 담당하는 행정각부와 경찰청, 서울 해바라기아동센터 등을 모신 것이다. 그런데 실무간담회를 위하여 각 부처의 과장들을 초청했음에도 과장이 참석한 부처는 한 군데도 없었다. 법무부, 교육과학기술부, 보건복지부, 여성가족부, 경찰청 등 모두 주무

"사건이 터지면 연일 언론과 정부부처는 대책을 마련하는 등 관심을 보이지만, 시간이 흐르면 잊혀져 가는 것이 현실입니다. 하지만 저와 여기 모인 정부부처의 여러분들이 '아동 성폭력 범죄'가 다시는 발생하지 않도록 지속적으로 노력해야 합니다."
— 2011. 4. 8. '아동 성폭력 없는 그날까지 실무자 간담회'에서 —

관에서 서기관, 평검사가 참석했다. 서울 해바라기아동센터만이 소장님과 부소장님 등 두 분이 참석해서 열정적으로 말씀해 주셨다.

사건이 터지면 언론, 행정부, 심지어 국회까지 취재에 열을 올리고 앞다투어 대책을 쏟아내고, 토론회 등을 연다. 하지만 그 뿐이었다. 사건이 없을 때 묵묵히 준비하면 안 될까 하는 생각이 들었다. 물론 행정부에서도 많이 바쁘겠지만, 정책 담당자들의 인식의 전환이 필요하다는 생각이 들었다.

조두순 사건으로 시끄러웠던 2009년 10월, 미국에서 19년 전에 8살난 여자 어린이를 납치해 강제로 성폭행하고, 살해까지 하려했던 미국의 40대 남성을 DNA분석을 통해 검거했다는 언론보도가 있었다. 1990년 당시 8살이었던 제니퍼 슈에트(Jennifer Schuett) 양을 납치해 성폭행한 뒤 증거인멸을 위하여 살해를 기도했던 데니스 얼 브래드포드(Dennis Earl Bradford)를 아칸소주 리틀록에서 체포했다는 것이었다.

성인이 된 슈에트는 CNN방송에서 범인을 반드시 잡겠다는 의지를 내보이며 "나는 당시를 모두 기억하고 있으며, 그같은 짓을 한 사람을 찾아내기 위하여 모든 것을 기억하기를 항상 원했다"고 하면서, "이 문제는 내게만 국한된 것이 아니라 밤에 잠자리에 드는 모든 어린 소녀들의 문제"라고 말해 많은 이들의 심금을 울린 바 있다.

지금 이 시각에도 수많은 우리 아이들이 성폭행을 당하고, 다치고 있는데 분연히 들고 일어나 맞서야 된다는 슈에트의 외침을 기억하겠다.

이 책에서 주장한 내용 중 아직 입법을 시도했다가 좌절됐거나 시도조차 못한 것들이 있다. 아동 성폭력에 공소시효를 폐지하자는 것이 전자라면, 아동 성폭력에 강제추행과 강간을 구별하지 말고 그 대상을 13세 미만의 모든 어린이로 하자는 것이 후자다. 남겨진 과제를 버거워 하거나 소홀하게 생각하지 않겠다. 내가 제안한 3P 플랜은 아직도 현재 진행형이고, 이제 막 시작했기 때문이다. 그 노력은 이 땅에서 아동 성폭력이 완전히 사라지는 날까지 계속될 것이라고 국민들께 약속드린다.

● 아동 성폭력 예방과 대응*

　성을 금기시하는 우리 문화상 자녀와 성문제를 이야기한다는 것이 결코 쉽지는 않다. 하지만 이미 자녀들은 TV와 인터넷, 또래로부터 성과 관련된 이야기, 이미지 혹은 영상 등을 접하고 있다. 자녀가 성에 대해 궁금해 하거나 관심을 보일 때 부모가 자연스럽게 대화를 통해 정확한 정보와 함께 자기보호 방법을 알려준다면 자녀는 성에 대한 기본적 지식을 갖추고 자신을 지킬 수 있게 된다.

　아동을 대상으로 하는 예방교육의 경우에는 아동의 발달수준에 맞는 교육을 하는 것이 중요하다. 저 연령의 아동에게는 신체구조와 차이에 대해 솔직하고 자연스럽게 깨우쳐 주며, 자신과 타인의 몸을 소중히 여기도록 가르친다. 만약 누군가 아동이 신뢰하는 어른일지라도 자신의 몸을 만져서 혼란을 느낀다면 교사나 부모에게 언제라도 이야기하라고 일러주며, 반대로 아동 스스로가 다른 친구의 신체부위는 함부로 만지지 않도록 주의해 준다. 또 자신에게 일어난 일을 잘 표현할 수 있도록 다양한 의사소통방법(기분이 나빴어요, 무서웠어요 등)을 익혀 준다.

13세 미만 어린 자녀를 위한 성폭력 예방교육
　-신체구조와 차이에 대해 솔직하고 자연스럽게 깨우쳐 준다.
　　"남자는 어른이 되어 아빠가 되면 아기씨를 만들어 고추를 통해 엄

---

* 여성부, 2009. 7. '아동성폭력대응 메뉴얼(학부모용)

마에게 주고 엄마는 그 씨를 받아 10달 동안 잘 키워 아기를 낳는다."
- 자신과 타인의 몸을 소중히 여기도록 가르친다.
"어른이 되어 아기씨를 만들고, 아기를 낳을 소중한 곳이기 때문에 절대 다른 사람이 허락 없이 만지게 해서는 안 된다."
- 만약 누군가 잘 아는 가까운 사람이라 하더라도 자신의 몸을 만지거나 만지려고 하는 일이 있었다면 바로 교사나 부모에게 이야기하라고 한다.
- 자녀 역시 다른 친구의 신체부위는 함부로 만지지 않도록 주의해 준다.
- 위험 상황을 감지하고 피할 수 있도록 상황에 맞는 표현과 대처방법을 가르쳐 준다. 예를 들어 칭찬 등을 핑계로 자꾸 몸을 만지려는 어른이 있으면 한 걸음 물러나며 "고맙습니다. 근데 몸 만지는 건 싫어요."라고 한다. 또 차량, 골목, 계단 등 인적이 없는 으슥한 곳으로 데려가려 할 때는 "싫어요, 엄마한테 갈래요" 하며 엄마나 선생님이 있는 방향으로 뛰어 온다.
- 학교(유치원), 통학로와 집 근처 약국, 편의점, 이웃집 등 위급할 때 뛰어가 도움 청할 곳(아동안전지킴이집)을 알려주고 미리 위치와 안면 등을 익혀둔다.

자녀가 성폭력을 당했을 때 대처방법

부모가 성폭력 피해사실을 알게 되면 주저하지 말고, ONE-STOP지원센터나 해바라기아동센터, 여성긴급전화1366, 성폭력상담소 등에 연락하여 필요한 조치를 취하고 신고와 치료방향 등 조언과 지원을 받도록 한다.

만일 사건이 학교와 관련이 있을 경우 교사와 긴밀히 협조한다. 가해자가 피해아동의 친척, 부모 등인 경우 신고를 망설이는 경우가 있으나, 이러한 경우에도 반드시 신고를 해야 재발을 방지하고 피해아동에 대한 보호와 치료 및 지원을 받을 수 있고 가해자의 문제를 해결할 방법을 찾아 가정의 평화와 행복을 회복할 수 있다.

만약 가해자의 사죄, 각서, 반성 등을 믿고 그대로 덮어둘 경우 반드시 재발, 상습화하게 되어 피해아동에게 돌이킬 수 없는 구조적이고 장기적인 정신적 상처를 남기게 되는 것은 물론, 가해자 역시 스스로의 의지로 극복할 수 없는 병적인 아동대상 성범죄자가 되어 삶과 영혼이 파괴된다. 결코 가해자의 강한 부인이나 '술때문에' '한번의 실수'라는 변명을 믿지 말고 전문기관에 연락, 피해아동과 가해자, 가족 모두를 구해야 한다.

부모대응 절차(우선 순위 및 시간대별)

1. 자녀의 성폭력 피해가 의심되나 확실하지 않은 경우, 여성긴급전화 1366, ONE-STOP지원센터, 해바라기아동센터 혹은 성폭력상담소에 연락하여 문의 및 상담을 한다.
2. 자녀의 성폭력 피해를 알게 된 즉시 경찰(112)이나 ONE-STOP지원센터에 신고한다.
3. 성폭력이 의심되는 근거들을 보존한다. 가해자 식별의 주요 단서가 되는 의학적 근거는 진찰을 받아야 얻을 수 있고 시간이 지남에 따라 소멸되기 때문에 신속한 조치가 필요하다.
4. 학교(유치원)에 연락한 후 긴밀히 협력하고 지원 및 배려를 요청한다.

5. 사건 수사, 민사 소송 등 법적 문제, 자녀 치료 등 다양한 문제에 대해 효율적으로 대처하기 위하여 성폭력상담소 등 전문기관과 긴밀히 협력한다.

부모의 유의사항
- 자녀에게 침착하고, 흥분하지 않으며, 안정되고 흔들리지 않는 모습을 보여 준다.
- 자녀의 말을 참을성 있게 들어주고, 믿어주고, 감싸고 보호해 준다.
- 성폭력은 피해자 잘못이 아니고, 노력하면 극복할 수 있다는 믿음을 주고 안심시킨다.
- 부모가 임의로 사건을 해결하지 않는다.
- 부모의 미흡한 대처로 수사 및 치료시기를 놓치는 사례가 발생한다. 전문기관을 통한 의료, 상담지원, 법률적 지원을 받도록 한다.
- 아동에게 피해사실의 심각성을 강조하거나 부각시키지 않는다. 아동의 경우 자신이 피해를 당했다는 것을 인지하지 못하는 경우가 있는데 부모의 행동으로 자신에게 큰일이 생겼다고 생각하고 불안 등의 정신적인 문제가 발생할 수 있다.
- 피해 사실에 대해 아이에게 추궁하듯 반복해서 묻거나 대답을 강요하지 않는다.
- 아이를 비난하는 언행을 삼간다.
- 의문이 있거나 판단하기 어려운 상황에서는 여성긴급전화1366, 성폭력상담소, 해바라기아동센터 혹은 ONE-STOP지원센터 등 전문가에게 문의하고 지원을 요청한다.
- 가해자의 협박이나 합의 종용 등 모든 증거가 될 만한 자료들은 수

집, 녹취해 둔다.

피해아동 부모의 바람직한 대응 사례

여중생이 40대 성인 남자 가해자에 의해 하교 길에 차량으로 납치되어 차량 안에서 성폭력을 당한 사건이 발생했는데, 사건 발생 직후 피해아동이 부모에게 핸드폰으로 연락해 알렸고, 부모는 해바라기아동센터에 신고했다. 해바라기아동센터에서 신속하게 피해아동에 대해 산부인과 응급 진료와 정신과 진료를 실시했다. 진료 당시 피해아동은 신체적 상해뿐 아니라 외상 후 스트레스 증후군 증상이 매우 심각하여 주변에서 일어난 상황을 제대로 인식하지도 못하고 언어로 표현하는 기능도 급격하게 손상되어 있어 우선적으로 병원에 입원하여 산부인과와 정신과 진료를 집중적으로 받도록 조치했다. 특히 아동의 사건 진술 능력이 회복될 때까지 초기 치료 기간 동안 수사 진행을 하지 않도록 수사기관과 협조했다.

집중치료를 통해 상태가 호전되어 정확한 진술을 통해 수사에 급진전을 이룰 수 있었고 퇴원 후 법률 지원 서비스 제공을 통하여 소송을 이끌어 가해자가 대법원에서 유죄 확정판결을 받게 되었다. 그리고 피해아동은 지속적으로 해바라기아동센터에서 심리치료와 정신과 진료를 받고 상태가 지속적으로 호전되고 있다.

이 사례는 피해가 매우 심각했음에도 불구하고 부모가 당황하지 않고 해바라기아동센터에 침착하고 신속하게 신고하였으며 이후 의료지원에서 법률, 소송지원까지 신속하게 연계되어 가해자에 대한 법의 심판은 물론 피해아동의 치료 및 회복에 큰 효과를 거두게 되었다. 만약 피해아동 부모의 신속하고 적절한 대처가 이루어지지 못했다면 초기 부정확한 피해 진술로 인한 진술증거의 증거능력 훼손은 물론, 피해아동이 중요한 초기치료 시기를 놓쳐 회복할 수 없는 심각한 정신적 손상을 입게 되었을 가능성이 높다.

부모의 잘못된 대응으로 피해아동 상태가 악화된 사례

피해어린이는 미취학 여자 아동이었으며 가해자는 부모 모임에서 정기적인 교류모임이 있었던 지인의 중학생 자녀로 밝혀진 사건으로, 정기적인 가족 여행에서 주로 어른들은 어른들끼리 아이들은 아이들끼리 함께 있는 시간을 많이 가지게 되었는데, 가해 아동은 1박 2일이나 2박 3일 여행 동안 피해아동을 6개월 동안 지속적으로 성폭행해 왔다. 피해아동이 성기의 통증을 부모에게 호소했을 때 "네가 자꾸 만져서 그런 거다"라고 아동의 자위행위를 원인으로 미루어 짐작하여 아동을 비난하고 심지어 윽박지르고 혼내기까지 했다.

그럼에도 불구하고 아동이 어머니에게 지속적인 통증을 호소하자 부모는 해바라기아동센터에 상담을 의뢰했고, 조사결과 사건의 가해자가 밝혀졌을 때, "그 아이는 모범생이다. 우리 아이한테 문제가 있다"는 식으로 대처했으며 자녀를 비난하고 아동 앞에서 감정조절을 하지 못하고 불안해하는 모습을 보이기도 했고, 자녀에게 책임을 전가하는 행동을 보이는가 하면 반대로 자신의 부주의로 6개월 동안 지속적으로 피해가 발생했다고 심한 죄책감을 호소하기도 하면서 급격히 불안정한 모습을 보였다.

부모의 불안정한 대처는 아동에게 치료 서비스를 신속하게 제공하는데 큰 방해가 되었고, 이후 피해아동은 센터에서 치료를 받았음에도 불구하고 계속 심각한 성적인 놀이에 몰두하고 언어 표현을 하지 않는 등 여러 가지 적응상의 문제가 지속되고 있다. 부모가 조기에 적절히 대응하고 피해아동을 지지하고 보호해 주었더라면 피해아동의 치료효과와 피해회복은 물론, 부모 스스로의 정신적 안정과 충격 극복에도 보다 긍정적인 효과가 있었을 텐데 매우 안타까운 사례다.

● 아동 성폭력에 대한 잘못된 속설 5가지

1. 아동 성폭력 피해가 발생했을 경우에 피해 내용에 대해서 자꾸만 물어보면 상처가 되기때문에 묻지 말아야 한다? - "아니다!"
성폭력은 피해자의 잘못이 아니다. 피해내용을 말하지 못하고 숨긴다.
면 피해자 자신의 잘못으로 잘못 알고 죄책감을 가질 수 있기 때문에 자신의 피해를 당당하게 이야기하여 심리적으로 극복할 수 있는 힘을 주어야 한다. 다만, 추궁하듯 캐묻거나 말을 막거나 단정적으로 미리 판단해 말한 뒤 "그렇지?"라고 강요해서는 안 된다. 이럴 경우 아동의 진술이 혼란되어 수사 및 재판과정에서 증거능력을 인정받기 어려우므로 구체적 진술은 경찰이나 상담전문가 입회하에 하는 것이 바람직하다.

2. 성폭력을 당하는 아이는 따로 있다? - "아니다!"
성폭력을 당하는 사람은 따로 정해져 있지 않다. 성폭력은 언제 어디서 누구에 의해서 발생할지 모르는 범죄이며 누구나 성폭력의 피해자가 될 수 있다. 하지만, 정확하게 알고, 미리 준비하고 적절하게 대비하면 예방할 수 있다.

3. 성폭력을 당했다는 아동의 말은 거짓말인 경우가 많다? – "아니다!"

   아동들은 자신이 입은 피해를 거짓으로 꾸며내거나 관심을 끌기 위해서 말하는 경우는 극히 드물다. 결코 흥분하거나 아이 말을 막지 말고 차분히 들어보고, 상황을 판단해야 한다. 사실 여부를 확인하기 어려울 때는 여성긴급전화 1366, 성폭력상담소, ONE-STOP지원센터 혹은 해바라기아동센터 등에 연락해 상담하고 도움을 청한다.

4. 아동에게 성폭력을 하는 가해자는 정신병자다? – "아니다!"

   대부분의 가해자는 이웃의 아는 사람이나 피해자와 친분이 있는 사람들이다. 정신병자는 오히려 아이를 유인해서 몰래 성폭력을 저지를 능력이 없는 경우가 많다.

5. 아동 성폭력 피해는 크면 잊기 때문에 문제를 키우지 말고 조용히 넘어가는 게 아이를 위하여 좋다? – "아니다!"

   어릴 때 입은 피해일수록 정확한 진단과 전문적인 치료 및 장기적인 관찰과 도움이 절대적으로 필요하다. 피해자에게는 전혀 잘못이 없고 가해자가 잘못이며 벌을 받아야 한다는 것을 알아야 피해 극복에 도움이 된다. 적절한 치료와 보살핌을 받는다면 성폭력 피해의 후유증은 치료될 수 있다.

남아 있는 몇 가지 문제들

중복지급 가능해야

얼마 전 피해어린이의 집에서 일어난 아동 성폭력 사건이 있었다. 아동의 보호자와 아동은 피의자의 구속 수사 이후에도 집에 들어가지 못했다. 보호자와 아동은 계속해서 밖에서 생활하면서 집에 들어갈 엄두를 내지 못했다. 하지만 보호자는 이사 갈 수 있는 경제적 능력도 없었고, 계속해서 밖에서 지낼 경제적 뒷받침도 충분치 않았다. 물론 구청이나 범죄피해자보호기관에서 지원이 있긴 하였지만 보호자가 아동을 지킬만한 보금자리를 마련하는 데 많은 어려움이 따랐다.

이런 일은 조두순 사건에 있어서도 마찬가지였다. 피해어린이 가정은 생활보호대상가정으로 집안형편이 어려웠는데 사건 이후 부모는 하던 일도 그만두고 딸의 치료에만 매달렸고, 안산시의 지원금에 의존하여 병원비 등을 낼 수 있었다. 그런데 나영이의 엄마가 딸의 미래를 위하여 가입해둔 보험금 4,000만 원이 지급되자 안산시는 긴급치료지원비 600만 원을 모두 반납하라는 명령을 했다. 그리고 만일 이행하지 않을 경우 전세금을 압류하겠다는 공문과 함께 생활보호대상자 혜택도 중단한다고

통보되었다.

  범죄피해자보호법 제20조에 따른다면 구조피해자나 유족이 해당 구조대상 범죄피해를 원인으로 하여「국가배상법」이나 그 밖의 법령에 따른 급여 등을 받을 수 있는 경우에는 대통령령으로 정하는 바에 따라 구조금을 지급하지 아니한다고 규정되어 있고, 제21조에 의하면 국가는 구조피해자나 유족이 해당 구조대상 범죄피해를 원인으로 하여 손해배상을 받았으면 그 범위

에서 구조금을 지급하지 아니한다고 규정되어 있다. 따라서 나영이의 경우처럼 보험금이 지급된 경우, 이를 넘어선 구조금을 받은 경우에는 그대로 구조금을 반환해야 하도록 되어 있기 때문이다.

하지만 나영이는 신체 중 일부 기능이 영구 상실됐고, 향후 몇 년간의 심리 치료를 받아야 되는 상황이었다. 다행히도 나영이의 경우에는 이후 안산시는 지원금의 회수 처분을 철회했고 기초생활급여도 다시 지급하면서 이런 문제가 해결되었다고 한다.

현실적으로 성폭력 사건에서 가중 중요한 것은 피해자와 그 가족의 보호와 치료이다. 하지만 앞서 살펴본 바와 같이 현재 지원책들은 예산의 한계로 말미암아 1년 이상 피해자의 치료를 지원해줄 대책은 마련되어 있지 않고 그마저도 중복 지급할 수 없다는 규정 때문에 고정적으로 최저 생계비조차 없는 경우에까지 지급된 구조금마저도 회수하게끔 되어 있는 것이다.

결국 결국 피해아동의 치료는 아동 가족의 몫으로 온전히 남을 수밖에 없는 것이 현행법인 것이다.

조두순 사건에서 보는 바와 같이 피해자의 정신적 치료는 몇 개월 안에 끝날 수 있는 경우는 거의 없다고 보면 된다. 오히려 통상 1년 이상의 치료를 받아야 되는 경우가 더 많다.

그리고 아동 성범죄사건의 특성상 치료는 아동에만 그쳐서는 피해 전 가정으로 회복할 수가 없다. 아동으로 인해 가족은 더 많은 상처를 받는다. 가족의 정신과 치료가 없이는 온전한 아동의 정신과 치료 또한 기대할 수 없다. 그런데 현재 지원책으로는 가족의 정신과 치료도 역시 충분히 지원받을 수 없다. 물론 해바라기 아동센타 등지에서 아동 뿐만 아니라 가족까지 6개월간 치료를 해주고 있긴 하다.

피해아동과 가해자의 분리

아동 성폭력사건 대부분을 보면 가해자와 피해아동이 근접거리에 살고 있다. 단독주택의 경우 이웃집에 있거나, 아파트의 경우 같은 동, 같은 단지에서 수시로 접하는 거리에 있다. 가해자가 피해아동과 같이 아동인 경우 같은 학교에 다니는 경우도 많다.

피해아동과 그 가족들은 오다가다 가해자와 마주치는 것을 너무 힘들어하고 공포스럽게 생각한다. 그것만으로 제2, 3차 피해를 야기한다. 피해아동이 가해자를 접하는 상태에서는 정신적 피해회복을 기대하기는 어렵다. 하지만 이러한 문제를 해결할 수 있는 근본적 방안은 가해자가 이사 또는 다른 학교로 전학을 가야 한다.

　하지만 현행법상 피해아동과 가해자를 분리할 수 있는 제도는 한 가지밖에 없다. 그것이 바로 아동·청소년성보호에 관한 법률 제28조의2이다. 이 법에 따른다면 피해아동을 위하여 가해자에 대해 첫째, 피해를 받은 아동·청소년의 주거 등으로부터 가해자를 분리하거나 퇴거하는 조치, 둘째 피해를 받은 아동·청소년의 주거, 학교 등으로부터 100미터 이내에 가해자 또는 가해자의 대리인의 접근을 금지하는 조치, 셋째「전기통신기본법」제2조 제1호의 전기통신이나 우편물을 이용해 가해자가 피해를 받은 아동·청소년 또는 그 보호자와 접촉을 하는 행위의 금지 등의 보호처분을 할 수 있도록 규정하고 있다.

　결국 피해아동을 위하여 가해자를 이사하게 하거나 또는 전학을 할 수 있는 제도는 전무하다고 할 것이다. 현재 학교의 경우에도 이런 문제에 대해서는 침묵하거나 방관하는 게 현실이다. 따라서 피해아동의 진정한 보호를 위하여 최소한 전학이 가능하거나 주거지 이전조치를 취할 수 있도록 하는 입법안을 고민을 해야 할 시기라고 본다.

　그리고 피해아동을 보호하는 기관, 예를 들면 학교 등 기관에게 피해아동과 가해자가 접촉되지 않도록 조치를 취할 의무를 부과하도록 입법해야 한다는 것이다. 최근에 불거진 모 사립대학교 의대에서 피해자와 가해자가 같은 교실에 시험을 치게 해서 피해자 보호에 소홀히 했다는 비난여론이 빗발친 예가 있는데, 피해자가 어린이인 경우에는 더욱 그런 문제가 크기 때문이다.

4부

이제는 피해자 인권이다

범죄자 인권 vs 피해자 인권

 국회의원이 되기 전 검사로 10년을 넘게 일했다. 검찰청법 제4조는 '검사는 공익의 대표자'라고 규정하고 있다. 따라서 검사는 공익을 위하여 국민의 인권을 보호해야 한다.

 현대 민주국가에서 국민은 누구나 인권을 보장받을 권리가 있다는 사실은 상식에 속하는 문제다. 그런데 범죄자들의 인권은 어떨까. 당연히 그들도 인권을 보장받아야 하는 점은 의문이 없다. 그렇다면 범죄자의 인권과 일반 국민들의 인권 중 더 보장받아야 할 인권은 무엇일까? 다시 묻는다면 범죄자의 인권과 그들의 범죄로 인권을 유린당한 피해자들의 인권 중 더 보호받아야 할 인권은 무엇일까? 적어도 범죄자보다 피해자를 덜 보호할 수는 없지 않겠나? 라는 평범한 의문에서 범죄피해자보호기금법은 출발했다.

2009년 연쇄살인범 강호순 사건 당시 흉악범에 대한 얼굴공개와 관련해 논란이 있었다. 국민의 알 권리와 공익을 위하여 얼굴을 공개하자는 주장과 무죄추정의 원칙과 범죄자들의 인권을 고려해 공개해서는 안 된다는 주장이 팽팽히 맞섰다. 이해할 수 없는 일이었다. 이른바 유명인들, 정치인 또는 연예인 등이 수사기관에 출두할 때는 포토라인에 세워놓고 사진까지 찍는데 왜 흉악범들은 모자와 마스크 등으로 필사적으로 얼굴을 가려야만 하는지. 유명인들의 인권은 별로 중요하지 않고, 흉악범들의 인권만 중요하다는 것인가.

강호순 사건의 경우 결국 한 언론사가 강호순의 이름과 사진을 공개함으로써 일단락되었다. 당시 언론보도에 의하면 '내 아들은 어쩌나'라고 강호순이 탄식을 했다는데, 결국 흉악범의 얼굴공개는 역설적이지만 흉악범 재범방지 효과가 조금이라도 있겠다는 생각이 들었다.

아무튼 우리나라의 많은 인권단체들은 흉악범의 인권은 철저히 보장해야 한다고 목청을 돋우면서도 정작 억울한 피해자를 위하여 정부가 두 팔을 걷고 나서야 된다고 역설했다는 말은 들어본 적이 없다. 정말 피해자들의 인권은 아무렇지도 않게 생각

[범죄피해자와 범죄자 인생 비교표]

범죄피해자 A와 가족의 인생	범죄자 B의 인생
1963. 5. 농촌에서 장남으로 출생	1980. 7. 서울 출생
농촌에서 초중고 과정을 마치고, 대학교는 서울로 진학	고교 재학시 폭력 및 절도 등으로 유기정학 2회
1989. 2. 지방 소재 대학교 경영학과 졸업(현역 만기 제대)	2000. 2. 고교 졸업 후 서울 소재 전문대학 재학 중 군 입대
1983. 3. 甲 기업 입사	2003. 12. 군 제대 후 폭력, 절도 등 전과 2범(수감생활 1년)
현재 중소기업에서 부장으로 일하는 평범한 40대 중반 회사원 A 아내는 초등학교 교사이고, 자녀는 초등학교 5학년, 3학년 남매	30대 초반 B 지난달 출소했으나 마땅히 직업을 가지지 못하고, 최근 공사현장에 잡역부로 취업
2011. 6. 어느날 저녁 회사에서 귀가하던 A씨와 술에 취한 B씨가 거리에서 부딪혔다. 시비를 걸던 B는 홧김에 인근에 있던 돌멩이로 A의 머리를 강타, A씨는 중상을 입고 병원으로 후송 인근에 있던 시민들의 신고로 30분 만에 B검거	
2011. 7. 종합병원 응급실을 거쳐 중환자실로 이송 의식 없고, 전신마비 상태	2011. 7. 구속 기소
2011. 12. 국가에서는 범죄피해자구조금으로 최고액인 5천4백만 원 지급했지만, 병원비 부족으로 인해 아파트 처분	2011. 11. 징역 5년 선고
2012. 7. 종합병원에서 퇴원하여 병원비가 싼 요양병원으로 옮겼지만 여전히 아내에겐 벅찬 병원비	2013. 5. 교도소에서 국가지원으로 방송대 졸업 및 CAD기술 교육 이수 후 관련 자격증 3개 취득
2013. 9. 초등학교 교사였던 아내 A씨 병간호 및 퇴직금으로 병원비를 충당하기 위하여 퇴직	2016. 3. 출소에 즈음해 자신은 종교에 귀의해 용서를 받았으니 피해자 가족들도 자신을 용서해 주면 좋겠다는 편지발송
2016. 3. 가해자 B로부터 사죄편지 받음. 종교에 귀의하여 용서를 받았으니, 피해자 가족도 용서를 해달라는 내용에 새삼 분노	2016. 10. 만기출소 후 복역 중 취득한 자격증 등을 이용하여 인테리어 회사 취업

2017. 5. 병원비를 더 이상 견디지 못하고 퇴원. 반지하 월세방으로 전가족 이주	2017. 2. 독실한 신앙생활 과정에서 결혼
2020. 3. 장남은 재수 끝에 대학교에 합격했지만 가족에 부담을 주지 않기 위해 군 입대	2020. 1. 인테리어 회사 창업(직원 7명)
2027. 1. 현재 A 인생 전신마비의 몸으로 눈만 깜빡이는 상태 수도권 외곽 월세 50만 원 반지하 단칸방에서 초등학교 교사였던 아내는 파출부로 모범생이던 아들은 자동차 정비공으로 귀염둥이 딸은 편의점 알바생으로 살고 있음	2027. 1. 현재 B 인생 디자인 회사 대표(직원 20명, 매출 100억대) 수도권 신도시 40평대 아파트 소유, 인생역전의 주인공으로 지역언론에 2-3회 소개, 가족사항: 아내, 초등학교 5학년, 3학년 남매

하는 것 같아 안타까울 때가 많았다.

실제 사건에서는 어렵지 않게 볼 수 있는 사건을 약간 각색하여 범죄자와 피해자의 인생 행로를 비교해 보자. 범죄피해자와 범죄자 인생 비교표를 보며 피해자 A와 범죄자 B의 인생이 어떻게 시작하여 중간에 어떻게 우연히 조우했고, 그 이후 인생이 어떻게 바뀌게 되었는지를 보고 있노라면 정말 '정의는 무엇인가?'라고 자문하며 답답함과 절망감을 느끼게 된다.

범죄자가 개과천선하여 행복한 인생을 구가하는 것까지는 좋지만, 아무 잘못도 없는 범죄피해자의 인생이 풍비박산이 난 채 내동댕이 쳐진 모습을 보는 사람들은 아마도 "뭔가 잘못되었다"고 고개를 갸우뚱할 것이다. 국가의 제1의 책무가 국민의 생

범죄자를 위해서는 연간 2,000억 원이 넘는 예산을 지원하면서 범죄피해자를 위해서는 고작 40억 원이 안 되는 예산만을 지원한다는 사실은 일반 국민의 법감정에 비추어 쉽게 납득하기 어렵다는 것을 지적하고 있다.

명과 신체를 보호하는 것인데 그 일을 게을리하여 희생을 당한 범죄피해자에게 "당신은 재수가 없으니 할 수 없다"는 말로 국가가 용서받을 수 있을까. 흉악범의 인권을 보호해야 하니 피해자는 조금 더 참을 수밖에 없다고 한다면 이를 어떻게 정의라고 할 수 있을까.

범죄피해자에 대한 보호·지원은 헌법상 명시된 국가의 의무이자 존재이유이며, 정의관념에 비추어 볼 때 범죄피해자의 인권이 범죄자의 인권보다 더 보호받아야 한다. 우리 헌법은 제30조에서 '타인의 범죄행위로 인하여 생명·신체에 대한 피해를 받은 국민은 법률이 정하는 바에 의해 국가로부터 구조를 받을 수 있다'라고 범죄피해자구조청구권을 기본권으로 규정하고 있다. 이에 따라 「범죄피해자보호법」은 국가에게 범죄피해자 보호·지원을 위한 예산 확보를 책무로 밝히고 있다.

그런데 2009년 당시 범죄피해자보호·지원제도의 수준은 매우 부끄러울 정도였고, [표 4]에서 알 수 있듯 가해자인 범죄자(수용자)에 대한 국가지원과 비교해 보면 그 불평등과 불합리성은 더욱 확실해진다.

범죄자는 검거 직후 국가의 법률서비스를 받을 수 있고(국선변호), 유죄가 확정되어 교도소에서 수형 중에는 ①몸이 아플 경우

[표 4] 국가지원 예산(범죄자 vs 범죄피해자)

구 분	국가지원 예산('09년 기준)	
범죄자(수용자)	2,140억 원	국선변호 336억 원
		교화 1,733억 원
		갱생보호 71억 원
범죄피해자	37억 원	범죄피해구조금 22억 원
		범죄피해자지원센터 지원금 15억 원

자료: 법무부

진료비, 약제비, 건강검진 등 의료비를 지원받고, ②일반학과(초, 중, 고), 대학과정, 외국어 등의 교육을 받을 수 있으며, ③수용자 체력단련을 위하여 별도 예산을 편성하여 '수용자 체육대회'를 지원한다. 또한 ④수용자에게 직업교육을 지원하고, ⑤수용자가 사망할 경우 관, 수의, 영안실, 화장비용, 제사상 등 장례비용도 지원하고 있다. 아울러 형기 종료 후에는 한국법무보호복지공단(구 갱생보호공단)을 통해 출소자에게 귀가 여비, 숙식 제공, 보호시설 운영, 직업훈련, 취업알선 등을 지원한다.

한편 범죄피해자의 경우 범죄발생단계에서 국선변호는커녕 ①수사와 재판과정에서 인격권과 프라이버시에 대한 침해 등 2차 피해에 고스란히 노출되고, ②심리적 공황상태에서도 재산상 피해를 보전하기 위하여 피해자 스스로 가해자를 상대로 민사소송을 제기해야 한다. 수사 및 공판이 종결되면 ③피해자가 사망하거나 중장해의 경우 가해자 불명이나 무자력을 입증한 경우에만 최대 3천만 원까지 범죄피해자구조금을 지급받을 수 있을 뿐이다.*

이후에는 국가의 도움이 전혀 없다. 다만 민간단체인 범죄피해자지원센터를 통해 기초생활수급자, 소년·소녀가장, 무의탁

---

* 현재는 최대금액은 5,400만 원으로 상향되었고, 가해자 불명 및 무자력 요건도 삭제되었다.

독거노인, 부양능력이 없는 범죄피해자나 그 가족이 약간의 생계보조금과 의료비 등을 지원받을 수 있을 뿐이다. 범죄피해자에게 가장 필요한 일인 수사 종료 후 범죄현장 정리, 범죄현장에서의 피해자보호, 병원후송, 친·인척 연락 등 역시 범죄피해자지원센터에서 수행하고 있다. 하지만 연간 약 15억 원의 예산으로는 전국 58개 범죄피해자지원센터를 제대로 지원할 수 없고, 그 결과 범죄피해자지원센터 역시 모든 피해자에 대한 만족스러운 지원을 못하고 있는 실정이다.

결국 범죄자를 위해서는 연간 2,000억 원이 넘는 예산을 지원하면서 범죄피해자를 위해서는 고작 40억 원이 안 되는 예산만을 지원한다는 사실은 일반 국민의 법감정에 비추어 쉽게 납득하기 어렵다.

외국의 범죄피해자 지원제도

우리나라의 범죄피해자 보호 및 지원은 헌법상 책무인데도 매우 열악하다는 것은 앞에서 지적했다. 그렇다면 외국은 어떤지 궁금했다. 이런 궁금증을 해결해준 보고서가 지난 2008년 12월 법무부에서 나왔다. 바로 서울대 법대 이상원 교수와 성균관대 법대 박광민 교수가 함께 쓴 『범죄피해자와 인권』이다.

간단히 요약하면 미국의 경우 13억 5백만 달러(1조 4천억 원)의 연방 범죄피해자기금이 있고, 각 주별로 별도의 피해자기금이 존재할 뿐 아니라 민간단체도 각기 펀드를 가지고 있다. 또한 일본의 경우 범죄피해자등급부지급법에 의해 지원을 하고, 별도로 민간차원의 재단에서 연간 약 45억엔(600억 원) 규모의 범죄피해구원기금을 설립·운영중이다.

실제 운영되는 사례를 2008년을 기준으로 생계를 책임진 가장이 살해되었을 때 미국은 약 10억 원, 일본은 약 4억 원을 피해자 유족에게 지급하는 데 반해 우리는 고작 3천만 원이 전부인 것이다. 구체적으로 일본의 경우 [표 5]에서 보듯이 구조금

[표 5] 한국과 일본의 범죄피해자 구조제도 비교

구 분		한 국	일 본	
대상범죄		생명·신체를 해하는 죄로 인한 피해(과실범 제외)	한국과 동일	
구조요건	구조대상	사망, 중장해	사망, 중장해, 중상병	1. 급부금 종류를 세분화 2. 급부금 산정 방법에 있어 피해자의 이전 급여수준을 기초로 '급부 기초액'을 산정한 다음, 일정 배수를 곱하여 산정하는 방법(유족급부금, 장해급부금)과 피해자 등이 치료기간 내 실제 지급한 비용을 보상하는 방법(중상병급부금) 두 가지를 혼용
	구조요건	가해자 불명, 무자력	가해자 불명, 무자력	
	구조금종류	유족구조금, 장해구조금	유족구조금, 장해급부금, 중상병 급부금	
	제외 사유	친족관계, 귀책사유, 사회통념	친족관계, 귀책사유, 사회통념	
유족구조금액		최고 3,000만 원	최고 2,964만 5000엔(3억9천 3백만 원)	
장해구조금액		-6등급 -3,000만 원~600만 원	-14등급 -최고 3,974만 4000엔(5억 2천 7백만 원) -3,000만원~600만 원	
청구권행사기간		-범죄피해 안 날로부터 2년 -범죄 발생일로부터 5년	-범죄피해 안 날로부터 2년 -범죄 발생일로부터 7년	
구조금예산		18억 7,838만 원(2008년)	21억 3,600만 엔(약 283억 1,716억 원)	

자료: 법무부

액 자체도 클뿐더러 지급요건도 간단해서 실질적인 지원이 이루어지고 있음을 보여주고 있다.

게다가 우리나라는 2010년 4월 삭제되었지만 2009년 당시에는 범죄자를 알 수 없거나, 범죄자가 자력(資力)이 없을 경우에만 국가에 범죄피해자구조금을 청구할 수 있었다. 이렇게 구조금을 청구하는 경우에도 또 다시 피해자가 사망하거나 중상해를 입은 경우만 신청할 수 있도록 제한하여 실효성이 적다는 비판을 받아왔다.

또한 일본의 경우 피해자 사망시 지급하는 유족 구조금은 약 4억 원인 반면 장해를 입었을 경우 지급하는 장해 구조금액은 5억 원이 넘는 금액을 지급하고 있었다. 어찌보면 사망자보다 살아남은 사람의 치료비나 생계비 지원이 더 절실하다고 할 때 우리에게도 시사하는 바가 크다고 생각된다.

피해자 보호, 돈이 아닌 인권의 문제

 현행법상 가해자를 알 수 없는 이른바 뺑소니 교통사고로 피해자가 사망한 경우 「자동차손해배상보장법」 제3조는 최고 1억 원을 지원하도록 규정하고 있다. 그런데 앞에서 살펴본 바와 같이 2008년 당시를 기준으로 살인사건으로 가족을 잃은 유가족들은 까다로운 요건을 충족한 때에 한하여 최대 3,000만 원을 지원받을 수 있을 뿐이다. 즉, 일반인의 과실로 목숨을 잃은 경우는 최대 1억 원의 보상이 주어지는 반면, 범죄자에게 고의로 살해된 경우는 최대 3천만 원밖에 지원받지 못하는 불평등이 초래되고 있었다.
 결국 이러한 현행 범죄피해자 보호 및 지원제도는 정의 관념에도 반할 뿐 아니라 과도하게 형평성을 잃었다고 할 수밖에 없다. 따라서 범죄피해자를 실질적으로 지원하고 보호하기 위하여는 안정적인 재원을 바탕으로 한 범죄피해자지원 시스템 구축이 절실하고, 이것이 범죄피해자보호기금의 신설이 필요한 이유였다.

또한 앞서 언급한 바와 같이 우리 헌법은 범죄피해자를 보호하고 지원할 것을 기본권으로 직접 규정하고 있다. 그럼에도 실질적인 보호와 지원이 이루어지지 않는다면 그것은 국민의 기본권을 보호하기 위하여 존재하는 국가가 그 책임을 다하지 않고 있다는 결과가 된다. 즉, 대한민국이 그 존립의 기초인 헌법을 위반하고 있다고 말할 수밖에 없다.

언제까지 내 일이 아니라고 외면할 수 있을까. 공동체를 유지하기 위한 핵심가치 또는 철학은 다른 사람의 불행을 강 건너 불보듯 할 것이 아니라 내 발등에 불이 붙은 것처럼 행동하는 것이다.

그렇다면 재원을 어떻게 마련할 것인가. 국가가 범죄자들에게 부과하는 벌금은 기본적으로 범죄피해자들의 희생으로 얻어지는 재원(財源)이다. 그렇다면 그들의 피해를 회복하는 데 우선적으로 지출하는 것이 당연할 것이다. [표 6]에 의하면 2008년 범죄자가 벌금으로 납부한 돈이 무려 1조 5천억 원을 넘는 것으로 나타났다. 그럼에도 범죄피해자구조금 예산은 약 18억 원에 불과해 범죄자로부터 걷어들인 벌과금 대비 범죄피해자구조 예산은 0.12%에 불과했다. 현재 범죄자들이 납부하는 1조 5천억 원이 넘는 벌과금은 전액 일반예산으로 사용한다.

결국 돈이 없어서 범죄피해자보호에 소극적이라기보다는 돈은 있지만 여러 가지 사정을 고려할 때 범죄피해자보호 및 지원을 위한 예산은 후순위라는 설명이 가능하다. 예산과정이 그 자체로 '제로섬 게임(zero sum game)'이라고 하더라도 범죄피해자보호를 위한 예산이 후순위일 수밖에 없다는 예산당국의 설명은 어떠한 미사여구와 변명으로도 용납되지 않는다. 앞에서도 강

[표 6] 벌금집행액과 범죄피해구조금 예산액 비교

구분 (연도)	벌금집행금액 (백만원)	범죄피해구조금 예산액(백만원)	벌과금 대비 범죄 피해구조금 예산비율
2002	1,344,979	542	0.02%
2003	1,257,136	542	0.04%
2004	1,418,299	750	0.05%
2005	1,341,810	536	0.03%
2006	1,202,463	1,937	0.15%
2007	1,298,130	1,878	0.13%
2008	1,510,660	1,878	0.12%

자료: 법무부

조한 것처럼 아무런 잘못 없는 범죄피해자보다 흉악범을 더 먼저, 그리고 더 많이 지원해야 한다는 사실을 납득할 수 있는 국민은 아무도 없다. 이제 범죄피해자보호는 국가의 존재 이유인 기본권 보호의 문제, 그리고 인권의 문제이기 때문이다.

103인의 여야 의원들이 뜻을 함께 하다

2009년 10월 21일 국정감사가 한창이던 날 범죄피해자보호기금법안을 대표발의했다. 이 법안에는 무려 103인의 여야 의원들이 뜻을 같이 해 주었다. 일반적으로 의원입법의 경우 10인 이상의 동의를 얻으면 법안으로 발의할 수 있는데 그 10배가 넘는 의원들이 여야를 막론하고 동참하여 더욱 뜻깊었다. 그래서 이 법안은 정파를 초월한 법안으로 평가받았다. 제18대 국회 최초로 당시 법제사법위원회 유선호 위원장을 비롯해 16명 위원 전원이 공동발의했고, 한나라당뿐 아니라 민주당과 자유선진당, 심지어 민주노동당 의원까지 가세해 국민의 뜻이라는 점을 명백히 했다는 점에서 큰 성과라고 평가받았다.

이런 적극적인 참여는 세상을 경악케 한 '조두순 사건'의 피해자가 정부로부터 지원받은 것은 6백여 만 원이 고작이라는 사실이 알려지면서 많은 사람들이 분개했고, 참혹한 범죄피해자들의 현실을 심각한 사회현상으로 받아들이기 시작했기 때문일 거라고 생각했다. 물론 그 이후 지자체와 민간단체 등에서 상당한 액수를 추가로 지원받았다.

법안의 주요내용은 일관되게 주장했던 것과 같이 범죄자가

〔범죄피해자보호기금법안 공동발의자 명단(103인)〕

박민식·이진복·원희룡·강길부·김금래·이정현·안효대·이계진·
배영식·조윤선·유선호·장윤석·손범규·이주영·주광덕·이한성·
이춘석·우윤근·박영선·홍일표·노철래·박지원·주성영·최병국·
조순형·정몽준·정해걸·이종혁·원유철·강석호·강승규·조진형·
김소남·김장수·안규백·이화수·유재중·송훈석·김부겸·남경필·
박근혜·신성범·권택기·김낙성·김용구·이범래·이범관·유정현·
이군현·구상찬·이정선·이상득·이은재·안상수·서병수·김성곤·
유성엽·박준선·김정훈·조배숙·이종구·박순자·허태열·김무성·
현기환·안경률·김성수·박대해·장제원·조원진·이사철·정의화·
김세연·김성조·홍준표·정갑윤·현경병·이성남·김선동·고승덕·
김영우·손숙미·전현희·송광호·최인기·장광근·곽정숙·이시종·
주승용·김태원·강기갑·강명순·이철우·김정권·박은수·김영록·
김효석·김옥이·이경재·정미경·홍정욱·권영세·김재경

납부한 벌금의 일부를 떼어 기금을 만들고, 그 기금으로 범죄피해자를 지원하자는 것이다. 즉, 연간 1조 5천억 원에 달하는 벌금 수납액의 5% 이상을 재원으로 범죄피해자보호기금을 신설하여 피해자들을 지원하자는 것이다. 피해자의 희생으로 얻은 재원(財源)을 그들의 회복을 위하여 사용하자는 지극히 상식적인 내용이다. 바로 검사 시절, 미국유학에서 치밀하고 실질적인 도움을 주던 미국의 범죄피해자보호 및 시스템을 직접 목격하고 난 뒤 언젠가 꼭 우리나라에도 도입하고 싶었다. 그 당시 받았던 충격과 느낌을 귀국 후 해외검사연수연구논문집(2003. 1)에 〈미국의 범죄피해자보호제도에 관한 연구〉라는 논문을 기고한 바 있었다. 벌써 8년이 지난 일이다.* 제18대 국회 등원 후에도 범죄피해자보호를 의정활동의 최우선 과제로 내세우며 활발한 활동을 펼쳤던 이유이기도 했다.

하지만 없던 것을 새롭게 만드는 제정법은 대표발의조차 쉬운 일이 아니다. 더욱이 예산당국이 극력 반대하는 기금신설을 위한 법률안은 시도조차 힘들 때가 많다. 그렇기 때문에 철저한 준비를 거쳐야 하는 것은 물론이다.

이른바 2008년 9월 화학적 거세법안을 대표발의하고 한숨

---

* 이 논문은 이 책의 부록에 다시 실었다.

돌린 다음 곧바로 제정작업에 착수해, 같은 해 11월에는 한나라당 인권위원회 범죄피해자구제소위원회 위원장으로서 '실질적인 범죄피해자 지원을 위한 정책토론회'를 개최했다. 당내에서 먼저 범죄피해자에 대한 관심을 촉구하는 성격의 토론회였다. 이어서 2009년 4월에는 법무부, 기획재정부 관계자뿐 아니라 학계, 현장활동가 등 각계의 전문가와 함께 '범죄피해자보호기금법안 입법을 위한 정책간담회'를 개최하여 폭넓은 의견을 수렴했다.

같은 해 9월에는 이 같은 결과를 바탕으로 '범죄피해자보호기금법안'을 입안하여 국회예산정책처의 비용추계를 마치고 국회에서 공청회를 개최했다. 이런 성과를 바탕으로 범죄피해자보호기금법안을 대표발의한 것이다.

대표발의 당시에도 장기적으로는 국가가 범죄자에게 지원하는 액수만큼은 최소한 범죄피해자들에게도 지원하여 범죄피해자들이 범죄 이전의 상태로 돌아가 다시 정상적인 생활을 할 수 있도록 해야 한다는 점, 그리고 범죄피해자의 희생으로 만들어진 재원은 범죄피해자의 회복을 위하여 사용되어야 한다는 지극히 평범한 상식을 강조했는데, 이 법안이 이렇게 많은 의원들의 호응을 받게 될 줄은 생각을 하지 못했다. 우리 사회는 아직 건강하고, 희망이 있다는 사실을 확인할 수 있었다.

"이 기금법안을 제출했을 때 여당, 야당, 민주노동당까지 103인의 의원들이 서명을 했습니다. 결국 국민들이 바라고 있다는 증거 아니겠습니까?"
- 2009. 9. 7. '범죄피해자보호기금법안 공청회'에서 -

그런데 범죄피해자보호기금을 신설하기 위해서는 국가재정법의 기금 목록에 추가하는 것이 반드시 필요하다. 그래서 범죄피해자보호기금법안을 대표발의할 때 국가재정법 개정안도 함께 대표발의했었다. 국회기획재정위원회는 2009년 11월 27일

"여러 위원님들과 함께 범죄자의 인권에 비해 그 동안 소외되었던 범죄피해자의 인권을 바로 세우고자 합니다. 범죄피해자 지원과 보호는 돈의 문제가 아니라 인권의 문제라는 사실을 증명하고자 합니다."
- 2009. 11. 27. 국가재정법 제안설명 -

범죄피해자보호기금 신설을 규정한 국가재정법 개정안을 상정하고, 심의를 시작했다. 사실 국가 예산체계의 근간을 규정하는 국가재정법 개정안은 18대 국회에만 100여 건이 넘게 제출되어 있을 정도로 이슈가 많은 법안이다. 아마도 상정되는 그날에도 기획재정위원회 소속 위원들은 이 법안이 통과될 거라고 생각하지는 않았을 것이다.

바로 그 날 기획재정위원회 위원들께 진정성을 전달하기 위하여 회의장을 찾아 직접 제안설명을 했다. 그리고 호소했다. "여러 위원님들과 함께 범죄자의 인권에 비해 그 동안 소외되었던 범죄피해자의 인권을 바로 세우고자 합니다. 범죄피해자 지원과 보호는 이제 재정의 문제가 아닙니다. 돈의 문제가 아닙니다. 인권의 문제라는 사실을 증명하고자 합니다."

◆ 범죄피해자보호기금 설립을 위한 「국가재정법」 개정안 제안설명(全文) ◆

존경하는 서병수 기획재정위 위원장님과 선배 · 동료 위원 여러분! 부산 북구 출신 한나라당 박민식 의원입니다. 범죄피해자보호기금 설치를 위한 국가재정법 일부 개정법률안에 대한 제안설명을 드리겠습니다.

이 법률안은 정파적 이해관계를 초월하여 범죄피해자에 대한 보호 및 지원을 위하여 법제사법위원회 모든 위원님들을 비롯한 여야 의원 103명이 한마음으로 공동발의한 것으로 범죄피해자의 희생으로 만들어진 연간 1조 5000억 원이 넘는 벌금액의 최소 5% 이상을 범죄피해자보호기금으로 설치하고, 이 재원을 기반으로 범죄피해자에 대한 실질적인 보호 및 지원이 가능하도록 하는 것입니다.

주지하시는 바와 같이 2000년대 들어 폭증하고 있는 흉악범죄의 결과 수많은 범죄피해자가 양산되고 있고, 이제는 국민 누구나 언제든지 범죄피해자가 될 수 있는 위험성에 직면하고 있습니다.

범죄피해자와 피해자 가족들은 범죄로 인한 직접적인 피해뿐만 아니라 오랜 기간 정신적 고통에 시달리고 있지만, 현행 제도는 범죄피해자들과 그 가족들의 아픔을 치유하는 데 아무런 도움이 되지 못하고 있습니다. 조두순 사건의 8살짜리 피해아동이 국가로부터 지원받은 치료비가 600만 원에 불과하다는 현실 앞에서 국회의원의 한 사람으로 본 의원은 절망감을 느끼지 않을 수 없습니다.

또한 국가가 범죄자를 위하여 사용하는 예산은 연간 2,000억 원을 넘는 데 반하여 범죄피해자를 위한 예산은 40억 원이 채 안 되는 금액을 지원하고 있습니다. 이는 범죄자의 인권이 중요하게 취급되는 데 반해 아무 잘못도 없는 범죄피해자의 인권은 상대적으로 너무 등한시하고 있다는 반증입니다.

국가의 제1 책무이자 존재 이유는 국민의 생명·신체와 안전을 보호하는 것입니다. 우리 헌법 제30조와 범죄피해자보호법은 범죄피해자의 보호 및 지원에 대한 재원조달의 책임을 국가의 의무로 규정하고 있습니다. 현재와 같은 일반회계 예산의 편성만으로는 이를 위한 충분한 재원 마련이 매우 어려운 상황이며 실질적이고 탄력적인 범죄피해자보호 및 지원을 위하여 별도의 재원 마련이 시급한 실정입니다.

지난 1985년 11월 29일 유엔총회는 '범죄 및 권력남용 피해자에 관한 사법의 기본원칙 선언'에서 '회원국은 피해자 보상을 위한 기금의 설립 강화 및 확대에 관한 지원을 하여야 한다'고 결의하여 범죄피해자보호기금 설치를 선언했고, 미국·캐나다·네덜란드 등 선진국들은 이미 이와 같은 기금을 설치하여 실제로 운영 중에 있습니다.

여러 위원님들과 함께 범죄자의 인권에 비해 그 동안 소외되었던 범죄피해자의 인권을 바로 세우고자 합니다. 범죄피해자 지원과 보호는 이제 재정의 문제가 아닙니다. 돈의 문제가 아닙니다. 인권의 문제라는 사실을 증명하고자 합니다.

다시 한번 강조하지만 본 법안이 통과된다면 이것은 우리 인권사에 일대 획을 긋는 쾌거가 될 것으로 확신합니다. 이러한 본 의원의 입법취지를 십분 이해하시어 동 법률안을 제안한 대로 심의 의결하여 주실 것을 부탁드립니다.
감사합니다.

기금을 새로 만들기 위한 첫 번째 작업이 모두 끝났다. 범죄피해자를 가장 직접적으로 지원하는 범죄피해자지원센터는 직접적으로 반응했다. 전국범죄피해자지원연합회는 제2회 한국 범죄피해자 인권대회에서 범죄피해자를 위하여 앞장 선 용기에 대해 성원을 보내며 감사패를 주었다. 이제까지 살아오면서 받았던 그 어떤 감사패보다 값진 것이었다.

범죄피해자를 지원하는 주무부처인 법무부는 10여 년 넘게 생각만 했던 일을 젊은 초선의원이 해 주었다고 고맙다는 인사를 건넸다. 범죄피해자보호기금이 생겨 충분한 예산이 뒷받침된다면, 범죄피해자보호법을 전부 개정하여 장기적으로는 모든 범죄피해자에게 실질적인 도움이 될 수 있도록 지원하겠다고 밝혔고, 구체적인 작업에 착수하겠다는 입장을 전해왔다.

드디어 게임은 시작됐다.

범죄피해자보호기금을 새로 만들기 위한 첫 번째 작업이 모두 끝났을 때 전국범죄피해자지원연합회(회장 이용우)는 2009. 10. 29. 제2회 한국범죄피해자 인권대회에서 범죄피해자를 위해 앞장 선 용기에 성원을 보내며 감사패를 주었다. 이제까지 살아오면서 받았던 그 어떤 감사패보다 값진 것이었다.

왜 예산당국은 반대하는 걸까?

 학계와 범죄피해자들의 오랜 숙원이었던 범죄피해자보호기금을 왜 기획재정부는 반대할까. 아마 많은 독자들께서 궁금해 하실 것 같다. 일반적으로 기금이란 국가가 특정한 목적을 위하여 특정한 자금을 신축적으로 운용할 필요가 있을 때 한하여 법률로써 설치하는 것으로 세입세출예산에 의하지 않고 운용할 수 있는 자금을 말한다.

 그런데 예산당국으로서는 ①자신들의 통제를 벗어나 신축적으로 운용할 수 있는 자금이 있다는 점에서 달갑지 않고, ②회계연도의 모든 수입과 지출을 하나의 예산에 계상한다는 예산총계주의 원칙에도 벗어날 뿐 아니라, ③결국 예산이라는 커다란 상자에 새로운 칸막이를 치게 되는 결과가 되어 예산의 효율적인 운용을 막기 때문에 원칙적으로 새로운 기금신설에 반대하고, 나아가 기존의 기금조차도 폐지·통합하는 추세라고 할 수 있다.

기획재정부는 ①범죄피해자 지원은 일반회계 예산을 확대하여 지원하는 것이 가능하고, ②기금의 조성재원과 목적사업간 연계성이 부족하고 자체 재원 확보방안이 미비하여 국가재정법상 기금신설 요건을 충족하지 못하고 있으며, ③원칙적으로 범죄피해자 지원은 민간에서 담당하는 것이 바람직하고, ④범죄자 지원예산과 피해자 지원예산의 직접비교는 부적절하다는 이유로 범죄피해자보호기금의 신설을 적극 반대했다.

그런데 이런 완강한 기재부의 입장이 미묘하게나마 변화하는 순간이 왔다. 바로 2009년 12월 9일 예산결산특별위원회 전체회의에서 정운찬 국무총리에게 2009년 가장 기억에 남는 사건이 무엇인지 질의했는데, 총리는 조두순 사건이라고 답변한 것이다. 그러면서 국가가 지급한 보상금이 달랑 600만 원이었다는 점을 상기시키고, 이것이 과연 G20 정상회의 개최국에 걸맞은 대책인지 질의했다.

나아가 범죄자가 납부한 벌금의 일부를 피해자를 위하여 사용하는 것이 적절하지 않느냐는 질의에 국무총리는 전적으로 동감을 표시하면서 치료와 지원, 예방 등 종합적 대책을 마련해야 한다는 점을 밝혔다.

◆ 2009. 12. 9. 제284회 국회 제10차 예산결산특별위원회 회의록 ◆

○박민식 위원
부산 북구 출신 박민식 위원입니다.
국무총리께 묻겠습니다.
올해 세종시다, 4대강이다, 여러 가지 시끄러운 일도 많고 한데 우리 국민들 가슴에 가장 아픈 기억으로 남을 사건이 뭐라고 생각하십니까?
○국무총리 정운찬
아마도 조두순 사건이 아닌가 생각합니다.
○박민식 위원
저도 총리님과 동감입니다.
(자료를 들어 보이며)
오늘 마침, 우리 유력 신문의 1면 기사입니다.
'2009년 그 사건, 그 사람, 그 후, 나영이 다시 꿈을 꾸기 시작하다' 이것입니다. 조두순 사건에 대해서 한마디로 총리님은 어떤 생각을 가지고 있습니까, 그 사건 보셨을 때?
○국무총리 정운찬
개인적으로는 참으로 안타깝고 사회적으로는 우리 사회의 의식수준이라든지 또는 행위의 수준이 참 낮은 게 아닌가 하는 의문을 가

졌었습니다.

　○박민식 위원

　그 피해아동이 8살입니다. 아침에 학교를 가다가 평생 지울 수 없는 그런 참혹한 상처를 당했다, 그런데 그 이후에 우리 국가가 그 피해아동에게 준 지원금이 어느 정도 되는지 아십니까?

　○국무총리 정운찬

　그것은 제가 잘 기억하지 못하고 있습니다. 이것은 여성부장관께서 더 잘 아시지 않을까……

　○박민식 위원

　아닙니다. 이것은 방금 총리님이 말씀하신 것처럼 올해 우리 국민들한테 가장 아픈 기억입니다. 이것을 지금 총리님이 모르신다면 안 되지요.

　그리고 국무총리 산하에 이 사건 이후로 대책반이 얼마나 생기고 회의를 많이 했습니까?

　○국무총리 정운찬

　제가 모든 숫자를 기억하기 참 힘듭니다. 제가 고백합니다.

　○박민식 위원

　좋습니다. 이 사건이 나고 나서 국가에서 지원해 준 돈이 600만 원입니다, 지방자치단체에서 300만 원. 우리나라가 12위권입니까? 세계경제대국 맞습니까?

　○국무총리 정운찬

　예, 그렇습니다.

　○박민식 위원

　또 OECD 국가지요?

　○국무총리 정운찬

그렇습니다.
○박민식 위원
내년에 G20 개최국입니까?
○국무총리 정운찬
예, 그렇습니다.
○박민식 위원
이런 나라에서 이런 일이 발생한 것도 부끄럽습니다마는 고작 600만 원을 지원해 준 것, 있을 수 있는 일입니까, 이것?

우리 총리님은, 예컨대 이 사건을 케이스로 들면 조두순이 지금 징역 12년 받았지 않습니까? 국가로부터 지급받는 금액이 얼마나 될 것으로 생각하십니까? 예컨대 감옥에 가면 국가에서 밥도 먹여 주고 옷도 입혀 주고 또 국선변호인도 선임해 주고 하지 않습니까? 그게 전부 다 국가예산입니다. 그게 얼마나 될 거라고 짐작하십니까? 그것은 수치는 저도 잘 모르겠습니다마는 아마 수천만 원 이상일 것입니다, 12년 동안 있으려면. 수억이 될 겁니다, 아마. 나영이가 평생 받는 돈이 600만 원에 불과하다면 이게 제대로 된 나라입니까?

지금 우리나라 범죄자를 위한 예산이 기획재정부장관님, 교도소 수감자들 피복비, 의료비 또 국선변호료 이런 것 1년에 어느 정도 되는 것으로 알고 계십니까? 그러면 실장님 혹시 아십니까?
○기획재정부예산실장 류성걸
몇 조 됩니다.
○박민식 위원
몇 조는 아마 안 될 거고요. 제가 알기로 한 3,000억······.
○기획재정부예산실장 류성걸

예를 들면 전체 건물을 새로 짓는 것까지 다 해서…….
○박민식 위원
실질적으로 치료비다, 무슨 의료비다, 의복·피복비다 이런 것은 아마 2500억인가 되는데 아무 죄 없는 피해자한테 국가가 주는 돈이 지금 37억입니다.
저도 법조인 출신입니다마는 법무부장관님, 이런 현상이 법치국가입니까 아닙니까? 그것 하나만 말씀해 보세요.
○법무부장관 이귀남
재소자의 갱생활동이랄지 …….
○박민식 위원
법치국가입니까, 아닙니까?
○법무부장관 이귀남
여러 가지 국가 재정상 형편이 어려워서 그런 것으로 알고 있습니다.
○박민식 위원
우리 존경하는 보건복지가족부장관님, 이런 참혹한 일에 대해서 정말 국가가 해 줄 수 있는 지원책이 고작 600만 원이다, 600만 원 던져 주고 '네가 알아서 해라' 그것이 제대로 된 국가입니까?
보건복지가족부장관님, 어떻게 생각하십니까?
○보건복지가족부장관 전재희
그 어린이가 다시 정상생활로 돌아갈 수 있도록 국가가 적정한 치료비와 뒷받침을 하는 것이 필요하다고 생각합니다.
○박민식 위원
고맙습니다.

정말 문제가 심각합니다. 저도 초등학생 3학년 딸이 있습니다. 지역구에 가면 우리 아이들을 둔 부모님들, 아이들이 850만 명입니다. 정치라는 게 뭔지 모르겠습니다마는 국민들이 가장 원하는 것, 그것 해 주는 게 정치 아닙니까? 지역구에 가면 국민들이, 어머님 아버님들이 이야기하는 게 내 남편 월급 좀 많이 받아오는 것, 물론 좋습니다. 그런데 그것보다도 우리 아이 학교 가는데 안전하게 갔으면 좋겠다 이것을 제일 원하는 것입니다.

우리 기획재정부 입장은 제가 충분히 압니다마는 왜 항상 재정의 문제, 예산의 문제로만 접근하십니까? 이것은 사람의 문제입니다, 인권의 문제입니다. 정말 '미래의 신성장동력이다' 이런 말씀 많이 하시는데, 정말 솔직히 미래의 성장동력은 우리 아이들 잘 키우는 것입니다. 이런 관점에서 보면 정책의 우선순위를 정할 때 특히 예산당국에서 정할 때 여러 가지 고민할 점이 많겠습니다마는 정말 다시 한번 당부드립니다. 이것은 늘상 돈 문제로만 접근하면 답 안 나옵니다.

국무총리님께 한번 다시 여쭙겠습니다.

옛날에 500년 전, 700년 전의 야경국가 시대 이후에 근대국가, 지금은 복지국가인데 국가의 제일 책무가 무엇이라고 생각하십니까?

○국무총리 정운찬

지금 말씀하셨듯이 과거에는 야경국가로 충분했지만 지금은 복지국가……

○박민식 위원

그런데 야경국가든 복지국가든 기본적인 책무가 뭐라고 생각하십니까?

○국무총리 정운찬

국방을 하고 국민을 보호하는 것 아니겠습니까?

○박민식 위원

그렇습니다. 경제학자시니까 '국가계약설이다' 이런 유식한 말을 동원할 필요 없이 국민의 생명과 신체의 안전을 지켜 주는 게 제일 책무입니다. 8살짜리 아이가 학교 가다가 아무 잘못도 없이 평생 지울 수 없는 그런 상처를 입었다면 그것은 국가가 제일 책무를 다하지 못했다는 것입니다.

그렇다면 어떻게 해야 됩니까, 국가가? 국가가 보상을 해 주든지 배상을 해 주든지 법에 아직 그것이 부족하다면 실질적으로 일어날 수 있도록 도와주어야 됩니다. 600만 원 덜렁 던져 놓고 수수방관하는 게 이게 무슨 국가입니까?

제가 기획재정위에 가서도 이런 말씀을 드렸습니다마는 이 사건을 보고 정말 국회의원으로서 피해아동에게 600만 원밖에 줄 수 없다는 이 현실 앞에 정말 절망감을 느낍니다. 여기 계신 국무위원님들, 아마 저하고 똑같은 생각일 것입니다.

그렇다면 이렇게 늘상 분노만 표출하고 있을 수는 없습니다. 방법은 무엇이 있을까요?

총리님, 1년에 우리나라에서 국민들이 잘못해 가지고 벌금을 받는 게 있습니다. 벌금을 1년에 한 얼마 정도 걷는다고 생각하십니까? 액수만 대충 편안하게 말씀해 주세요.

○국무총리 정운찬

수조가 되지 않겠습니까

○박민식 위원

수조는 아니고, 1년에 1조 5000억은 됩니다. 물론 그중에는 여러 가지 음주운전도 있을 것이고 서로 싸워서 그런 것도 있을 것이고 여러 가지가 있습니다. 그렇지만 상당수의 벌금은 피해자가, 쉽게 말해서 싸워 가지고 맞아 가지고 국가가 돈을 번 것입니다. 피해자 희생으로 국가가 돈을 번 것입니다, 쉽게 말씀드리면. 그렇다면 그 돈의 일부분을 희생된 피해자의 회복을 위하여서 쓴다는 게 이것은 법을 떠나서 너무나 당연한 것 아닙니까? 어떻습니까, 총리님.

○국무총리 정운찬

전적으로 동감입니다.

아까 전 장관께서 말씀하셨듯이 조두순 케이스와 같은 것에 대해서는 우선 신체적으로 치료도 해 줘야 될 뿐만 아니라 나중에 대한 배려도 해야 할 것으로 믿고, 다른 경우에도 한편으로는 예방 또 다른 한편으로는 일이 벌어진 후에 대한 대책도 세워야 한다고 믿습니다.

○박민식 위원

고맙습니다.

아무튼 정말 저도 그렇고 우리 국무위원님들도 그렇고 누구나 잠재적으로 피해자가 될 수 있습니다. 범죄피해자가 될 수 있습니다. 그렇다면 이제는 미국이나 선진국에서처럼 범죄피해자를 실질적으로 구원할 수 있고 도와줄 수 있는 범죄피해자기금을 만들어야 됩니다.

제가 기획재정부장관님한테 굳이 여쭙지 않겠습니다, 입장을 알기 때문에. 필요 없는 기금 같은 것 통폐합하십시오. 그러나 범죄피해자보호기금은 사업과 재원의 연관성이 뚜렷합니다. 또 지금 국민들이 정말 바라고 있습니다. 이 기금법안을 제가 제출할 때 여당, 야당, 민주노동당까지 백몇 분의 의원들이 서명을 했습니다. 결국 국

> 민들이 바라고 있다는 증거 아니겠습니까?
> 기획재정부장관님께서 정말 이 부분에 대해서, 기왕의 기금에 대한 좀 거북한 생각에서 벗어나 주십사 제가 당부를 드리겠습니다.

아무리 목적이 좋다고 해도 절대로 새로운 기금을 설치할 수 없다던 기획재정부가 2009년 말 예산안 처리 막바지에 약간의 입장변화 조짐을 보이더니 조두순 사건, 김길태 사건, 김수철 사건 등 반복되는 아동 성폭력범죄와 강호순 사건 등의 흉악범죄 이후 악화되는 여론을 감지하자, 드디어 범죄피해자보호기금 신설로 입장을 바꿨다. 하지만 그 뿐이었다. 도저히 받아들일 수 없는 여러 가지 요구가 집요했다.

먼저 750억 원의 기금규모는 너무 크다는 점을 지적하며 어차피 기금이 신설되면 지속적으로 늘어날 것이기 때문에 처음 시작하는 규모는 대폭 축소하여 절반 이하로 줄이자는 것이었다. 그 이유는 현재 법무부의 범죄피해자 관련 예산이 30여억 원에 불과하기 때문에 증액을 고려하더라도 100억 원 정도면 충분한 것 아니겠냐는 입장이었다. 하지만 일반적으로 기금의 존폐를 심사할 때 기준점이 약 1,000억 원이라는 점과 기금신설의 주요한 이유가 피해자들에게 실질적인 지원을 하려는 것이었다는 점을 고려할 때 일고의 가치도 없었다.

한동안 침묵을 지키던 기재부는 서너 차례에 걸쳐 범죄피해자보호기금 규모를 규정하는 '전년도 벌금 수납액의 5% 이상' 부분의 숫자를 몇 번 바꾸어 제시했다. 어떤 근거인지는 정확히 알 수 없었지만 2%에서 3% 사이를 넘나들다가 2009년 11월 최종안이라면서 3.35%(약 500억 원 규모) 정도면 어떻겠냐는 제안이 왔다. 하지만 이것은 법무부뿐 아니라 여성부, 경찰청, 보건복지부 등 모든 범죄피해자 지원예산을 신설되는 기금에서 지출된다는 전제가 붙어 있었기 때문에 도저히 받아들일 수 없는 제안이었다.

그렇게 된다면 법무부와 여성부, 경찰청 등 관련부처에서 기존에 해왔던 피해자 지원사업을 단지 기금에서 지출한다는 의미이다. 즉, 일반예산에서 지출하던 것을 기금을 신설하여 기금에서 지출하자는 것으로 단순히 세목변경을 하자는 것인데 이렇게 되면 구조금이 갑자기 늘어날 경우 범죄피해자보호기금이 새로 생겼음에도 오히려 제대로 대처할 수 없는 경우가 생기는 등 한마디로 눈 가리고 아웅일 수밖에 없기 때문에 단호히 거절했다.

우리 인권사에 새로운 획을 긋다

 2010년 새해 첫날을 역시 국회에서 맞았다. 국회에 등원한 이후 매년 새해 첫날은 예산안 처리를 끝내고 보좌진들과 함께 야식 겸 아침을 먹고 퇴근하는 것이 관례가 되었다. 한 해 동안 고생한 보좌진들의 노고를 격려하고, 새로운 한해에도 심기일전을 다지는 시간에 마무리 짓지 못한 숙제처럼 쌓여 있는 범죄피해자보호기금법안을 반드시 통과시키자는 결의를 다졌다.
 간절함은 하늘을 움직이는 모양이다. 2010년 2월, 김길태 사건이 터졌다. 싸늘하게 주검으로 돌아온 소녀에게 안전하게 지켜주지 못한 국가가 해 줄 수 있는 것이 과연 무엇인지 다시 한 번 생각할 수 있는 기회가 주어진 것이다. 여론은 급박하게 돌아갔다. 기재부와 적극적으로 협상에 나섰다. 한발 양보하는 모양새를 갖추기 위하여, 그리고 시작하는 것이 중요하다는 판단 아래 전년도 벌금수납액의 4% 이상으로 양보하고, 총 기금규모는 650억 원 규모로 선 제안했다. 의원실과 기재부의 수차례에 걸친 밀고 당기는 협상과 담당국장과 내가 직접 담판을 통해 점차 의견을 좁혀나갔다.

드디어 2010년 4월 21일. 우리 인권사에 한 획을 그은 사건이 터졌다. 바로 범죄피해자보호기금법이 법사위를 통과해 본회의에 상정된 것이다. 그런데 갑자기 이용경 의원이 반대토론에 나섰다. "범죄피해자보호를 위하여 국가에서 재정을 지출하는 것은 절대적으로 찬성하지만 우리나라에는 기금이 너무 많이 쌓여 있다. 지금 100조 원이 넘는 기금이 쌓여 있고 그 활용도가 떨어지는데도 자꾸 기금을 만드는 것에는 반대한다"고 주장했다. 예산총계주의에 반하는 기금신설에 원칙적인 반대라는 취지였다.

당연히 찬성토론을 해야했다. 하지만 기재부만 설득하면 본회의는 무사통과로 예상했던 터라 예상치 못한 반대토론에 준비도 없이 찬성토론을 위하여 본 회의장 단상으로 나섰다.

"여러분의 가족, 여러분의 친구가 오늘 출근을 했습니다. 출근을 하다가 흉악범의 흉기에 팔이 잘리고 다리가 잘렸습니다. 그럴 때 국가가 '당신은 정말 재수 없는 사람이다, 당신 알아서 해라' 이렇게 하면 이게 국가가 법치국가라고 할 수 있는 것입니까? ……(중략)…… 돈도 중요하고 예산도 중요합니다마는 제일 기본적인 책무는 공동국가든 야경국가든 복지국가든 그 테두리 안에 있는 국민의 안전을 지켜주는 것입니다. ……(중략)…… 이런 점을 참작하셔서 우리 선배·동료 의원님들, 이것은 정말 우리나라 인권사에 일대 획을 긋는 거사다, 여기에 만장일치의 동참을 간절하게 호소 드립니다."

◆ 범죄피해자보호기금법안 찬성토론 ◆

○박민식 의원

부산 북구 출신 박민식 의원입니다.

방금 존경하는 이용경 의원님의 지적에 대해서 저는 100% 동감입니다. 아시다시피 한 국가를 운영하는 데 있어서 돈이 필요합니다. 쉽게 말씀 드리면 예산이라고 합니다. 이 예산을 운용하는 데 있어서 큰 주머니 하나를 차고 예산 당국에서 또 국회의 승인을 받고 이렇게 하는 것이 정도입니다.

그렇기 때문에 현재 제가 알기로 이 일반예산 이외의 기금-별도의 주머니지요-이 별도의 주머니가 정확한지는 모르겠습니다마는 한 60여 개 지금도 남아 있는 것으로 알고 있습니다. 그렇게 남아 있는 60여 개의 기금은 가급적 폐지하고 통합되는 방향이 기본적으로는 옳다, 따라서 이용경 의원님의 지적은 대단히 훌륭한 의견이라고 평가하고 싶습니다.

다만 60여 개의 기금 중에서도 질적인 차이가 있다 이겁니다. 국가를 운영하는 데 있어서는 재정의 문제, 경제의 문제도 중요하지마는 사람의 문제, 인권의 문제는 어떻게 보면 더 중요한 가치일 수 있는 것입니다. 이런 차원에서 볼 때 이 범죄피해자보호기금은 다른 60여 개의 기금과 평면적으로 평가해서는 옳지 않다.

특히 지금 선진국, 복지국가라고 하는데 국가라는 것이 무엇입니까? 우리가 교과서에서 배울 때 야경국가, 공동국가가 있습니다. 국가의 제일 책무는 그 테두리 안에 있는 국민의 생명과 신체, 재산을 지켜주는 것입니다. 그 역할을 하지 못한다면 국가가 무엇이 필요합니까?

범죄피해자 한번 보십시오.

여러분의 가족, 여러분의 친구가 오늘 출근을 했습니다. 출근을 하다가 흉한의 흉기에 팔이 잘리고 다리가 잘렸습니다. 그럴 때 국가가 '당신은 정말 재수 없는 사람이다, 당신 알아서 해라' 이렇게 하면 이게 국가가 법치국가라고 할 수 있는 것입니까?

여기 계신 존경하는 선배·동료 의원님들!

아무도 그 말에 동의하지 않을 것입니다. 돈도 중요하고 예산도 중요합니다마는 제일 기본적인 책무는 공동국가이든 야경국가이든 복지국가이든 그 테두리 안에 있는 국민의 안전을 지켜주는 것입니다.

그런 차원에서 이 범죄피해자는 어떠한 자기 책임이 없는 사람들입니다. 과오가 없는 사람들입니다. 이런 사람들에 대해서 국가가 열중쉬어 하고 가만있다고 하면 이것은 어떤 논리로도 설명할 수 없습니다.

하나만 더 말씀드리겠습니다.

선진국이라고 하는 미국, 범죄피해자보호기금이 3조원에 이릅니다. 물론 일반예산으로 할 수 있다고 주장하시지만 여태까지 어땠습니까? 30년, 40년 동안 일반예산, 범죄피해자를 지원하기 위한 예산 30억 원에 불과합니다.

그런 현실을 놓고 계속 별도 주머니 차지 말라고 한다면 이것은 현실을 완전히 무시하는 처사다, 이런 범죄피해자를 보호하는 예산은 좀더 탄력적인 대응이 필요한 것입니다. 그렇기 때문에 부득이 일반예산과는 별도의 주머니가 필요하다는 것입니다.

이런 점을 참작하셔서 우리 선배·동료 의원님들, 이것은 정말 우리나라 인권사에 일대 획을 긋는 거사다, 여기에 만장일치의 동참을 간절하게 호소 드립니다.

결과는 재석 202인 가운데 찬성 186명, 반대 5명, 기권 11명으로 마침내 학수고대하던 범죄피해자보호기금법이 통과되었다.

아픈 그들……, 희망의 날개를 달다

 꽃다운 나이에 목숨을 잃은 '김길태 사건'의 피해 유족에게 정부 지원금 2천 5백여 만 원이라는 현실은 너무나도 부당하지 않은가. 이 법률안의 통과로 매년 1조 5천억 원에 달하는 벌금의 4% 이상을 기금 재원으로 마련하는 '범죄피해자보호기금'을 설립하여 올해부터 시행에 들어가게 되었다. 범죄피해자와 그 가족들에게 아직 만족스럽지는 못하더라도 안정적이고 실질적인 지원이 이루어질 수 있는 최소한의 토대가 마련된 것이다.

 이 법안이 제정되면서 범죄피해자보호기금이 설치되어 연간 600억 원의 예산이 확보됨으로써 현재 범죄피해자를 위한 예산보다 무려 20배에 가까운 재원을 확보하는 것이 가능하게 되었다. 따라서 이 재원으로 보다 실질적인 지원을 할 수 있게 되었다.

가장 시급한 것이 바로 정신적인 안정과 치유를 가능하도록 도와주는 보호시설이다. 조사에 따르면 살인·강도·방화·보복범죄 등 강력범죄피해자들이 범죄 직후 가장 원했던 지원서비스는 보상조치가 아니라 상담이나 대화, 정신적 지원과 위로였다. 따라서 이러한 피해자들에게 정신적 안정을 얻을 수 있도록 일시적 보호시설에서 집중적인 상담과 재활교육, 직업알선 등의 지원이 가능하도록 하기 위한 법적 근거를 마련하게 된 것이다.

현재 성폭력·가정폭력·성매매·학교폭력·아동학대 피해자의 경우 완벽하지는 않지만 이미 심리적 피해를 상담 또는 치료해 줄 수 있는 국가차원의 심리치료 및 일시 보호시설을 설립·운영중에 있다. 그런데 이들보다 훨씬 더 심각한 피해를 겪은 살인·강도·방화·보복범죄 등 강력범죄피해자들의 경우 피해 장소인 집도 범죄흔적으로 심란한 경우가 많고, 신변불안이나 공포감 등으로 임시 보호시설의 필요성이 절실한 상황이다.

강력사건, 특히 살인·강도 등 흉악범죄의 피해자와 가족들은 신체적, 경제적 피해뿐만 아니라 대부분 '외상 후 스트레스

2011. 6. 13. 전국 범죄피해자 지원센터 이사장 오찬 간담회를 마치고, 기념촬영을 했다.

장해' 등 정신적 후유증으로 극심한 고통을 받고 있는 것이 현실이다.

이 법안이 시행되면서 이들에게 범죄피해자 복지센터에서 집중적인 정신적 상담과 치료 등 의료지원뿐 아니라 직업교육 및 알선 등 체계적이고 종합적인 지원을 해 준다면 범죄피해를 신속히 회복하고 조속한 사회복귀가 가능할 것이다.

이런 범죄피해자 복지센터를 신설하는 데 약 85억 원의 예산이 소요될 것으로 예상하고 있으며 복지센터가 적어도 시도에 1개소씩은 있어야 한다.

  만일 범죄피해자보호기금과 같은 특단의 대책이 없었다면 이런 사업이 제대로 추진되리라고는 상상도 못할 것이다. 그렇지만 이것은 끝이 아니라 시작일 뿐이다. 범죄피해자들이 희망의 날개를 달고 푸른 하늘 아래서 다시는 눈물 흘리지 않도록 앞으로도 지속적인 관심과 노력을 기울여 나갈 것이다.

2009. 10. 14. 국회방송 "입법제안 의원에게 듣는다"에 출연하여 범죄피해자보호기금법을 설명하고 있다.

■부록

미국의 범죄피해자 보호제도에 관한 연구*

* 필자가 검사시절 미국 University of Michigan-Law school에서 Visting Scholar로 연수를 마치고 귀국하여 「해외검사연수논문집(1)」 제18집(용인:법무연수원, 2003)에 기고했던 논문이다.

〈目 次〉

I. 序 論
 1. 연구목적
 2. 논의의 전개 및 범위

II. 犯罪 被害者 保護 制度
 1. 범죄 피해자 보호제도의 의의 및 연혁
 2. 범죄 피해자 보호제도의 종류
  가. 배상명령제도
  나. 국가보상제도
  다. 범죄피해자에 대한 지원활동
 3. 범죄 피해자 보상 제도의 필요성과 이론적 근거
  가. 범죄피해자 보상제도의 필요성
  나. 이론적근거

III. 現行 犯罪 被害者 救助法의 내용과 운용

 1. 우리의 범죄피해자 구조제도의 발전
 2. 범죄피해자 구조법의 내용
  가. 목적
  나. 적용대상
  다. 범죄피해자 구조제도의 적용요건
 3. 범죄피해자 구조제도의 운용 현황

 4. 현행 범죄 피해자 구조제도의 문제점

IV. 미국 미시간주의 범죄피해자 보호제도
 1. 역사
 2. 성과
 3. 범죄피해자 보상제도
  가. 범죄피해자보상법의 내용
  나. 피해자 보상제도의 운용 성과
 4. 범죄피해자 지원제도
  가. 내용
  나. 운용 성과
 5. 범죄피해자의 권리보호 제도
  가. 형사절차상 권리
  나. 범죄피해자 통지 네트워크
  다. 운용 성과

V. 改善方案
 1. 범죄피해자보상제도의 활성화
 2. 범죄피해자구조기금의 설치
 3. 구조금 지급의 보상범위 확대 및 증액
 4. 범죄피해자 지원체계의 정비 및 각 기간관의 연계성 확보

VI. 結論

I. 序 論

1. 연구목적

매년 수 백만 명의 사람들이 범죄로 인하여 피해를 받고 있다.[1] 범죄로 인한 육체적, 정신적 피해는 그 피해자뿐만 아니라, 나아가 그 가족과 그 피해자가 속한 공동체, 국가에까지도 심각한 영향을 미친다. 일부의 경우는 그 피해가 적절히 치유되기도 하지만 많은 경우 그 피해는 어둠 속에 숨겨질 뿐 치유되지 아니하고 그 개인 또는 사회가 영원히 짊어지고 가는 고통으로 남게된다.

그럼에도 불구하고 형사사법에 있어서 이러한 범죄피해자는 오랫동안 거의 방치되어 왔다고 하여도 지나친 말은 아닐 것이다. 실체적 진실의 발견을 통하여 국가의 형벌권을 확보하고, 그 과정에서 야기 될 수 있는 피의자의 인권침해를 방지한다는 상호 긴장관계에 있는 두 가지 대 목표에 대부분 형사사범체계의 초점이 맞추어져 온 것이 각 국의 형사사법의 역사였으며 그 운영실태였던 것이다.

이러한 종래의 상황은 범죄행위를 오로지 행위자의 규범위반이라는 측면에서 파악한 결과 피해자는 실체적 진실을 밝히기 위한 증거방법으로서의 의미만을 지니게 된다고 생각한데에도 큰 이유가 있다. 이러한 배경에서 범죄피해자는 2중의 고통을 겪게 될 수 밖에 없었던 것이다.

---

[1] 통계청 자료에 따르면 우리나라의 경우 2000년도에 총 범죄건수는 1,867,682건으로 인구 10만명 당 3,974건이며, 이중 강력범죄는 68,475건으로 13.1%를 차지한다. 특히 살인은 964건, 강도 5,349건, 강간 등 성폭력 범죄 6,982, 폭력 49,838건이다. (http://www.nso.go.kr)

그러나 피해자가 형사절차에서 추가적으로 피해를 당하지 않도록 그 권리를 보호해야 한다는 점에는 의문이 없다. 형사절차에서는 피고인의 인권뿐만 아니라, 피해자의 인간으로서의 존엄과 가치도 존중되어야 비로소 공정하다고 할 수 있기 때문이다. 나아가서 피해자는 예방의 관점에서 볼 때 범죄의 처리과정으로부터 직접 영향을 받는다는 점에서 수범자로서도 중요한 지위에 서게 된다.

만약 피해자가 형사절차를 통하여 실망과 불신을 가진다면 형사사법체계의 기능에 막대한 지장을 초래할 수 있다. 따라서 피해자가 형사절차에서 2중의 피해를 당하지 않도록 그의 권리와 이익을 보호하고 피해자에게 일정한 절차참여를 허용하는 것은 형사사법체계의 원활한 기능을 담보하는 중요한 전제조건이 된다. 결국 피해자를 소외시키지 않고 형사절차에 적절히 융합하는 것은 형사정책적으로도 중요한 의미를 갖는다고 볼 수 있는 것이다.

이러한 반성과 인식을 바탕으로 1960년대, 1970년대에 이르러 범죄피해자에 대한 보호의 필요성이 강력히 제기되었고 후술하는 바와 같이 유럽 각국, 미국의 각 주에서 범죄피해자보호를 위한 입법조치가 취해지고 1980년대에는 일본, 우리나라도 이러한 국제적인 조류에 편승하게 되었다.

우리나라의 경우 1987년 범죄피해자 구조법이 제정되어 범죄피해자를 형사사법 체계 안으로 포용하는 노력을 구체화한 이래 1990년대에는 범죄피해자학회가 조직되는 등 피해자에 대한 관심과 배려가 구체화되어 가고 있는 실정이다. 하지만 우리의 범죄피해자지원체계는 아직까지 통합적이고 유기적인 체제를 갖추고 있기 보다는 정부는 정부대로, 민간단체는 민간단체대로 산발적인 노력에 그침으로써 범죄피해자의 보호에 상당히 미진한 부분이 많은 것도 사실이다. 범죄피해자지원의 범위를 국가보상 등 금전적인 보상 및 배상제도, 피해자 보호를 위한 각종 법규 정비, 민간단체의 피해자지원활동 등을 포괄하여 생각한다면 실질적인 보상이 되도록 활동 재원을 현실화하고, 제반 불충분한 법령 등을 정비해야 함은 누구나 공감하는 바이다.

이러한 우리의 처지에서 볼 때 범죄피해자지원분야에서 상당한 성과를 거두고 있는 미국, 특히 미시간주의 사례를 살펴보는 것도 우리의 범죄피해자구조제도의 상황을 정확하게 파악하여 미래를 준비하는데 조그마한 도움이 될 수 있을 것으로 생각한다.

2. 논의의 전개 및 범위

이하에서는 범죄 피해자 보호제도에 대한 일반적인 개념 및 역사, 각 국의 입법례 등을 검토한 뒤, 현행 우리나라의 범죄피해자구조법의 내용과 운영실태를 짚어보고자 한다.

그리고 미국 특히 미시간주의 범죄 피해자 지원체계 전반에 대한 소개를 하면서 그 운영시스템의 내용은 무엇이고, 각종 제도들이 어떤 유기적 관련을 가지고 범죄피해자를 보호하고 있는 지, 현재까지 어떤 성과를 이룩하였는 지 확인해보고자 한다.

마지막으로 이러한 미시간주의 범죄피해자 운영시스템을 참고하면서 현행 범죄피해자구조법의 입법적인 개선점은 없는지, 그 운영에 있어서는 어떤 점을 개선할 필요성이 있는 지도 검토할 것이다.

논의의 범위와 관련하여, 기왕의 범죄피해자에 대한 연구를 대별하면 범죄 원인론, 형사절차에 있어서의 피해자의 권리론, 그리고 사회보장적 입장에서 형사피해자에 대한 보상론 등으로 요약할 수 있을 것인데, 본고는 이중에서도 특히 형사피해자에 대한 보상, 즉 피해자가 범죄피해를 회복할 수 있는 방안이 무엇인 지에 대하여 주로 논의를 집중할 것이다. 다만, 형사절차상의 권리 역시 위 형사피해자 보상부분과 밀접한 연관성을 갖는 측면이 있으므로 미시간주의 범죄피해자보호 체제에 대한 소개부분에서 범죄피해자의 형사절차상 권리에 대하여도 간략히 언급할 것이다.

II. 犯罪被害者 保護制度

1. 범죄피해자 보호제도의 의의 및 연혁

전통적인 형사법의 관점에서 국가는 범죄에 대하여 강제력을 동원할 것을 위협함으로써 범죄예방에 힘쓸 뿐 아니라 범죄를 저지른 자를 처벌하여 파괴된 정의를 회복시킨다고 한다. 즉, 종래 형사사법의 중심은 범죄를 예방하거나 범죄자를 처벌하고 한편으로 그 과정에서 발생할 우려가 있는 피의자의 인권침해에 대한 방지에 그 초점이 있었다고 할 수 있고, 그 반면에 피해자는 거의 등한시되어 온 것이 사실이다.

물론 범죄피해자는 피해에 대한 민사적인 배상청구를 함으로써 가해자로부터 피해를 배상 받을 수 있는 가능성이 있었으나, 그러한 회복이 이루어지기 위하여는 피해발생에 대한 범죄자의 책임이 소송상 확인되어야 하고 또 범죄자에게 변제자력이 있어야 효과가 있었던 것이다. 그러나 실제로는 피해자가 배상청구를 통하여 피해를 회복 받는다는 것이 사실상 대단히 곤란하였다는 것은 동서고금의 소성 역사가 이를 말해주고 있다. 또한 현실적으로 범죄자는 수감되거나 변제자력이 없는 경우도 허다하기 때문에 가사 소송을 통하여 승소판결을 얻더라도 그것은 선언적 의미에 그칠 뿐 현실적인 보장으로서는 아무 소용이 없는 예도 적지 않았던 것이다.

이러한 종래의 상황에 커다란 변혁을 가져온 것은 1948년에 출간이 된 한스 폰 헨티히(Hans von Hentig)의 '범죄자와 그 피해자(The Criminals and his Victims)'라는 책이다. 저자는 여기서 범죄원인을 분석하면서 피해자의 존재가 범죄에 어떤 영향을 주었는 지를 자세히 언급하고 피해자와 가해자의 관계는 분리하여 생각 할 수 없는 것으로, 양자 사이의 전개되는 과정을 실태에 입각해서 과학적으로 연구할 필요가 있음을 강조했다. 그 후 많은 발전을 거듭한 끝에 오늘에 이르르는 피해자학(Victimology)이라는 것이 하나의 독립한 범죄학의 한 분야로 논의될 정도까지 된 것이다.

이러한 피해자에 대한 관심은 한편으로 범죄의 피해자를 그토록 방치시켜 두는 것이 합당한 것인가 하는 의문을 동시에 야기시켰다. 1957년 영국의 사회운동가인 마제리 프라이(Margery Fry) 여사는 한 신문지상에 기고한 '피해자를 위한 정의(Justice for Victims)'라는 글에서 피해자 보상제도의 필요성을 다음과 같이 역설했다. '영국의 재판소에 의하면 피해자는 민사적인 구제의 길 밖에 없다. 1951년에 판결된 케이스에서 재판소는 폭행으로 실명된 피해자를 위하여 범인에게 수 만 파운드의 지불을 명하고 수감중인 범인에게 이 금액을 교도소에서 작업을 하여 주 당 얼마씩 분할 지불하도록 하였는 바, 이렇게 하면 위 배상액을 전부 지불하는데 사실상 수 백년이 걸린다고 하는 엉터리 결과가 된다. 국가는 사회정책으로서 이러한 사태를 회피할 의무를 부담하여야 하지 않는가? 상호간에 손해를 나누어 가진다고 하는 상호 부조의 원칙은 영국의 사회생활을 유지하여온 귀중한 전통이다.

개인은 사회생활을 영위함에 있어서 상호간에 범죄라고 하는 위험에 직면하고 있기 때문에 이 위험을 커버하기 위해서 모든 국민에게 세금을 과하고 세금에서 구제를 도모하는 것이 논리적인 방법이다. 국가는 국민이 자신을 지키기 위하여 무기를 사용하는 것을 금하고 있는 이상 범죄방지의 실패를 모두 개인의 책임으로 돌리고 국가 자신의 책임을 회피하려고 하는 것은 용납되지 아니한다'라고 하면서 어떤 형태로든 국가나 사회가 이러한 범죄피해자에 대하여 보상을 해야된다는 점을 강조한 것이다.[2]

이러한 노력이 결실을 맺어 그 후 1964년 뉴질랜드에서 최초로 범죄피해자 보상법이 입법화되었고 뒤를 이어 유럽의 각 국 및 미국의 각 주에서는 사회보장의 일환으로 범죄 피해자에 대한 피해보상제도 및 범죄 피해자에 대한 각종 지원제도가 유행처럼 정비되기 시작했다. 유럽의회나 유엔 등 국제무대에서도 피해자에 대한 보상 등을 각 국에 권고하는 등 피해자에 대한 관심을 구체화하였던 것이다. 일본도 1986년 범죄피해자급부금지급에 관한 법률을 제정하여 이러한 경향을 따르고 있고, 우리나라도 후술하는 바와 같이 1987년 범죄피해자구조법을 제정하여 이러한 세계적인 추세에 발맞추고 있는 것이다.

2. 범죄피해자 보호제도의 종류

범죄피해자 보호제도라 함은 크게 범죄피해를 회복시켜주는 제도와 상담활동 등 지원활동제도로 구분될 수 있다. 광의의 의미에서는 범죄피해자의 형사절차상 제반 권리를 확보해주는 것도 범죄피해자를 보호하는 제도의 하나로 볼 수 있으나, 통상은 위의 두 가지로 대별할 수 있을 것이다.

가. 배상명령제도

---

[2] 마제리 프라이 여사는 치안재판소 판사 출신으로 민간인의 입장에서 형벌개량운동에 일생을 바친 인물이지만 범죄자, 수형인의 인권보장에서 '피해자의 인권보장'에로 눈을 돌려 현대의 형사사법에 있어서는 양자에 대하여 균형있는 조치를 궁구할 필요가 있다는 것을 호소한 점에서 "범죄피해자 구조의 어머니"라고 불리워도 손색이 없는 분이었다.

범죄로 인하여 발생한 손해는 그러한 손해를 야기 시킨 범죄자로 하여금 이를 배상토록 하는 것이 원칙이다. 그러나 전술하였다시피 이를 위하여 우선 민사상 배상청구를 하여 소송에서 범죄자의 책임을 입증해야 하나, 그것이 용이한 일이 아니다. 이러한 단점을 보완한 것이 바로 배상명령제도로서 민사상의 손해배상청구를 형사절차에서 일거에 해결한다는 의미가 있는 것이다.

배상명령제도는 형사소송절차에서 일거에 배상까지 구할 수 있기 때문에 별개로 소송을 제기하지 않아도 된다는 이점이 있다. 이로 인하여 범죄자로 하여금 자신이 행한 범죄의 결과를 보다 명확하게 인식하고 범죄피해자에 대하여 이를 배상함으로써 속죄케 한다는 점에서 범죄자의 사회복귀 및 교화에도 도움을 줄 수 있다는 것이 주창자들의 견해이다.

우리나라도 소송촉진 등에 관한특례법 제25조에서 배상명령제도를 두고 있으며, 독일, 오스트리아의 부대사소, 영국의 compensation order, 미국이나 캐나다에서 보이는 restitution도 이와 유사한 제도로 볼 수 있을 것이다. 다만, 이러한 배상명령제도는 국가형벌권을 실현하는 형사절차와 사적인 민사손해배상절차를 혼합시킴으로써 형사절차와 민사절차의 본질적인 차이를 간과, 혼란을 초래한다는 비판이 있다. 또한 형사절차에서 손해배상을 명하면 법관에게 지나친 부담을 줄 수 있으며, 형사절차에서 손해의 범위를 정확히 파악하기도 어려워 결과적으로는 신속한 재판을 곤란하게 만든다는 비판이 있다.

나. 국가보상제도

민사상의 배상청구든 앞서 본 형사절차의 배상명령제도든 모두 가해자로부터 피해변상을 받는 것인데, 만일 가해자가 무자력인 경우 이러한 제도는 실효성이 적다. 그렇다고 하여 범죄피해자를 형사사법의 테두리 밖으로 방치하여 외면하는 것은 현대 복지국가의 개념에 어울리지 않는 것이다.

이와 같이 범죄피해를 입은 자에 대하여 국가가 직접 나서서 치료비, 장례비 또는 일실소득을 보전해주는 것이 바로 국가보상제도이다.

다. 범죄피해자에 대한 지원활동

범죄피해자의 고통이 금전적인 배상이나 보상만으로 언제나 치유될 수 있는 것은 아니다. 경우에 따라서는 장기적으로 범죄의 공포에 떨기도 하고, 후유증으로 인하여 사회적응에 곤란을 겪기도 하고, 또는 피해를 회복하기 위한 바람이 있지만 이에 대한 정보의 부족으로 곤란을 겪는 경우도 있다.

이와 같이 손해배상이나 원상회복제도, 범죄피해자보상제도를 통해서 해결될 수 없는 범죄피해나 반복적으로 발생할 수 있는 범죄피해의 경우 그러한 성격에 따른 범죄피해자지원제도가 바로 피난처제공, 강간피해상담 등 주로 각 국의 민간단체 등에서 활발히 전개되는 활동이다.

우리나라에서도 성폭력피해자를 돕기 위한 성폭력피해상담소의 활동, 외국인 근로자의 피해를 도와주는 각종 프로그램, 가정폭력 피해 신고센타 등은 이러한 제도라고 볼 수 있다.

3. 범죄피해자 보상제도의 필요성과 이론적 근거

가. 범죄 피해자 보상제도의 필요성

범죄피해자보상제도의 필요성을 굳이 분류하면 위에서 수 차 언급한 바와 같이 기존의 민사배상제도의 한계 또는 불합리, 범죄의 발생은 피할 수 없기 때문에 이를 사회 전체가 위험을 분담하여야 한다는 사회 복지적 관점, 형사사법 체계 안에서 범죄자의 인권이 보장됨에 비하여 피해자의 인권이 무시되는데 대한 불균형을 시정해야 된다는 요청, 국가가 개입하여 범죄피해를 구제할 경우 범죄자가 배상의무로부터 해방되는 측면이 있어 범죄자의 사회복귀에도 도움이 된다는 형사 정책적인 고려, 국가가 형벌권을 독점하고 있음에도 범죄피해를 방지하지 못했고, 피해자는 아무런 잘못이 없는데도 이를 방치할 경우 법질서에 대한 심각한 불신을 초래할 수 있다는 점을 그 예로 들 수 있다.

나. 이론적 근거[3]

(1) 국가의 엄격책임론
국가는 형벌권이라는 범죄에 대한 대응수단을 독점하고 사력구제를 원칙적으로 금하고 있기 때문에 응당 범죄로 인한 피해가 발생한 것은 국가가 자시의 책무를 다하지 못한 것이라는 견해이다.
이 견해에 의하면 범죄피해자는 국가에 대하여 범죄발생을 방지하지 못한 책임을 근거로 민사소송을 제기함으로써 배상을 받을 수 있다는 것이다.

(2) 사회복지이론
국가는 범죄피해자를 지원하여야 하는 인도주의적인 책무를 부담한다는 견해이다. 여기서 범죄피해자에 대한 지원은 사회적인 보험의 형태에 근거한 것이 아니라 시민들의 동정심 및 자선의 표현으로 나타나는 것이라고 한다. 이 견해에 따르면 범죄피해자는 원칙적으로 피해보상을 요구할 수 있는 권리가 없게 된다.

---

3) 이건호, 범죄피해자구조제도에 관한 연구. 형사정책연구원. pp. 35-39

(3) 사회보험이론

범죄피해보상제도도 다른 복지정책과 마찬가지로 일상생활에서 나타나는 예측 불가능한 위험에 대처하기 위해서 필요한 제도라는 견해이다. 이 견해에 의하면 실업에 대해서 일정한 급여가 고용보험 등의 사회보험에 의해서 제공되는 것처럼, 사회구성원 누구에게나 발생가능하며 또한 예측 불가능한 범죄피해에 대해서도 이에 대처하기 위해서 사회적인 급부가 제공되는 것이 타당하다고 한다. 결국 모든 납세자들은 범죄로 인하여 발생되는 비용을 공동으로 부담하는 것이며 그렇지 않았더라면 피해자 혼자 부담하였을 위험을 분담하는 기능을 하게 된다는 것이다.

(4) 사회적 의무이론

개인과 사회는 형사사법의 집행과 관련하여 특수한 관계를 가지고 있다고 한다. 즉, 범죄피해자에 대해서 지급될 범죄자의 배상이 정부의 고갈된 재정을 충족시키기 위해서 사용되었던 역사적인 증거가 존재한다는 것이다. 따라서 정부는 이전까지 재정을 위해서 사용되던 범죄자의 배상을 다시 범죄피해자에게 돌려주어야 한다는 것이다.

(5) 소결

엄격책임론은 민사상의 손해배상청구와 혼동되며 또한 정부의 재정은 유한한데도 이에 따르면 무한정 배상을 할 수도 있어 재정압박이 심해질 수 있다는 비판이, 사회복지이론에 의하면 피해자의 보상이 정부의 자선에 의한 것이라는 점은 근본적으로 피해자의 보상청구권을 부정할 우려도 있다는 점이, 사회보험이론은 범죄피해자의 경우 보험과는 달리 계약관계가 존재하지 않으며, 범죄피해보상에 동의하지 않는 납세자들까지 보험가입자들로 간주하게 된다는 이론적 약점을 갖고 있다.

결국 어느 이론도 충분한 설명은 될 수 없고, 현재의 피해자보상제도는 일응 사회보장적 성격을 갖는 것이지만 일면에는 국가의 책임이라는 측면과 또 일면에서는 사회보험의 성격도 갖는다고 할 수 있다. 중요한 것은 범죄자가 자력이 없는 경우 피해자가 방치되고 아무런 손해전보를 받지 못하는 상황은 현대복지국가의 형사사법 체계하에서는 더 이상 용인 될 수 없다는 것이다. 그것이 국가의 책무이든 또는 사회보장이든 간에 범죄피해자를 지원할 국가의 책임이 일정 부분 존재한다고 봄이 타당할 것이다.

III. 現行 犯罪被害者 救助法의 내용과 운용

1. 우리의 범죄피해자 구조제도의 발전

우리나라도 1980년대 후반부터 범죄 피해자 문제의 중요성을 인식하고 헌법과 법률을 통해서 각종의 범죄피해자보호제도를 도입하여 운용하고 있다.

우선 헌법 제27조 제5항은 "형사피해자는 법률이 정하는 바에 의하여 당해 사건의 재판절차에서 진술 할 수 있다"고 규정하여 형사피해자가 소송절차에서 진술할 수 있는 권리를 명시하고 있다. 또한 헌법 제30조는 "타인의 범죄행위로 인하여 생명, 신체에 대한 피해를 받은 국민은 법률이 정하는 바에 의하여 국가로부터 구조를 받을 수 있다"라고 규정하여 범죄피해에 대한 국가보상을 인정하고 있다. 이와 같은 헌법규정에 따라서 하위법률인 형사소송법도 범죄피해자의 진술권을 인정하고 있으며, 범죄피해자구조법은 헌법상에 규정된 범죄피해자의 구조를 위한 제도를 입법화하고 있다.

헌법에 규정된 바에 따라서 범죄피해자구조제도는 1987년에 제정되어서 시행되고 있다(법률 제 3969호, 1987. 11. 28 공포).[4] 현행 범죄피해자구조제도는 범죄피해자의 피해를 국가가 보상하여 주는 제도로서의 성격을 가지지만 그 적용범위나 구조내용이 제한되어 있다는 점에서는 사회보장적인 부조제도로서의 성격을 지니고 있는 것으로 파악된다.

다만, 헌법 제30조의 피해자구조청구권의 법률적 성격에 대하여는 일종의 국가배상청구권이라는 견해와 헌법이 입법권자에게 입법형성권을 부여한 사회적 기본권의 법률유보조항이라는 견해가 대립하고 있다.[5] 생각건대 범죄피해자가 헌법 제30조를 근거로 직접 구체적인 배상 청구권을 가질 수는 없으며, 다만 헌법 제30조에 따라 제정된 범죄피해자구조법의 제반 규정에 의하여 일정한 보상을 받을 수 있는 것이다. 다시 말하면 현행 범죄피해자 구조법은 이처럼 헌법 제30조에 근거해서 입법권자가 구체적으로 결단하여 제정한 법률이며 따라서 제30조에 규정된 범죄피해자구조청구권이라는 사회적 기본권의 내용이 구체적으로 표현되고 있는 법률이라고 하겠다.

2. 범죄피해자 구조법의 내용

가. 목적

범죄피해자구조법은 "사람의 생명 또는 신체를 해하는 범죄행위로 인하여 사망한 자의 유족이나 중 장해를 당한 자를 구조함을 목적으로 한다"고 규정하고 있다. 즉, 범죄로 인해서 중대한 피해를 입은 피해자에 대하여 국가가 구조금을 지급함으로써 피해자를 지원하는 것을 목적으로 하는 것이다.

나. 적용대상

피해자구조의 대상이 되는 범죄피해는 사람의 생명 또는 신체를 해하는 범죄행위로 인한 피해이고, 구조금 지급의 대상자는 범죄피해자가 사망한 경우에는 그 유족, 그리고 중장해를 당한 경우에는 그 피해자이다. 생명 또는 신체를 해하는 범죄로 볼 수 있는 행위유형으로는 살인죄, 중 상해죄, 상해치사죄, 강도살인죄 등이 포함될 수 있을 것이다. 이러한 범죄에는 형법상 처벌되지 않는 형사미성년자의 행위, 심신장애자의 행위, 강요된 행위, 긴급피난에 의한 행위는 포함되나, 정당행위, 정당방위행위 및 과실행위는 위 법률에서 말하는 범죄행위에 해당되지 않는다.(제2조 제1호)

다. 범죄피해자 구조제도의 적용요건

우선 이 법은 그 적용대상을 '범죄피해를 받은 자가 가해자의 불명 또는 무자력의 사유로 인하여 피해의 전부 또는 일부를 배상받지 못하고 그 생계유지가 곤란한 사정이 있거나 자기 또는 타인의 형사사건의 수사 또는 재판에 있어서 고소 고발 등 수사단서의 제공, 진술, 증언 또는 자료제출과 관련하여 피해자로 된' 경우로 한정하고 있다. 후반부의 피해자 구조는 범죄척결에 있어 국민이 안심하고 협조할 수 있도록 범죄수사 또는 형사재판절차에 있어서 고소, 고발이나 증언 등을 하였다는 이유로 보복범죄를 당한 경우 그 피해의 구조요건을 일반범죄의 구조요건보다 완화하여 가해자의 불명 또는 무자력, 피해자의 생계곤란여부와 관계없이 구조금을 지급하기 위한 것이다.[6]

한편, 구조금 지급을 위한 요건들이 충족되었다고 하더라도 다음과 같은

---

4) 범죄피해자구조법의 개요에 대하여는 정진섭, 범죄피해자구조법의 개관과 운영에 관한 소고, 저스티스 제21권. p. 119~131(1988. 12.)
5) 권영성, 헌법학원론. p. 634
   김철수, 헌법학원론. p. 786
6) 조균석, 피해자구조제도의 운용상황. 피해자학연구 창간호. p. 92(1992)

사유가 존재하는 경우에는 피해자에 대해서 구조금의 전부 또는 일부를 지급하지 아니할 수 있다. 즉, (1)피해자와 가해자간에 친족관계가 있는 경우, (2)피해자가 범죄행위를 유발하였거나 당해 범죄피해의 발생에 관하여 피해자에게 귀책사유가 있는 경우, (3)기타 사회통념상 구조금의 전부 또는 일부를 지급하지 아니함이 상당하다고 인정되는 경우가 바로 그것이다.(제6조)

범죄피해자에 대해서 지급되는 구조금에는 피해자가 사망한 경우에 그 유족에게 지급되는 유족 구조금과 피해자가 중 상해를 당한 경우에 피해자 본인에게 지급되는 장해 구조금이 있다.(제4조 제1항) 또한 법은 구조금 지급에 관한 사항을 심의 결정하기 위하여 각 지방검찰청에 범죄피해 심의구조회를 두도록 하고 있다. 심의회는 법무부장관의 지휘와 감독을 받는데 법무부장관은 이를 위하여 필요한 명령이나 조치를 할 수 있다. 구조금을 받고자 하는 자는 당해 범죄피해의 발생을 안 날로부터 1년 또는 당해 범죄피해가 발생한 날로부터 5년 이내에 구조금 신청을 해야 한다.(제12조 제2항)

범죄피해자에 의하여 위와 같은 구조금 지급신청이 있는 때에는 심의회는 신속하게 구조금을 지급하거나 지급하지 아니한다는 결정을 하여야 한다. 이러한 구조금 지급신청이 있는 경우 피해자의 장해의 정도가 명확하지 아니하거나 기타 사유로 이하여 신속하게 결정을 할 수 없는 사정이 있는 때에는 심의회는 당해 신청을 한 자에 대하여 일정한 금액의 범위 내에서 가구조금을 지급하는 결정을 할 수 있다.(제14조 제1항)

현재 유족 구조금의 상한은 1,000만 원, 장해 구조금의 상한은 1급 장해의 경우 600만 원, 2급은 400만 원, 3급은 300만 원으로 하고 있다.(같은 법 시행령 제14조 제1항) 구조금을 지급받은 자가 사위 기타 부정한 방법으로 구조금의 지급을 받았거나 구조금을 지급받은 후 법 제6조에 규정된 결격사유가 발견된 경우 또는 과오급된 경우에는 국가는 심의회의 결정을 거쳐서 그가 받은 구조금의 전부 또는 일부를 환수할 수 있다.(제16조 제1항)

3. 범죄피해자 구조제도의 운용현황

1987년에 범죄피해자구조법에 제정된 이래 그 동안의 성과를 보면 유럽이나 미국 등의 사정에 비추어 그 정도가 미미했음을 인정하지 않을 수 없다. 그 동안의 운용현황을 보면 [표 1] 범죄피해자구조금 지급현황과 같다.

1996년-2000년 사이 예산액은 5억-5억 5천만원 정도로 미미한 형편이고, 지급액은 3억-9억 2천만원 정도로 오히려 책정 예산이 과부족이었음을 나타내준다.

또한 대부분이 사망사건에 있어서 유족구조금의 형태로 지급된 것에 미루어 장해구조의 활용도나 인용건수가 대단히 저조하였음을 추정할 수 있다. 청구건수 또는 청구금액 대비 인용률은 약 55퍼센트에 머물고 있는 것으로 파악된다.[7]

1인당 장해 구조금 평균은 약 400만 원-500만 원, 1인당 유족 구조금 평균은 약 900만 원을 넘어서며, 1인당 전체(장해 및 유족) 구조금 평균은 900만 원을 전후하는 것으로 나타난다.

[표 1] 범죄피해자 구조금 지급현황(단위: 천원, ( )는 건수)[8]

연도	1996	1997	1998	1999	2000
예산편성액	510,000	530,000	556,000	413,000	542,000
보상인원	43	50	85	102	81
지급금액	376,000	472,000	772,000	920,500	736,500
장해구조금	21,000(5)	13,000(3)	21,000(4)	58,000(10)	42,000(9)
유족구조금	355,000(38)	459,000(47)	751,000(81)	862,500(92)	694,500(72)
1인당 평균 구조금	8,744,186	9440,000	9,082,353	9,024,510	9,092,593

---

7) 법무연감 2000 및 2001 자료에 의하면 1999년도 보상신청 건수는 전국적으로 168건 15억 5,200만 원이며 2000년도에는 132건 12억 400만 원에 그치고 있다.

8) 법무연감 2000, 2001

실무상 보상신청 사례를 간략히 고찰해본다.[9]

◎ 사례1.

가해자 성○○는 피해자 등 일행과 같이 전기공사업에 종사하는 자로서 2000. 1. 20. 20:00경 작업을 마치고 부산 금정구 청룡동 노포동 소재 노포 지하철 종점 노상에서 함께 술을 마시던 피해자와 다툼이 벌어져 피해자의 멱살을 잡고 흔들어 땅바닥에 넘어지게 하였는바, 피해자는 노상에 넘어지면서 인도의 벽돌 벽에 뒷머리를 부딪혀 뇌기전부전등의 상해를 입은 사안에서, 피해자의 가족들 6명이 보상 신청을 하였는 바, 부산지방검찰청 범죄피해 구조심의회는 가해자에게 손해배상능력이 없음을 이유로 신청인들에게 총 600만 원의 보상금 지급을 명령(부산 구심 2000 제12호).

◎ 사례 2

피해자는 1995. 7. 2. 부산 서구 남부민동 소재 노상에서 중학생으로 보이는 성명불상 3명으로부터 소매치기를 당하면서 넘어져 우대퇴경부 골절상을 입고, 같은 해 7. 12.부터 10. 9.까지 입원하여 수술을 받았으며, 이후 1997. 3. 14. 급성폐렴으로 사망했고, 피해자의 아들이 보상신청을 한 사안에서 범죄피해 구조심의회는 신청인의 생계유지 곤란사유는 인정되나 피해발생시점과 사망시점의 시차가 1년 8개월에 달하여 본건 사망과 범죄피해인 상해와의 인과관계가 입증되지 아니함을 이유로 보상신청을 기각함(부산 구심 2002년 제1호)

---

9) 이 두 가지 사례는 2000-2002년도 부산지방검찰청에서 처리한 범죄피해자 구조신청 사건중 발췌한 것임

4. 현행 범죄피해자 구조제도의 문제점

무엇보다도 보상금의 상한선이 너무 낮으며, 책정된 예산 부족으로 실제 지급액수나 지급건수가 충분치 못하다는 점이다. 이웃 일본과 개략적인 비교를 해 보면 일본의 경우 2001년도에 범죄피해자 급부금지급법[10]이 개정되어 유족 급부금의 경우 최고액이 1,573만엔, 장해 급부금의 경우 최고액이 1,849만 엔인 바[11], 우리의 경우 유족 구조금 상한이 1,000만 원, 장해 구조금 상한이 600만 원인 점을 고려하면 비록 경제수준 등을 고려하더라도 우리의 지급액은 상당히 과소한 것이 아닌가 하는 생각이 든다.

물론 이러한 현실은 예산부족에도 이유가 있겠지만 무엇보다도 사회 전체적으로 범죄피해자에 대한 인식의 부족에도 그 원인이 있다고도 볼 수 있을 것이다. 즉, 범죄가 국민생활에 미치는 심각성이나 그 위험성에 대해서는 많은 논의가 행해지고 있으며 그 대책이 준비되고 있는 반면에 실제로 범죄피해를 입은 범죄피해자에 대해서는 필요한 구조와 지원이 잘 이루어지고 있지 않은 것이 현재의 상황인 것으로 생각된다.

그리고 여러 번 언급하였듯이 활용실적이 저조한 것도 큰 문제점으로 지적할 만하다. 우리나라의 범죄발생률 또는 사건 수를 고려하지 않더라도 예컨대 2000년도 기준으로 132건의 피해자 보상신청이 있었을 뿐이라는 것은 아직도 국민들에게 위 제도의 존재에 대한 홍보가 부족하였다는 것을 여실히 증명한다고 하겠다.

마지막으로 구조금 지급의 엄격한 요건도 해결해야 할 문제라고 보여진다. 현행법은 사망 또는 중 장해의 경우만 보상을 허락하고 있으나, 이러한

---

10) 일본의 범죄피해자등급부금지급법의 내용에 관하여는 법무부, 일본범죄피해자등급부금지급법, 법무자료 제99집, (1988)참조
11) '범죄피해자급부제도의 확충과 범죄피해자에 대한 원조의 추진', 시의 법령 1645호

보상범위를 확대하여 중 장해 외에 일반적인 신체상해에 따른 치료비용이 우선적으로 포함되어야 하고, 그로 인한 일실 소득 이익의 보상 등에도 범위를 확대함으로써 피해자에게 실질적인 혜택을 줌이 바람직하다.

또한 과실범의 경우 구조금 지급대상에서 제외되고 있는 것은 적지 않은 문제를 야기 시킨다. 범죄피해자의 입장에서 과실에 의한 범죄에 의하더라도 경우에 따라서는 고의에 의한 범죄의 피해보다도 더 클 수가 있기 때문이다(예, 음주운전으로 인한 피해). 미국의 경우 대부분의 주에서 과실범의 경우일지라도 음주운전에 의해서 발생한 피해를 피해보상의 지급대상에 포함시키고 있는 점은 입법론적으로 참고할 필요가 있을 것으로 생각된다.

그리고 범죄피해자구조법은 제18조에서 국가의 범죄자에 대한 손해배상청구권의 대위를 규정하고 있다. 그러나 수형자 및 피보호 감호자의 작업상여금이나 근로보상금에 대해서까지 국가가 손해배상청구권의 대위를 실행하게 하는 규정은 이러한 작업상여금이나 근로보상금이 수형자 등의 유일한 자산일 수도 있으며, 사회복귀시 생활의 원천이 될 수 있다는 점에서 만일 국가가 대위권을 실행하게 되면 수형자의 경우 사회에 복귀하기도 전에 그 기초재산을 박탈당할 우려가 있어 범죄자의 사회복귀를 곤란하게 하고 재범의 기회를 증대시키는 결과가 초래되기 때문에 범죄피해자구조법 제8조 제2항, 3항 및 범죄피해자구조법 시행령 제 11조는 삭제되어야 한다는 주장[12]은 경청할 만하다. 이 부분도 적극적인 재고가 필요한 규정이라고 본다.

---

12) 송광섭, 우리나라 범죄피해자구제의 현황과 범죄피해자보호의 새로운 과제, 피해자학 연구 제5호, p.116(1997)

Ⅳ. 미국 미시간주의 범죄피해자 보호제도

1. 역사

 범죄피해자에 대한 관심이 늘어나면서 미국[13]에서도 1960년대 이래 각 주에서 범죄피해자 보상프로그램을 제정하는 각종 법안을 만들기 시작했다. 이러한 분위기를 대변하듯 캘리포니아 주지사 Edmund Pat Brown은 "예컨대, 강도행위 시 한 가족의 부양자를 살해한 자는 교도소 내에서 제공하는 음식, 피난처, 의료서비스를 기본적으로 받는다. 그러나, 갑작스럽게 모든 경제적 지원을 박탈당한 피해자의 가족은 궁핍에 빠지게 된다. 공공부조는 이러한 상황을 구제하는 것이어야만 의의가 있다"고 역설하면서[14] 1965년 미국의 첫 범죄피해자 보상프로그램을 설정하는 법안에 서명했다.

 미시간 주[15]에서도 1976년 범죄피해자에 대한 보상을 규정한 '범죄피해자보상법(CRIME VICTIM COMPENSATION ACT, PA 223 of 1976)'이 제정되었다. 이는 위에서 말한 캘리포니아 주 이래 범죄피해자에 대한 보상을 입법화한 17

---

13) 미국에서 피해자에 관한 관심의 부족과 그에 대한 개선방안을 제시한 것으로는 George Fletcher 교수의 With Justice For Some: Victim's Rights in Criminal Justice, 1995가 있는 바, 피해자의 기소과정에의 참여, Plea Bargaining에 대한 거부권의 인정, 피해자의 증인신문권의 인정, 배심원의 선정 등에 있어서 피해자와 같은 인종, 종교 등을 가진 사람의 참여보장 등 강력한 개선방안을 제시하고 있다. 자세한 것은 표성수, 미국의 검찰과 한국의 검찰, 2000 참고
14) 범죄피해자 보상제도, 법무자료 89집, 법무부, p.225(1987)
15) 미시간 주의 인구는 2000년도 기준 9,679,000 명이고, 면적은 151,584 평발 킬로 미터이다. 두산세계대백과 사전

번째 주에 해당하는 것이었다. 이 법령에 따라 범죄피해자 보상이사회(Crime Victim Compensation Board)가 설치되어 신체 등의 피해를 입은 무고한 범죄피해자에게 일정액을 보상금을 지출하도록 배려했다. 이 법안은 그 후 6회 개정되어 보상범위를 확대하는 등 범죄피해자에 대한 보상시스템이 실효성을 갖도록 정비되어왔다.

한편 연방에서도 1982년 대통령 직속의 '범죄피해자보호 특별위원회(A Task Force on Victims of Crime)'[16]가 설치되어 범죄피해자보호를 위한 종합적인 연구 및 조사를 하여 그 보고서를 대통령에게 제출했고, 같은 해 의회에서는 '연방 피해자 및 증인 보호법(The Federal Victim and Witness Protection)'을 제정하여 첫째 형사절차에 있어서 범죄의 피해자 및 증인의 역할을 증대시키고 보호한다. 둘째, 연방 정부는 이용 가능한 재원의 범위 내에서 피고인의 헌법상의 제 권리를 침해함 없이 피해자 및 증인을 원조하기 위하여 실행 가능한 모든 조치를 확실히 한다. 셋째, 이 법을 주 및 각 지방 정부의 입법의 모델로 할 것을 명시했다. 1983년에는 '피해자 및 증인 보호를 위한 미 연방 법무장관의 지침(The U.S. Attorney General's Guidelines for Victim and Witness

---

16) 동 위원회가 연방 및 주에 권고한 입법내용중 주요한 것으로는
  - 피해자와 증인의 프라이버시를 보호하기 위한 입법조치
  - 위험성이 상존하는 피고인의 경우 보석을 제한하도록 강제하는 입법조치
  - 고용인들로 하여금 아동 성폭행범에 대한 전과를 조회할 수 있도록 하는 입법조치
  - 형 선고과정에서 피해에 대한 진술(victim impact statement)을 참조토록 하는 입법조치
  - 범죄자가 자신의 범죄와 관련된 서적 등의 출판으로부터 금전적 이익을 받지 못하도록 조치
  - 범죄피해자를 도와주고, 비영리 사설 피해자구조기구를 지원해줄 연방기금의 창설을 위한 입법조치 등이다.
  동 위원회의 보고서 내용 요지에 대하여는 김영철, 미국의 피해자 및 증인 보호제도에 관한 연구, 법무부 해외연수검사논문집 제9집 (1993) 참조.

Assistance)'을 제정하여 특히 사법기관 종사자들에게 각 형사절차에서 범죄피해자에 대하여 각별한 배려를 할 것을 요구하고 있다.

그 후인 1984년 드디어 '범죄피해자구조법(Victim of Crime Act, 약칭 VOCA)'이 제정되었고, 이에 따라 범죄피해자 보호를 위한 물적기반이라고 할 수 있는 범죄피해자 구조기금(Crime Victims Fund)이 설치되었다. 이 기금의 가장 주요한 재원은 연방법 위반범죄에 부과되는 각종 부과금, 벌금, 추징금, 몰수 등이다. 법무부의 범죄피해자 사무국(The Office for Victim of Crime)이 각 주의 범죄피해자 보상(Compensation) 및 지원(Assistance)프로그램을 돕기 위하여 그 기금을 적절하게 할당하는 등 제반 업무를 관장하는 기관이다. 통상 위 기금의 약 반은 각 주의 범죄피해자 보상프로그램을 지원하는데 사용되고(각 주는 전 해에 주 자체적으로 사용한 보상비용 중 40퍼센트를 연방기금에서 보조받는다), 나머지 반은 각 주의 범죄피해자 지원프로그램을 지원하는데 사용된다.(이는 통상 주의 인구비율에 따라 지급받는 보조금이라고 할 수 있다)

한편, 미시간 주에서도 1985년 형사절차의 모든 단계에서 범죄피해자의 포괄적인 권리를 규정한 '범죄피해자권리에 관한 법률(Crime Victims Rights Act, PA 87 of 1985)'이 제정되었다. 애초에는 중 범죄의 피해자에 대한 것만 규정하다가 1988년 청소년 범죄 등에도 그 범위를 확대했고 그 이후에도 적용범위를 확대하는 부가적 개정이 이루어졌다. 이 법은 모든 법 집행기관 종사자들에게 형사절차를 수행함에 있어 범죄피해자들을 포용할 의무를 지우고 있다.

1988년에는 주 수정헌법 제23조에서 범죄피해자의 권리에 대하여 재차 헌법적인 명시를 했고, 위 권리와 위 권리를 지키기 위한 재정상의 지출이 가능하도록 입법 조치할 것을 명시했다. 이를 근거로 1989년에는 '범죄사정법(The Criminal Assessment Act, PA 196 of 1989)'이 제정되었는 바, 이에 따라 범죄사정위원회[17]와 미시간 주 자체의 범죄피해기금이 각 설치되었다. 이로 인하여 각 법원에서는 범죄자로부터 받아들인 부과금, 벌금, 추징금 등을 위 기금에 축적하고, 이 기금으로부터 범죄피해자의 형사절차상 권리보호를 위한 활동을 지원하는데 사용하고 있다. 다시 말하면 위 기금 등은 위의 '범죄피해자권리에 관한 법률'을 실효성 있게 만드는 물적기반이라고 할 수 있는 것이다. 이러한 재원의 사용과 크기를 결정하는 것은 이 위원회의 직무이다. 현재 범죄피해자권리를 위한 재원은 위에서 말한 범죄피해자 보상프로그램 또는 지원프로그램과는 달리 연방의 재원이 아닌 100퍼센트 주 자체의 이러한 기금에서 출연된다는 점이 주목할 점이다.

1996년에는 범죄 피해자 보상위원회(Crime Victim Service Commission)가 창설되어, 1976년도에 설립된 범죄피해자보상이사회를 발전적으로 승계했다. 위원회의 위원수는 3명에서 5명으로 늘어났고, 범죄피해자를 위한 기금 및 업무의 조정역할을 새로이 떠맡게 되었다.

범죄 피해자 보상위원회는 범죄피해자를 위한 포괄적인 업무를 담당하는 기관이다. 위원회는 5명으로 구성되며 주지사에 의하여 임명된다. 구성원들은 검사, 변호사, 경찰, 의사 및 민간단체에서 충원된다. 이 위원회는 1976년에 설립된 범죄피해자보상이사회를 승계한 것으로 1996년 법 제 196호에 의하여 창설되었고, 그 소속은 주 정부의 Department of Community Health이다.

위원회의 주요 기능은 범죄피해자를 위한 주요 3가지 업무를 담당하는 것으로 2000년도 기준 연간 약 1,600만 달러를 지출했다. 3가지 주요 업무라 함은 범죄피해자의 권리 보호, 범죄피해자에 대한 보상제도 및 범죄피해자를 지원하는 제도를 말한다. 위원회는 범죄피해기금을 지출하는데 있어 할당량을 정하는 것[18], 각 법원 등지에서 거두어들인 벌금 등을 배정하는 것, 피해자들의 보상신청에 대한 심사를 하는 일 등을 행한다. 그 외에도 각종 범죄피해자를 위한 세미나, 범죄피해자 지원관련 업무종사자들에 대한 교육

프로그램, 각종 민간단체 등을 지원하는 것도 위원회의 업무이다.

2. 성과

개별적인 범죄피해자 보호제도의 성과에 대해서는 후술하는 바와 같은데, 전체적으로 보면 2000.년도 기준으로 약 1,600만 달러를 3가지 활동 즉, 범죄피해자보상, 지원 및 범죄피해자권리보호를 위한 제발 활동에 사용되었다고 볼 수 있으며 그 혜택을 입은 범죄피해자는 약 20만 명에 이른다고 한다. 그 내용을 보면 범죄피해자 보상액 지급이 약 170만 달러, 범죄피해자 지원 프로그램에 약 830만 달러, 그리고 범죄피해자의 권리 보호 프로그램에 약 400-600만 달러를 사용한 것이다.

3. 범죄피해자 보상제도

전술한 바와 같이 미시간 주는 1976년 법 제223호로 범죄피해자 보상법을 제정하였는 바, 이는 비국에서는 17번째 주에 해당하는 것이다. 이를 관장하는 범죄피해자보상위원회(전술하였듯이 원래는 범죄피해자 보상 이사회였으나, 1996.년 범죄피해자보상위원회로 발전적 승계됨)가 설립되었다. 이하에서는 이 법의 내용을 간략히 살펴본다.

---

17) 후술하는 바와 같이 이 위원회는 폐지되고, 그 기능을 범죄피해자 보상위원회에서 담당하게 되었다.
18) 1989년 법 제 196호에 의하여 설립된 범죄사정위원회가 이런 기능을 담당하였으나, 법 제 520호에 의하여 동 위원회가 폐지되고 그 기능이 모두 범죄피해자 보상위원회에로 통합됨.

가. 범죄피해자보상법(Crime Victim Compensation Act, P.A 223 of 1976)의 내용
  a. 정의(sec 1)
  ㅇ 범죄라 함은
  - 미시간 주 내에서 발생한 주 또는 연방법 위반사건
  - 기타 주에서 발생한 사건으로 미시간 주 법에 따라 처벌될 수 있는 사건
  - 국제적 테러행위로 인한 사건 또는 미시간 주민에게 신체적 피해를 준 주 외 영역에서의 테러행위 사건
  ㅇ 피해자라 함은
  - 범죄의 직접적 결과로 인하여 육체적인 피해를 입은 자를 지칭한다.[19)20)]

  b. (sec 2) : 범죄피해자보상위원회
  ㅇ 범죄피해자보상위원회는 5명으로 구성되며, 상원의 권고에 따라 주지사가 임명된다. 3명을 초과한 구성원이 동일한 정파에 소속되어서는 아니된다
  ㅇ 구성원 중 1인은 직전에 5년 이상 이 주에서 법률사무에 종사한 자일 것, 1인은 카운티 검사일 것, 1인은 경찰 또는 질서유지 책임자일 것, 1인은 의료기관에 종사한 자일 것, 1인은 민간의 피해자 단체에 종사한 자일 것
  ㅇ 위원장은 주지사가 지명한다

---

19) 다만, 형사절차에 있어서 restitution에 관한 규정에 있어서는 재산상 손해도 범죄피해에 포함된다.
20) 우리의 범죄피해자구조법이 '생명 또는 중장해'를 구조대상의 범죄피해로 한정하고 있는 것과는 차이를 보이고 있다.

ㅇ 위원들의 임기는 원칙적으로 3년이다.

c. (sec 3) : 위원회의 권한과 임무
  ㅇ 위원회가 공정하게 업무에 종사할 수 있도록 주 정부등의 관련부처는 자료 등 모든 지원을 할 의무가 있다
  ㅇ 위원회는 보상신청의 진실성을 심사하기 위하여 청문, 증언, 검증 등을 실시할 수 있으며 필요한 경우 재조사나 직접 의학적인 검사를 행할 수도 있다
  ㅇ 위원회는 매년 활동보고서를 주지사회 의회에 제출하여야 한다
  ㅇ 위원회는 범죄피해자 지원 프로그램을 포괄적으로 관장하며, 특히 범죄피해자에 대한 보상, 지원프로그램을 위한 연방정부의 보조금 배정에 대한 권한을 가진다.

d. (sec 4) : 보상금 신청의 주체
  ㅇ 보상금을 신청할 수 있는 자는 범죄피해자, 범죄피해자의 원조자, 생존 친족 등
  ㅇ 당해 범죄에 대하여 귀책사유가 있는 자, 공범은 제외된다
  ㅇ 원칙적으로 최소 200 달러 이상의 변상되지 않은 치료비 등 또는 2주 이상의 계속적인 일실소득 기간에 대하여만 보상을 한다. 다만, 피해자가 성폭력범죄로 인한 것일 때 등에는 위원회가 적절한 고려를 하여 그 하한선을 낮출 수 있다.

e. (sec 5) : 보상금 신청 절차
- ㅇ 피해자 또는 그 대리인이 보상신청을 한다
- ㅇ 범죄발생 1년 이내에 보상신청을 해야 한다
- ㅇ 다만, 애초에 불명의 원인 또는 자연적인 재해로 판단 피해가 범죄로 인한 것으로 밝혀진 경우 그 때부터 1년 이내에 보상신청을 하면 된다.
- ㅇ 보상신청이 제기되면 위원회는 범죄발생 검찰청 검사에게 이 사실을 즉각 통보한다. 만일 검사가 사건이 계류 중임을 이유로 보상금 지급을 연기할 것을 요청하는 경우 위원회는 이에 따른다. 당해 사건이 종료되는 즉시 검사는 이 사실을 위원회에 통보한다. 다만 긴급히 보상금을 지급할 필요가 있는 경우는 예외이다.

f. (sec 6) : 보상신청에 대한 심사
- ㅇ 보상신청가 있게 되면 위원회는 이 신청의 진실성을 심사한다.
 신청인이 제출한 제반 자료, 관련 사건 기록, 의학적 소견 등이 그 대상이 된다.
- ㅇ 이러한 심사는 피의자가 기소되었거나, 석방되었거나, 유죄판결을 받았다는 등의 상황에 따라 차별을 받지 아니한다.
- ㅇ 심사가 종료된 후 위원회는 서면으로 신청인에게 그 결과 및 이유를 통보한다.

g. (sec 7) 불복절차

이 결정에 불복이 있는 경우 신청인은 30일 이내에 전체 위
원회의 재심사 또는 청문회의 개최를 요청할 수 있다. 이에
따라 15일 이내에 위원회의 최종결정을 신청인에게 통보한다.

h. (sec 8)
위원회의 최종결정을 받은 뒤 30일 이내에 신청인은 위원회
의 결정을 재고하도록 법원에 청원을 제출할 수 있다.[21]

i. (sec 9) : 긴급보상금
보상금은 변상되지 아니한 치료비, 기타 상해 등으로부터 직접 입
은 피해에 대한 직접 지불한 비용 및 일실 소득수입 등으로 총액이
15,000 달러를 초과하지 아니한다.
ㅇ 일실 소득수입은 주당 200 달러임을 원칙으로 한다.
ㅇ 장례비용은 원칙적으로 200 달러 이상 2,000 달러 미만
ㅇ 상담비용은 26시간 이내로 심리치료사, 상담전문가는 시간당 80
달러, 심리학자 및 의사는 시간당 95 달러
ㅇ 신청인이 보험, 공공기금 또는 가해자 등으로부터 일정한 보상을
받은 경우 보상금을 삭감할 수 있다
ㅇ 위원회는 당해 범죄행위로 인한 피해에 대하여 피해자 스스로가
이를 유발하는 등의 책임이 있는 경우 보상신청을 기각하거나 그

---

21) 우리의 경우도 신청인이 구조심의회의 구조금 지급결정 또는 부작위에 대하여 불복이 있
는 경우에 그에 대한 불복신청은 행정심판법상 당해 결정을 행한 심의회에 먼저 재심사
를 청구한 후, 다시 불복할 때에는 시행령 제22조에 의하여 심의회를 지휘·감독하는 직
근 상급행정관청인 법무부장관에의 심사청구를 거쳐 행정소송을 제기할 수 있을 것이다.
자세한 것은 정진섭, 전게논문, p.131
22) 소위 '착한 사마리아인에 대한 보상' 규정이라고 볼 수 있다.

금액을 삭감할 수 있다. 다만, 피해자가 범죄행위의 발생을 저지하기 위한 노력을 하는 과정에 피해를 입은 경우는 예외이다. [22] [23]

ㅇ 범죄행위의 직접적 결과로 인하여 일실 소득수입 등의 손실이 발생하였으나 피해자의 경제적 곤궁 등을 초래하지 아니하는 경우 보상 신청을 기각한다. [24]

ㅇ 보상으로 인하여 범죄행위에 책임이 있는 자가 부당히 경제적 혜택을 입게 되는 경우 보상신청을 기각해야 한다.

k. (sec 13)

위원회가 보유하는 보상심의를 위한 기록은 정보공개법의 대상이 되지 아니하며, 비밀이 유지되어야 한다

l. (sec 14) 보상청구권의 대위

신청인이 보상금의 수령할 경우 신청인이 갖는 권리는 주 정부가 대위한다

m. (sec 16) 제재

허위의 보상신청을 한 자, 보상관련 기록을 권한없는 자에게 공개한 자 등은 형사처벌의 대상이 된다.

---

23) 미국의 뉴욕주 등에서는 소위 '착한 사마리아인'에 대하여는 재산상 손실에 대하여도 특별보상을 하고 있다. 자세한 것은 김영철, 전게논문 참조
24) 이는 우리의 범죄피해자구조법 제3조의 소위 '생계유지 곤란' 요건과 유사한 것이다. 미국의 상당수 주에서도 비슷한 규정을 두고 있다. 자세한 것은 김영철, 전게논문 참조
25) 이하의 미시간 주의 범죄피해자 보호제도에 대한 각종 통계는 주로 미시간 주정부에서 발간한 "Crime Victim Service Commissions Annual Report 2000"에 의존하였다.

나. 피해자 보상제도의 운용 성과 [25]

2000년도를 기준으로 696명의 범죄 피해자에게 총액으로 약 170만 달러를 보상금으로 지출했다. 지난 1976년에 범죄피해자 보상법이 제정된 이래 23년 간의 누적 합계는 약 24,000명의 범죄피해자에 대하여 약 4,600만 달러를 지출한 것이 된다. 통상 범죄피해자의 의료비용, 장례비용, 일실 소득수입 보상 등의 명목으로 지출된 것이다. 그 2000년도의 주요 성과는 다음과 같다.

○ 우선 2000년도 미시간 주의 범죄피해자에 대한 총 보상금 지급액은 1,704,126 달러이다. 그 재원을 보면 주 정부의 범죄피해자권리 기금에서 1,300,979 달러, 연방의 VOCA 보조금 388,855 달러이다.

[표 2] 범죄피해자 보상액 및 그 재원

재원(Sources)	금액($)
범죄피해자권리기금(CVRF)	13,00,979
연방 보조금(VOCA GREANTS)	388,855
총계	1,704,855

○ 범죄피해자 보상신청 건수는 총 1,916건 중 660건이 기각되었고, 646건이 인용되었다.(진행중인 건수는 생략) 1인당 평균 보상금액은 2,749 달러이다.

[표 3] 보상신청 심사결과

보상 결정 건수	1,356
인용 건수	696
기각 건수	660
1건당 평균 보상금액	$2,749

○ 그리고 미시간 주 범죄 피해자(보상신청이 1차 심사에서 바로 인용된 범죄피해자)의 성별, 연령별 분포를 보면 여자가 35.9퍼센트, 남자가 64.1퍼센트이다. 연령을 보면 18~64세의 피해자들이 528건을 신청하여 가장 높은 비율을 나타낸다.

[표 4] 성별 · 연령별 피해자 분포

성별(남자: 여자)	35.9%: 64.1%
연령별	0~17세: 46건
	18~64세: 528건
	65세 이상: 12건

○ 범죄의 유형을 보면 폭력에 의한 피해가 231건 신청되어 37.3퍼센트, 다음으로 살인에 의한 것이 180건으로 29퍼센트를 차지한다. 그 외 성

[표 5] 보상신청 대상 범죄의 유형

범죄	신청 건수	비율(%)
폭력	231	37.3
성폭력	46	7.4
가정폭력	43	6.9
아동학대	43	6.9
살인	180	29.0
강도	40	6.5
음주운전	28	4.5
약취	1	0.2
기타	8	1.3

폭력 범죄, 가정폭력범죄, 아동학대범죄, 강도 등의 순서이며, 의외로 음주운전에 의한 피해는 적은 비율을 차지한다.

○ 범죄 피해자에게 지급된 보상금의 용도를 보면 치과비용을 포함한 치료비, 입원비 등이 1,084,014달러로 총 63.6퍼센트, 장례비용 295,353달러로 17.3퍼센트 그 외 일실 소득수입 등의 순서이다.

[표 6] 보상비의 용도 [26]

용도	지불금액($)	비율(%)
장례비	295,353	17.3
의료비(입원비, 치과비용 포함)	1,084,014	63.6
일실소득	252,648	14.8
상담비용	15,893	0.9
피난처제공	34,925	2.1
기타 지원	21,293	1.3
합계	1,704,126	100

○ 보상신청 기각 사유

위에서 살펴본 미시간 주의 범죄 피해자 보상법의 규정에 적합하지 않아 보상신청이 기각된 사유를 보면 범죄피해자가 의료보험 등 다른 방법으로 보상을 받은 경우가 37.9%, 범죄피해자가 보상심사에 필요한 자료를 제출하지 아니한 경우가 14.4%, 범죄피해가 최소보상액 기준

---

26) [표 5] 및 [표 6]을 통해 미시간 주의 경우 우리와는 달리 생명침해로 인한 유족보상보다는 신체손상으로 인한 장해보상이 주조를 이루고 있음을 추정할 수 있다.

에 미달하는 경우가 13.8% 등이다. 구체적 내용은 다음 〔표 7〕 보상신청 기각사유와 같다.

〔표 7〕 보상신청 기각사유

법 조항	기각 사유	비율(%)
sec 10	미시간 주에서 발생한 범죄의 직접 결과가 아님	3.8
sec 5	범죄 발생일로부터 1년 이후에 신청됨	3.2
sec 11	피해자가 범죄발생을 유발한 경우	9.2
sec 6	피해자가 수사기관에 비 협조하여 피해가 발생	7.3
sec 4	피해자가 공범	0.8
sec 10	정당방위 등	2.7
sec 11	최소보상액 미만의 피해	13.8
sec 11	기타 보험회사 등으로부터 피해회복을 받음	37.9
sec 6	보상심사에 필요한 자료의 미 제출	14.4

◎ 구체적 사례 검토

- 인용사례-

a. 36세의 여자가 성폭력피해에 대한 보상을 청구했다. 가해자는 그녀의 전 남편이었다. 그는 결혼반지를 돌려주겠다고 하여 그녀를 만났는데, 갑자기 칼을 집어들고 그녀의 차안으로 끌고 들어가 손과 발을 묶고 성폭행했다. 또 그녀의 은행구좌에서 돈을 인출한 사건으로 그는 즉시 구속되었다. 이 사건에서 위원회는 그녀의 치료비 및 4일간의 일실 소득수입 등 명목으로 1,165 달러를 지불하기로 결정

b. 살인죄를 저지른 남녀가 그들의 범죄행각을 눈치 챈 이 사건피해자를

질식사시키고, 그 사체를 유기하였는데, 피해자의 모가 보상 신청을 한 사례에서 위원회는 장례비등의 명목으로 3,809 달러를 지불할 것을 결정함

c. 25세의 남자가 길을 걷다가 불상자가 달려들어 총을 발사한 결과 허벅지에 중상을 입었는 바, 이 피해자는 의료보험이나 기타 사회 보장혜택을 받을 수 없는 사람이었다. 이 사례에서 위원회는 동인에게 치료비와 4주간의 일실 소득수입 등의 명목으로 최고보상액인 15,000 달러를 지급하기로 결정함

d. 35세의 크라이슬러 사에 종사하는 남자가 대낮에 주유소에서 기름을 넣다가 타인으로부터 폭행을 당하여 어깨가 분쇄되는 11개월의 진단을 요하는 중상을 입었다. 동인은 의료보험혜택을 받을 수 있는 처지였다. 동 사건에서 위원회는 동인이 58 주 동안 직장을 다닐 수 없게 된 것을 이유로 동인에게 일실소득수입 등의 명목으로 11,600 달러를 지불하기로 결정함

e. 57세의 남자가 술에 취하여 착각한 상태에서 다른 사람의 자동차 안에서 잠을 자고 있었다. 위 차 주인 여자의 남자친구가 위 피해자에게 폭행을 가하여 코뼈가 부서지고 앞 이빨 4개가 파손되었다. 동 피해자는 의료보험혜택을 받을 수 없는 처지였고, 가해자로부터 배상금 명목으로 400달러를 받았다. 이 사건에서 위원회는 치료비 명목으로 1,469 달러를 지급하기로 결정

f. 피해자가 남자친구가 칼을 사 오라는 부탁을 받고 나갔으나 너무 늦게 돌아왔다는 이유로 폭행을 당하여 손목과 복부에 중상을 입었다. 위원회는 이 사건에서 동 피해자는 이미 7개월 전에 직장을 그만 둔 상태이므로 일실 소득수입을 제공할 수 없다고 판단했다. 다만 치료비 명목으로 7,825 달러를 지급하기로 결정했다.

- 기각사례 -

a. 28세의 여자가 장례식장의 주차장에 주차해 둔 차를 절취당하였다. 그로 인하여 정신적으로 심각한 우울증에 시달린 나머지 정신 치료를 받았다고 주장하면서 보상신청을 한 사안에서 위원회는 이러한 치료비는 범죄로 인한 직접적 결과가 아니며, 자동차의 분실은 재산에 관한 손실이므로 보상범위가 아니라고 하면서 이를 기각.
b. 20세의 여자가 2-3년 동안 첫 번째는 남자친구로부터 두, 세번째는 전 남편으로부터 폭행을 당하여 치료를 받았다면서 보상신청을 한 사안에서, 위원회는 조사결과 첫 번째 폭행은 남자친구가 아니라 이복동생으로부터 입은 것이었는데, 당시 이 이복동생에 대한 재판에서 동 피해자가 증언을 하지 않았으며, 두, 세 번째 폭력도 전 남편은 당시 수감 중이었던 사실을 밝혔다. 결국 첫째 이 보상신청은 사건 발생 1년 이후에 제기되었다는 점, 둘째 그녀가 전 남편으로부터 당했다는 폭행사건은 당시 수사기관에 고소되지 않은 것이었다는 점, 이복동생으로부터 입은 폭력사건에서 증언을 거부했다는 점, 의료보험 공제조합에서 치료비를 부담했다는 점을 이유로 보상신청을 기각함
c. 22세의 청년이 다른 차에 치여 중상을 입었음을 이유로 보상신청을 한 사례에서, 위원회는 동인이 당시 음주운전을 했고, 안전벨트도 착용하지 않았으며, 운전면허가 정지중 이었던 점을 밝혀내고, 이러한 피해는 피해자 스스로가 유발한 데 있음을 이유로 보상신청을 기각
d. 55세의 남자가 폭행을 당하여 눈에 심각한 상처를 입었음을 이유로 보상신청을 하였는 바, 위원회의 조사결과 피해자가 경찰의 수차례에 걸친 촉구에도 불구하고 가해자를 알려주지 아니하는 등 수사에 자발적으로 비협조하였음을 이유로 보상신청을 기각함
e. 40세의 여자가 총상을 입은 것을 기회로 보상신청을 하였으나 위원회

의 조사결과 총상을 입을 당시 피해자는 마약하우스에서 코카인을 구입하고 이를 흡입하고 있었음을 확인. 따라서 총상은 피해자가 지극히 위험한 장소에서 불법적인 코카인을 구입하고 흡입한 상태에 책임이 있으며, 치료비 또한 의료보험 공제조합에서 지급하였음을 이유로 이를 기각. 동 피해자가 전원 심사회에 항소하였으나 역시 기각됨
f. 절도 행각중에 주인의 대응사격으로 사망한 자의 부모가 장례비용을 청구하였으나, 피해는 사망자의 절도행각에서 비롯된 것이며, 정당방위라는 점을 이유로 기각
g. 남자친구로부터 폭행을 당한 여자가 보상신청을 하였으나, 가해자로부터 이미 2,982 달러의 배상을 받았고, 치료비 중 95달러만이 위 배상금을 초과하는 부분으로 하한선인 200 달러 미만이고, 동녀의 직장관계에서도 고작 3일 결근한 사례라는 점 등을 들어 기각

4. 범죄피해자 지원제도

가. 내용

1984년의 연방 범죄피해자보호에 관한 법률(VOCA)은 미국에서 범죄 피해자 지원제도에 신기원을 이룩한 것이다. 또한 대통령과 법무부장관의 범죄피해자를 위한 태스크 포스가 설치되고 그 권고에 따라 범죄피해자지원을 위한 전국적인 프로그램이 마련되었다는 사실은 전술한 바 있다. 아무튼 이 법으로 인하여 연방기금을 각 주의 범죄피해자 보상(Compensation) 및 지원(Assistance)에 사용할 수 있게 되었다는 것은 결국 범죄피해자를 위한 각 제도의 물적 기반을 마련하였다는 점에서 중요한 의미를 갖는다. 그리고 그 재원은 각 부과금이나 연방법위반의 벌금, 추징금이며, 법무부내의 범죄피해

자국(OVC)에서 이러한 연방보조금을 각 주에 할당하는 업무를 관장한다는 것도 또한 이미 밝힌 바 있다.

이렇게 각 주로 배정된 연방보조금(VOCA Grants)은 미시간 주의 경우 범죄피해자 보상위원회가 범죄피해자의 지원을 효율화하기 위하여 적절히 배정하는 권한을 가지는 것이다. 각 보조금 중 최소 40퍼센트는 가정폭력 피해자, 아동학대 피해자, 성폭력피해자 및 무자력 피해자를 지원하는데 사용된다. 이러한 보조금을 받을 수 있는 기관은 공적인 기관뿐만 아니라 민간 비영리단체도 포함된다.

범죄피해자 지원 활동 중 주요한 것으로는 피해자의 건강과 안전을 위한 조치를 취해주는 것, 형사절차 등에 범죄피해자가 참가할 수 있도록 도와주는 것, 피해로 인하여 발생한 실제적인 문제점들을 적절히 관리하는데 도움을 주는 것 등이다.

현재 활동중인 대표적인 단체들로는 Michigan Self-help Clearing House, POMC(Parents of Murdered Children), SADD(Students against Driving Drunk), SOLLO(Survivor of Lost Loved Ones), Missing Children Network, Dial Help, Alliance against Violence and Abuse 등이다.

또한 각종 범죄피해자지원을 위한 긴급 자동전화안내시스템을 운영하는 것도 이러한 지원활동에 포함될 수 있을 것이다. 그 대표적인 것으로는 가정폭력신고 전화인 National Domestic Violence Hotline(1-800-799-7233), 음주운전 방지를 위한 어머니 모임(Mothers against Drunk Driving, 1-800-323-6233), 탈주범 신고센타(Runaway Hotline, 1-800-292-4517) 등이다.

또한 주 정부 및 각 카운티 행정관청, 카운티 검찰청에 범죄피해자 담당자(Victim Contact)들이 상주하고 있어, 언제든지 즉각적인 조력을 받을 수 있도록 체계화되어 있다.

나. 운용 성과

전체적으로 2000년도를 기준으로 80건의 보조금이 비영리 민간단체에, 13개의 보조금이 검찰청 등의 범죄피해자 담당기관에, 4개의 보조금이 원주민 단체에, 2개의 보조금이 비사법 공공기관에 지급되었으며, 총액은 약 830만 달러이다.

우선 지원 프로그램의 혜택을 본 범죄피해자를 범죄유형별로 보면 가정폭력 피해자가 65,919명, 유가족 피해자가 11,050, 폭력 피해자가 15,140명, 아동에 대한 성폭력 피해자가 9,210 등으로 나타난다. 음주운전으로 인한 피해자는 비교적 적다. 구체적 내용은 다음 [표 8]과 같다.

[표 8] 지원프로그램 대상 범죄유형(단위 명)

아동학대 (성폭력포함)	음주 운전	가정 폭력	성폭력 (성인)	살인 등	강도	폭력	기타	총계
10,632	1,332	65,919	3,824	11,050	6,799	15,140	2,021	116,707

또한 범죄피해자 지원의 내용을 보면 상담프로그램 42,474건, 정보제공 49,143건, 법률자문 63,956건 등 총 320,400명의 범죄피해자가 범죄지원 프로그램의 혜택을 입은 것으로 나타난다. 구체적인 내용은 다음과 같다.

[표 9] 범죄피해자 지원 활동의 내용(단위 명)

상담활동	심리치료	그룹활동	정보제공	법률자문	긴급재정지원
42,474	4,501	7,576	49,143	63,956	2,697

보상금신청 지원		전화상담	기타	총계	
6,320		60,573	82,160	320,400	

마지막으로 2000년도 기준 위 연방보조금 8,300,387 달러가 구체적으로 배정된 대표적인 예들을 적시하면 오클랜드 카운티의 아동학대 방지센타에 129,824달러, 디트로이트 경찰청에 354,578 달러, 미들랜드 카운티의 가정폭력 및 성폭력 대책 센타에 88,083달러, 워시트노 카운티의 가정폭력방지 프로젝트에 307,084 달러, 칼라마주 검찰청에 53,189달러, 웨인카운티의 SOSAD(Save Our Sons and Daughters) 프로젝트에 249,819 달러, 마르켓 카운티의 여성센타에 141,969달러, 켄트카운티의 YWCA에 97,300달러, 이사벨라 카운티의 치페와 인디언 단체에 38,831달러를 배정한 것이다.[27]

5. 범죄피해자의 권리보호 제도

가. 형사절차상 권리

(1) 개요

미시간주의 범죄피해자의 형사절차상 권리 역시 연방 및 여타 주에서 규정한 바와 그 내용이 대동소이하다. 전술한 바와 같이 1985년 연방에서 '범죄피해자의 권리에 관한 법률(VOCA)'이 제정된 것을 계기로 미시간 주에서도 1985년 범죄피해자권리에 관한 법률을 제정하였는 바, 이 법률은 애초에 중범죄 및 청소년범죄도 그 대상으로 포함시켰다. 아무튼 이 법은 미시간 주 검찰, 경찰, 법원 등 사법기관에 종사하는 자들로 하여금 수사와 재판, 복역 등 전 형사사법절차의 과정에서 범죄피해자들에 대한 권리를 확보해 줄 것을 의무로 명시하고 있는 것이다.

2) 미시간 주 헌법의 규정

---

27) 전술한 미시간주 Crime Victims Services Commissions Annual Report pp.22-26

우선 미시간 주 헌법상(Article 1, Section 24)에 범죄피해자는
ㅇ 형사절차의 과정에서 존엄과 프라이버시를 존중받고 공정하게 대우 받을 권리,
ㅇ 형사절차의 과정에서 피의자의 공격으로부터 보호받을 권리,
ㅇ 재판진행의 상황을 통지받을 권리,
ㅇ 피고인이 참석할 권리가 있는 재판 및 기타 형사절차에 참석할 권리,
ㅇ 기소에 관하여 검사와 협의할 권리,
ㅇ 선고에 있어서 법정에 의견을 진술할 수 있는 권리,
ㅇ 피해 회복을 받을 권리,
ㅇ 유죄판결의 선고, 구속 또는 피고인이 석방에 관한 정보를 구할 수 있는 권리 등을 향유함을 명시하고 있다.

(3) 범죄피해자의 권리에 관한 법률(1985 Crime Victim's Rights Act)

미시간 주에서도 범죄피해자는 위 법에 따라

(가) 각종 정보를 제공받을 권리

범죄피해발생 당시부터 재판 및 집행의 전 형사사법의 진행과정에서 각종의 정보를 제공받을 권리가 있다. 주요한 것으로는

- 범죄발생시 최초로 접촉한 사법당국의 담당자로부터 24시간 내에 긴급구조 및 의료서비스의 활용, 범죄피해자구조제도 및 그 주소, 검찰청 주소 및 전화번호,
- 그리고 범죄자의 구금 및 석방 또는 도주 등 제반 상황에 대한 자세한 정보 및 담당기관의 연락처 등에 대하여도 정보를 제공받을 권리가 있으며,
- 재판이 개정된 후 7일 내에 검사로부터 서면으로 형사재판의 진행에 있어 절차상의 필요한 조치에 대한 간략한 소개, 피해자가 가지는 특별한 권리의 내용, 범죄피해자가 검사와 접촉할 수 있는 용이한 방법,

1976 범죄피해자구조법에 따른 피해자 보상위원회로부터의 보상을 받는 상세한 방법, 위협에 직면하였다면 피해자가 취할 수 있는 조치사항에 대한 권고 등에 대한 정보를 교부받을 수 있다.
- 특히, 범죄자가 도주하였을 경우 담당기관은 가장 신속한 모든 방법을 동원하여 담당 검사와 피해자에게 연락을 할 의무가 있음은 주목할 만하다.

쉽게 말하면 범죄피해자는 스스로의 권리의 존재, 재판진행과정, 범죄자의 신상에 대한 변화 등에 대하여 모든 정보를 신속히 제공받을 권리가 있다고 할 수 있다.

(나) 형사절차 참가권

피해자는 배심원 결정, 가석방 심사, 재판 선고 등의 과정에서 진술할 권리가 있다. 또한 검사가 최종의견을 진술할 때 범죄자에 대한 처분에 있어서의 피해자측 의견을 개진할 수 있는 기회가 있다. 통상 '범죄로 인하여 입은 피해 진술(Victim Impact Statement)'이라고 하는 것으로 다른 주에서도 비슷한 규정을 많이 두고 있는데, 범죄로 인한 충격정도, 현재 상황 등에 관한 피해자의 진술을 검토함으로써 피해자를 단순히 증거방법으로 고려하는데 그치지 않고 실체적 진실을 밝히는 차원에서 피해자의 위치나 권리를 인정하는 것이라고 할 수 있다. 이러한 피해자의 진술은 나아가 피해자에 대한 배상금액을 결정하는데도 도움이 될 수 있는 것이다.

(다) 범죄자와의 대면 회피

법원은 범죄자를 직접 대면하지 않도록 피해자의 대기실을 분리하여 설치할 의무가 있다. 이는 피해자가 범죄자로부터 위해를 당하는 것을 방지할 뿐 아니라, 형사소송 진행과정에서 위축되지 아니하도록 배려를 하고 있음을 뜻한다.[28]

(라) 원상회복을 받을 권리

피해자는 법원에 선고시 범죄자에게 피해회복을 명할 것을 요청할 수 있다. 이 피해회복을 받을 권리의 내용에는 재산상 손실에 대한 회복도 포함된다. 즉, 이 때의 범죄피해자는 재산상 손실에 대한 회복도 포함된다. 또한 범죄피해자 보상위원회 등 여타 기관에서 범죄피해자에게 이미 보상을 한 경우에 법원은 이 기관에 대하여 피해회복 할 것을 범죄자에게 명할 수도 있다.[29]

통상 이 제도의 실효성을 확보하기 위하여 가석방, 집행유예등의 조건으로 restitution을 명령하는 바, 가해자가 법원의 명령에 따르지 아니할 경우 위 가석방이나 집행유예를 취소할 수 있도록 하고 있다. 또한, 미시간 주에서는 범죄자가 범행과 관련된 출판 등의 행위로 이익을 보게 되는 경우 이를 우선적으로 피해자에 대한 배상에 사용하도록 요구하고 있다.[30]

나. 범죄피해자 통지 네트워크(Michigan Crime Victim Notification Network)

---

[28] 캘리포니아주나 네바다주와 같은 경우에는 법정에서의 피해자의 사기를 진작시키기 위하여 피해자가 자신이 선택한 사람과 함께 출석할 수 있는 권리를 인정하고 있다고 한다. 자세한 것은 김영철, 전게논문 참조

[29] 이 제도는 형사절차에서 배상문제를 일거에 처리한다는 점에서 우리나라 소송촉진등에 관한특례법에 규정된 배상명령제도, 영국의 Compensation order, 독일, 스위스의 부대사소 등과 유사하다. 특히 가해자가 배상능력이 있는 경우는 피해자에게 비용이 많이 드는 민사소송을 하지 아니하고도 손해배상을 받을 수 있어 특히 의미가 있는 제도라고 볼 수 있다.

[30] 소위 가해자 이익의 압수(Escrow of offender profits)에 관한 규정은 다른 주에서도 비슷한 규정을 두고 있다. 통상 가해자로 하여금 범행의 재현, 범행에 관련된 사상, 감정 및 의견의 표현으로부터 벌어들이는 금원을 형사재판절차가 모두 종료될 때까지 압수계좌에 예치하도록 규정하고 그 후 가해자가 재판절차에서 무죄를 선고받으면 예치된 금원을 가해자에게 반환되지만, 유죄판결을 받으면 피해자가 가해자를 상대로 제기한 민사소송의 결과에 따른 금원만큼 피해자에게 지불된다. 일부주에서는 예치된 금원을 가해자 변호사비용 등으로 사용할 수 있도록 규정하고 있다고 한다. 자세한 것은 위 김영철, 전게 논문 참조

최근 미시간주의 범죄피해자 보호를 위한 제도 중 주목할 만한 것은 범죄피해자 통지네트워크의 설치이다. 이는 범죄피해자의 안전을 확보하기 위한 제도로서 수감중인 가해자의 석방 여부 등을 안내해주는 24시간 자동전화 안내시스템(1-800-770-7657)이다. 또한 당해 형사사건의 재판절차 등에 대하여도 필요한 정보를 범죄피해자에게 제공하고 있다.

구체적으로 살펴보면 이는 크게 정보안내시스템과 통지시스템으로 나눌 수 있는데, 정보안내시스템의 경우 범죄자 또는 수감자의 구금에 관한 정보를 자동전화로 안내받을 수 있는 것이다.

이는 특히 쉽고, 즉시 안내받을 수 있는 체계로 범죄피해자로 하여금 가해자의 석방 등에 대비하여 자신의 안전을 도모하도록 마련된 제도이다. 다음으로 통지제도는 범죄피해자가 자동안내시스템에 미리 등록을 해 두면 형사절차의 전반에 걸친 일정을 통지받을 수 있다. 등록을 하였다는 사실은 비밀이 유지된다. 또한 검찰청 등에서 피해자들이 등록할 수 있는 절차를 도와주고 있다.

다. 운용 성과

1989년 법 제196호 The Criminal Assessment Act에 의하여 미시간 주의 중범죄자는 60달러, 경범죄자는 50달러, 청소년범죄자는 20달러의 부과금을 납부할 의무를 지고 있다. 이러한 부과금 등은 각 순회재판소, 지방재판소 및 보호관찰소 등에서 거두어 들어져, 그 중 10퍼센트를 자체에 유보하고 나머지를 주 정부의 범죄피해기금(Crime Victim Right Fund)으로 수집하면, 전술한 범죄피해자보상 위원회의 결정에 따라 전 83개 카운티 검찰청 등에 위 기금을 적정하게 배정을 하는 것이다.

이 기금은 원칙적으로 1985년 법 제 87조의 범죄피해자권리에 관한 법률에 따른 제반 조치를 이행하는데 사용된다. 참고로 〔표 10〕 부과금 등 징수 및 사용현황을 보면 2000년도에 순회재판소에서 약 1,152,062 달러, 지방법원에서 6,230,368 달러, 보호관찰소에서 140,877 달러를 거두어들여 각 검찰청에 약 400만 달러를 배정한 것으로 나타난다. 결국 이 기금은 전액 미시간 주 자체에서 조달한 재원임이며, 피해자 보상(Compensation) 또는 지원 분야 보다는 1차적으로는 주로 범죄피해자의 권리를 보호하는 부문에 사용된다.

[표 10] 부과금(assessments) 등 징수 및 사용 현황

부과금 징수: 총 $ 7,523,307	순회법원	$ 1,152,062
	지방법원	$ 6,230,368
	보호관찰소	$ 140,877
부과금 사용처	피해자권리보호	$ 4,032,831
	보상프로그램	$ 1,300,979
	유보액 등 기타	$ 1,189,497

V. 改善方案

　현행 범죄피해자보호제도가 전술한 바와 같은 문제점을 지니고 있음에도 불구하고 경제적인 궁핍 등으로 곤란을 겪고 있는 범죄피해자에게 미력이나마 보조를 하고 있다는 사실은 부정할 수 없다. 이는 우리도 이제 범죄피해자구조를 위한 국제적인 대세에 동참하였음을 의미한다고 볼 수 있다.

　그러나 현행 범죄피해자구조제도의 문제점에서 언급한 바와 같이 아직 개선하여야 할 점이 많은 것 또한 사실이다. 결론적으로는 단편적이고 국부적으로 산재하여 있는 각종 범죄피해자보호체제를 일신하여 그 범위를 확대하고, 그 보상액을 증액하고, 또한 국가기관과 민간단체간의 유기적인 연계성을 확보하는 등 포괄적인 시스템을 구축함으로써 범죄피해자를 더 이상 만연히 외면하거나 방치할 것이 아니라, 우리의 형사사법체계 안으로 포용할 수 있도록 제반 환경을 조성하여야 할 것이다. 아래에서는 위에서 고찰한 미국 미시간주의 범죄피해자지원체계를 참고로 하면서 고려할 수 있는 개선방안에 대하여 살펴보고자 한다.

1. 범죄피해자 보상제도의 활성화

　전술하였다시피 범죄피해자의 경우 범죄피해를 입은 상태는 정신적으로 대단히 혼란한 상황이므로 피해자가 어떤 법적구제 조치를 취해야 되는 지를 알기가 어렵다. 특히 노약자나 장애인의 경우는 더욱 그렇기도 하거니와 성폭력피해자인 경우 등은 프라이버시 등의 문제로 범죄피해자보상청구제도 같은 것이 있는 지를 확인해 볼 용기조차 기대하기 어려운 실정이다.

우리의 현실에 눈을 돌려보면 비록 1987년에 범죄피해자구조법이 제정되었다고는 하지만 이의 활용도는 지극히 미미한 것이 사실이다. 범죄피해구조법의 운용현황에서 언급하였듯 1999년에 보상청구건수가 168건, 2000년도에 132건 등으로 그 자체가 미미한 실정이다. 결국 그동안 위 제도가 국민들에게는 아직도 생소한 것이었음을 반증하는 것이라고 하겠다.

전술한 바와 같이 미시간 주의 83개 카운티 검찰청에는 대부분 Victim Contact라는 이름으로 이를 담당하는 직원이 정해져 있으며, 범죄피해자지원제도에 대한 팜플렛 등을 비치하거나 우편으로 범죄피해자에게 송달해주는 시스템을 취하고 있다. 더 나아가 미간의 범죄피해자 지원단체를 통한 정보제공을 모색하거나 경찰, 검찰 등의 사법기관 담당자들에 대한 교육 등을 강화함으로써 피해자보상제도 및 지원제도, 피해자 권리 등에 관한 각종의 정보와 그 절차를 범죄피해자 또는 일반인에게 전파되도록 노력을 하고 있다.

우리의 경우에도 범죄피해자보상제도가 효율적으로 운영되기 위하여는 우선 이 제도가 일반인 등에게 적극적으로 홍보가 되어 범죄피해자가 누구나 이러한 제도를 이용하는 것이 권리라는 인식이 심어지도록 해야 할 것이다.[31]

이와 관련하여 경찰 또는 검찰 등 수사기관에서 피해자에게 범죄피해자보상제도의 존재 및 활용절차 등에 대한 내용을 통지하도록 할 필요가 절실히 요구되고 있다. 물론 범죄발생 당시 수사기관은 범죄자를 검거하고 처벌하는데 정력을 집중하기 때문에 피해자에게 이러한 보상제도의 이용을 통지하거나 배려할 입장이 아니라고 생각할 수도 있지만, 형사사법의 서비스라는 관점에서 이러한 점도 적극적으로 검토할 필요가 있으리라고 본다.

---

31) 법무부에서 '법과 생활' 책자, 범죄피해자구조제도 안내서, 민원상담 등을 통해 지속적으로 이 제도를 홍보하고 있음은 그나마 다행이다.

2. 범죄피해자 구조기금의 설치

전술하였다시피 미국에서는 '범죄피해자권리에 관한 법률'에 따라 범죄피해기금(Crime Victim Fund, CVF)이 설립되어 각 주의 범죄피해자보상 및 지원시스템의 원활한 운용을 돕고 있다. (표 11) 미국의 범죄피해기금현황에 드러나듯 1999년도 기금 예치액은 985,185,354 달러이고, 2000년도 기금 예치액은 776,954,857 달러이다. 1984년 위 기금이 피해자권리에 관한 법률(VOCA)에 의하여 설립된 후 그동안 총 37억 달러가 충당되었고, 이 재원을 바탕으로 연간 200만 명의 범죄피해자에게 도움을 주었다고 한다.

연방 법무부의 범죄피해자국(Office for Department of Justice)에서 위 기금을 배정하는 바, 통상 위 기금 중 약 48.5퍼센트는 범죄 피해자 보상(Compensation)프로그램에, 48.5퍼센트는 피해자 지원(Assistance)프로그램에 배정되며, 3퍼센트는 기타 용도에 사용하고 있다.[32] 이미 고찰하였듯이 2000년도 기준으로 미국 미시간 주에 배정된 연방기금은 약 870만 달러로 그 중 8,300,387 달러가 범죄피해자 지원프로그램을 위하여, 30여만 달러가 보상프로그램을 위하여 제공되었다.

물론 미국과 우리의 상황을 단순 수치상으로 비교할 수는 없다고 하더라도 이제 OECD 회원국인 우리의 경제적 수준으로 볼 때 현재 범죄피해자를 위한 구조실적은 미미한 수준에 그치고 있다.

일본에도 범죄피해구원기금이 설치되어 있으며, 유럽의 다수 국가들에도 이러한 기금이 설치되어 있다. 범죄피해자 보상제도의 실효성을 위하여는

---

32) 다만, 각 주는 범죄피해자 보상액 중 40퍼센트만을 연방 보조금에서 사용하도록 하고 있기 때문에 사용되지 않는 범죄피해자 보상을 위한 연방보조금은 범죄피해자 지원 프로그램에 사용된다. 결국 각 주의 입장에서는 연방보조금의 대부분을 범죄피해자 지원 프로그램에 사용한다고 볼 수 있다.

무엇보다도 재정상의 한계가 어느 정도 극복되어야 함은 누구나 동의하는 바이다. 그러기 위하여 각종 벌과금 중의 일부를 재원으로 하여 가칭 '범죄피해기금'을 마련하는 것도 진지하게 검토할 때가 아닌가 생각된다.

왜냐하면 현행 범죄피해자 구조제도가 지닌 문제점들 중 많은 부분이 재정적인 문제에서 비롯되고 있다는 점을 생각한다면 위 국가들이 갖추고 있는 바와 같은 범죄피해기금을 설립함으로써 구조금 지급 상한액을 현실화하고 그 지급범위도 확대할 수 없다고 보기 때문이다.

만약 이러한 범죄피해기금을 설립한다면 그 재원을 어떻게 마련할 것인가? 이미 고찰한 바와 같이 미시간 주의 경우 그 재원은 두 가지로 크게 대별된다. 하나는 연방으로부터 지급되는 보조금(이는 연방법위반자들이 납부한 벌금

〔표 11〕 미국의 범죄피해기금 예치 현황

연도	금액($)
1985	68,312,956
1986	62,506,345
1987	77,446,383
1988	93,559,362
1989	133,540,076
1990	146,226,664
1991	127,968,462
1992	221,608,913
1993	144,733,739
1994	185,090,720
1995	233,907,256
1996	528,941,562
1997	362,891,434
1998	324,038,486
1999	985,185,354
2000	776,954,857

등이 그 재원이다) 및 미시간 주에서 발생한 범죄의 재판에서 거두어들인 벌과 금 등이다. 여러 가지로 고려할 사정이 있겠지만 우리의 경우에도 범죄자들로부터 납부받은 벌금 등의 일부로 범죄피해기금을 설립하는 것이 전혀 불가능한 것만은 아니라고 본다.

벌금 등의 많은 부분이 범죄자들의 사회복귀를 위한 프로그램에 할당되는 것이 사실이라면 범죄로 인한 직접적인 피해자들의 원활한 사회복귀를 위하여 이러한 재정이 사용되어야 함은 오히려 형사사법의 실질적인 정의 및 형평이라는 관념에도 합치되는 것이다.

아무튼 범죄피해기금을 설립함으로써 범죄피해자의 피해를 회복시키기 위한 충분한 재정적인 자원이 마련된다면 이를 범죄로 절박한 곤궁에 처한 범죄피해자를 보다 신속하게 실질적으로 구호하고 지원할 수 있는 시스템을 구축하는데 획기적인 계기가 될 것이다.

3. 구조금 지급의 보상범위 확대 및 증액

현재 장해의 정도에 따라서 각각 1급의 장해등급에 대하여 600만원, 2급의 장해등급에 대하여 400만원 그리고 3급의 장해등급에 대하여 300만원의 장해 구조금을 지급하도록 한 규정은 범죄피해자에 대하여 생활보호적인 측면에서 지급하는 보상금이라고 하더라도 너무 소액이라고 하여야 된다. 전술한 바와 같이 미시간 주의 경우 신체손실의 경우 최대 보상액이 15,000달러이며, 일본의 경우 2001년 범죄피해자등급부금지급법의 개정으로 유족급부금의 상한선이 1,077만엔에서 1,573만엔, 장해 급부금의 경우 1,273만엔에서 1,849만엔으로 조정되었는바, 이에 비하면 우리의 범죄피해자 구조법에 규정된 유족 구조금 또는 장해 구조금의 상한선이 지나치게 비현실적으로 낮게 책정되어 있음을 알 수 있다.

그리고 우리나라의 실무 사례를 검토하여 보면 대부분 사망으로 인한 유족보상이고 장해보상은 대단히 제한적이었음을 알 수 있다.[33] 이러한 경향은 우리의 현행법령이 생명침해 또는 중장해를 당한 경우의 생계보조금 또는 치료비만을 보상범위로 편입시키고 있는데 큰 원인이 있는 것으로 추정된다.

전술한 미시간 주의 사례 등 선진제국의 예를 보면 범죄로 인한 신체상해에 대한 치료비용, 장해에 따른 소득상실분, 피해자가 사망한 경우 장례비용, 유족의 생계비 등도 모두 보상범위에 포함하는 것이 보통이다. 우리의 경우도 이러한 피해 역시 보상범위에 편입시켜야 함은 두말할 필요가 없을 것이다. 왜냐하면 예컨대 신체상해를 당한 피해자는 그러한 상해가 중장해가 아니더라도 스스로의 경제적인 수준이나 가해자의 경제적 수준 등이 모두 무자력인 경우 치료비 등을 보상할 필요성은 중장해나 사망의 경우와 동일한 것이다.

따라서 현재의 구조금 지급의 요건은 일반적인 신체상해의 경우도 포함되도록 규정을 개선할 필요가 있다고 보여진다.

나아가서 신체상해 등으로 일전기간 또는 영구적으로 노동능력을 상실하는 경우 그에 따른 소득 상실분도 보상의 범위에 포함시켜주어야 할 것이다. 또한 중요한 것으로는 우리의 경우 과실범에 의한 범죄피해는 보상범위에서 제외되는 바, 이는 아마도 엄청난 수의 교통사고를 고려한 측면이 있을 것이다. 그러나 범죄피해자의 입장에서는 범죄행위가 고의에 의한 것이냐 과실에 의한 것이냐에 관심이 있기보다는 오히려 현재의 피해를 어떤 방법으로 회복받을 것인가에 있다. 이러한 외국의 입법례나 피해자의 입장을 고려할

---

33) 〔표 1〕 범죄피해구조금 지급현황에서 보듯이 장해구조의 경우 신청 건수도 적고, 연간 총 보상액도 5,000만 원 정도에 그치는 등 미미함.

때 과실범에 의한 피해도 보상범위에서 제외할 필요가 없는 것이다.

4. 범죄피해자 지원체계의 정비 및 각 기관간의 연계성 확보

범죄피해자 보상제도는 결국 공동체의 일원이 범죄피해를 당하였을 때 형사사법체계에서 이를 어떻게 포용할 것인가 하는 전반적인 틀안에서 이해할 필요가 있을 것이다. 즉, 단순히 범죄피해자에게 국가가 일정액을 보상해 준다는 단면적인 차원이 아니라, 범죄발생의 최초 단계에서부터 최종적으로 정상적인 사회생활에로 복귀할 수 있도록 범죄피해자를 국가기관 및 민간단체에서 지원해주는 전 과정중의 일부로 파악하는 것이 필요하다.

따라서 범죄발생당시의 신고체계, 피해자의 형사절차상 제반권리, 보상시스템 및 사회적응을 위한 각종 지원 프로그램 등이 유기적으로 연계되어 필요한 정보를 교환하는 등 원활한 협조가 이루어질 경우 실질적인 의미에서의 피해자의 보호가 완성될 수 있는 것이다.

전술한 바와 같은 미시간 주의 범죄피해자 통지네트워크(Crime Victim Notification Network) 같은 것은 그 좋은 예라고 할 것이다. 다만, 이러한 연계성을 확보하기 위하여 우선 법무부 같은 국가 기관에 범죄피해자업무를 통일적으로 담당할 부서를 설치하여 각 민간단체들과의 조정역할을 할 수 있도록 하는 것도 한 방편이 될 수 있을 것이다.

Ⅵ. 結 論

 기존 형사사법의 관심은 주로 범죄자에 향해 있었다 해도 과언이 아닐 것이다. 피해자는 범죄자에 대한 국가 형벌권을 행사하는 과정상의 피조사 대상에 불과 할 뿐, 형사사법과정의 당사자는 물론, 보호의 대상에도 온전히 속하지 못했다. 그에 비해 가해자인 범죄자는 범죄를 밝히는 과정에서 주요 연구대상이었으며, 국가의 자의적인 형벌권행사로부터 인권을 보장해야 하는 피보호대상이었다. 이러한 역사적 흐름에서 피해자의 권리는 무시되고 등한시되었음을 부정할 수 없는 것이다.

 범죄의 피해를 당한 피해자에게 가장 시급한 것은 과연 무엇일까? 예컨대, 성폭력사건이 발생하였다고 가정해보자. 그간의 우리의 현실을 돌이켜보면 언론은 엽기적인 사건임을 내세워 이를 대대적으로 보도하고, 경찰은 강력사건의 해결이라는 측면에서 범죄자를 검거하는데 모든 힘을 경주한다. 그리고 검찰은 예외 그 범죄자를 기소하고, 법원은 적정한 형을 선고할 것이다. 범죄자는 집행유예로 조속히 석방될 수도 있고, 3년 혹은 5년 동안 수감생활을 마친 뒤 사회로 복귀할 것이다. 이내 그 사건은 모든 사람들의 관심으로부터 멀어지고, 수사기관 등의 업무대상에서도 제외되는 것이다. 그러나 눈을 돌려 범죄피해자의 입장을 한 번 생각해보자.

 일상을 즐기던 중 갑작스런 성폭력피해를 당한 범죄피해자는 그 날 그 순간으로부터 인생에 있어서의 모든 것이 바뀌게 된다. 정신적, 육체적 충격의 심각한 와중에서 경찰, 검찰, 법원 등에 불려나가 조사를 받거나 증언을 서게 된다. 단지 범죄자를 처벌하기 위한 증거방법으로서의 의미밖에 없는 것이다. 범죄피해를 입은 당시부터 누구에게도 하소연할 수 없는 정신적, 육체적인 고통을 어떻게 보상받을 것인가.

점차 범죄피해자는 많은 친구를 잃게 되고, 세상이 두려워지게 된다. 불현듯 악몽이 떠오르고, 범죄의 공포로부터 치를 떨어야 하는 것이다. 수많은 불면의 밤을 보내야 할 지도 모른다. 그로 인하여 직장에서의 업무효율은 떨어지고 결국에는 실직할 수도 있는 것이다.

건강은 점차 나빠지고, 경제적인 수단마저 상실하게 되어 급기야 피해자는 사회로부터 버림을 받을 운명이 된다. 가해자를 원망함과 동시에 사회전체를 원망하면서 피해자는 자살을 결의할 지도 모른다. 하나의 성폭력사건은 범죄자를 즉시 검거하여 유죄판결을 받아내고 범죄자는 형벌을 받았으므로 형사사법의 정의가 실현되었는가? 범죄피해자의 그간의 실제 상황을 확인해 본 뒤라면 그 누구도 이에 대하여 자신있게 "그렇다"라고 대답할 수 없을 것이다.

결국 피해자에게 가장 절실한 것은 범죄자에게 형벌을 기하는 것 이상으로 피해 발생의 초기단계에서부터 국가적인 보상이 이루어지는 피해회복의 단계에 이르기까지 그 상처받은 마음, 정신적 피해는 물론, 피해발생으로 빠져 든 경제적 위기를 시급히 구제해 주는 것이 아닐까.

우리의 경우 1987.년 범죄피해자구조법이 제정되고, 1990년대에 들어와서는 피해자학회가 설립되어 이를 중심으로 피해자에 대한 여구가 급진전하고 있으며, 성폭력, 가정폭력에 관한 특별법이 제정되는 등 피해자 보호에 관한 국가적인 관심이 구체화되고 여러 민간 사회단체들의 피해자에 대한 지원이 활발히 전개되는 양상이기는 하지만 아직도 그 규모나 운용의 성과를 돌이켜보면 초기적 수준에 머물고 있다고 할 수 있다. 피해자 지원책으로서의 제도라든지 각 피해자 지원기구를 연계 통합하는 조직체 또한 없으며, 피해자 구조를 위한 재원 또한 외국에 비해서는 턱없이 부족하고 민간단체의 피해자지원 조직으로서의 전문성 또한 부족한 것이 현실이다.

이러한 현실을 개선하기 위해서는 우선 국가적인 차원에서 범죄피해자 대책에 관한 종합시스템을 구축함으로써 더 이상 범죄피해자를 외면하지 아니하고 우리의 형사사법체계안으로 포용한다는 적극적인 청사진을 제시할 필요가 있다고 본다. 그리고 현재까지 산발적이고 국부적으로 활동하고 있는 민간의 각 피해자지원단체에 대한 지원을 대폭 증가시키고, 국가기관과 민간단체간의 연계성을 확보하여 이러한 시스템의 효율성을 제고할 필요성이 있는 것이다. 이를 위하여는 무엇보다도 범죄피해자 보호에 대한 국민적 관심을 증대시키는 각종 홍보활동이 전개되어야 하며, 이러한 시스템을 원

---

34) 형사사법 분야 종사자들이 피해자에 대한 어떤 인식을 가져야 할 것인지에 대한 좋은 예로 전술한 미국 대통령산하 피해자 보호 특별위원회의 보고서에는 다음과 같은 조치를 취할 것을 권고하고 있다.
(경찰)
- 범죄피해자들이 수사의 상황 및 종결상태에 관하여 정기적으로 통지할 것
- 증인 등이 협박을 당하였다고 신고할 경우 최우선적으로 이 사건을 조사하여 검사에게 보고할 것
(검사)
- 검사는 범죄피해자들에게 기소단계부터 가석방결정단계까지 각 절차 상황을 통지해 줄 최종적인 책임이 있다.
- 보석결정, 인부협상, 소각하, 형 선고, 보상결정절차에서 피해자들의 의견을 법원에 전달해 줄 의무가 있다.
- 피해자와 증인들이 불필요하게 법정에 출석하지 아니하도록 노력한다.
- 피해자의 소유물이 그 자체로 증거로 사용되는 경우를 제외하고는 가능한 한 신속히 반환한다.
- 검사는 다른 피해자보호기구와 긴밀하고 직접적인 접촉을 유지한다.
- 거사들은 성폭력범죄가 어린이, 성인 피해자들 뿐 아니라 가족들에게도 큰 영향을 미친다는 것을 인식하여야 한다.
(법원)
- 법관들은 피해자와 증인들이 법정에 가능한 편리한 시각에 출석할 수도 있도록 허용하여야 한다.
- 법원은 검찰측, 피고인측 증인들을 위한 별도의 대기실을 설치하여야 한다.
- 형 선고단계에서 피해자들로 하여금 진술을 할 수 있도록 허용하여야 한다.
- 어린이 성 추행이 어린이와 그의 부모에 심각한 영향을 미치며 그러한 행위는 반드시 처벌되어야 하는 범죄라는 사실을 인식하여야 한다.

활히 가동하기 위한 물적기반으로서 '(가칭)범죄피해기금'을 설치하는 등 충분한 재원을 확보함이 전제되어야 한다.

　피해자는 우리의 사회를 구성하는 이웃이다. 범죄피해의 상황으로 상처받고 있는 자이다. 범죄피해의 상황은 누구에게나 발생할 수 있으며, 우리 사회 모두가 함께 고민하고 해결해야 할 문제이다. 21세기 민주 복지 국가의 한 가운데에서 범죄 피해자지원에 관한 문제는 형사사법의 체제안에서 더 이상 방치되고 외면될 것이 아니라 적극적인 자세에서 새롭게 검토되어야 할 주제인 것이다. [34]

參 考 文 獻

- 김성돈, 우리나라에서의 피해자학 연구동향, 피해자학연구 제7호, 한국피해자학회(1999)
- 김용세, 일본에서의 피해자학 연구동향, 피해자학연구 제7호, 한국피해자학회(1999)
- 김영철, 범죄피해자보상제도, 법무연구 제10집, 법무연수원(1983)
- 김영철, 미국의 피해자 및 증인보호제도에 관한 연구, 해외파견검사연구논문집 제9집, 법무부(1993)
- 박광민, 피해자보호에 관한 외국의 입법동향, 피해자학연구제6 호, 한국피해자학회(1998)
- 손기호, 범죄피해자의 보호, 서울대학교 대학원 법학과 석사논문 (1985)
- 송광섭, 우리나라 범죄피해자 구제의 현황과 범죄피해자 보호의 새로운 과제, 피해자학연구 제5호, 한국피해자학회(1997)
- 윤신규, 범죄피해자지원제도에 관한 연구, 원광대학교 행정대학원 경찰행정학과 석사논문(2000)
- 이건호, 범죄피해자구조제도에 관한 연구, 한국형사정책연구원 (1999)
- 이재상, 이호중, 형사절차상 피해자 보호방안, 한국형사정책연구원(1993)
- 장규원, 범죄피해자의 지원제도, 피해자학연구 제7호, 한국피해자학회(1999)
- 장규원: 형사학 · 피해자학교실 (http://my.dreamwiz.com/cgw2000/index.htm)

- 조균석, 범죄피해자구조제도의 운용현황, 피해자학연구 제1호, 한국피해자학회(1992)
- 정진섭, 범죄피해자구조법의 개관과 운영에 관한 소고, 저스티제21권, 한국법학원(1988)
- 최석윤, 미국에서의 피해자학 연구동향, 피해자학연구 제7호, 한국피해자학회(1999)
- 표성수, 미국의 검찰과 한국의 검찰, 육법사(2000)
- Crime Victim Services Commissions Annual Report 2000, Michigan Department of Community Health(2001)
- Report to the Nation 2001, OVC, U.S. Department of Justice(2001)
- Marlene A. Young, Victim Right and Services, Victims of Crime 2nd edition
- 미시간 주 정부 공식 홈페이지(http://www.michigan.gov)
- 미국 법무부 홈페이지(http://www.usdoj.gov/)
- 미국 법무부 사법 통계국 홈페이지(http://www.ojp.usdoj.gov/bjs)
- 대검찰청 홈페이지(http://www.sppo.go.kr)
- 법무부 홈페이지(http://www.moj.go.kr)
- 법무연감 2000
- 법무연감 2001